DESIGN AND IMPLEMENTATION OF
INDUSTRIAL
CHAIN
FINANCIAL PLATFORM

产业链金融平台
设计与实现

张盼富 ◎ 著

内 容 提 要

本书从产业链金融的起源讲起,结合实际案例讲解产业链金融平台的前台设计、技术中台设计、数据平台设计、风控设计及信息安全的核心要点,既体现了传统行业的业务创新、数字化转型的探索过程,又介绍了当前主流银行的开放性建设成果。读者不但能全方位地了解产业链金融平台的建设过程,还能针对自己感兴趣的方面进行深入学习。

本书共6章,第1章介绍了产业链金融的发展、变革历程,以及对传统企业的核心价值;第2章介绍了系统核心功能的设计及在线签约、实名认证等技术的原理;第3章介绍了结合容器云技术、微服务技术与DevOps技术构建技术中台的过程,以及对接开放银行、央行征信的过程;第4章介绍了开源大数据平台的建设及数据仓库的设计思路;第5章基于Python的机器学习库介绍了智能风控的开发过程;第6章介绍了在产业链金融平台建设过程中如何规避信息安全的法律风险。

本书内容全面,且围绕开源技术展开介绍,实用性极强,特别适合建设产业链金融平台的传统企业架构师、开发人员及产品人员阅读,也适合对开源的技术中台、大数据平台及信用风控感兴趣的开发人员阅读。

图书在版编目(CIP)数据

产业链金融平台设计与实现 / 张盼富著. —— 北京:北京大学出版社,2023.3
ISBN 978-7-301-33661-8

Ⅰ. ①产… Ⅱ. ①张… Ⅲ. ①产业链—金融—信息化建设—研究 Ⅳ. ①F83-39

中国版本图书馆CIP数据核字(2022)第252787号

书　　　名	产业链金融平台设计与实现 CHANYELIAN JINRONG PINGTAI SHEJI YU SHIXIAN
著作责任者	张盼富　著
责 任 编 辑	王继伟　刘羽昭
标 准 书 号	ISBN 978-7-301-33661-8
出 版 发 行	北京大学出版社
地　　　址	北京市海淀区成府路205号　100871
网　　　址	http://www.pup.cn　新浪微博:@北京大学出版社
电 子 信 箱	pup7@pup.cn
电　　　话	邮购部 010-62752015　发行部 010-62750672　编辑部 010-62570390
印 刷 者	北京鑫海金澳胶印有限公司
经 销 者	新华书店
	787毫米×1092毫米　16开本　15印张　341千字 2023年3月第1版　2023年3月第1次印刷
印　　　数	1-3000册
定　　　价	79.00元

未经许可,不得以任何方式复制或抄袭本书之部分或全部内容。
版权所有,侵权必究
举报电话:010-62752024　电子信箱:fd@pup.pku.edu.cn
图书如有印装质量问题,请与出版部联系,电话:010-62756370

本书的写作缘由

笔者从互联网行业转战传统行业后,发现传统行业的数字化转型空间很大,价值很高,大有可为。以产业链金融为代表的数字化场景,是一个可以帮助传统企业从1到 N 进行裂变的机遇点,也是一个可以真正将金融用于实业、发展整个产业链的新赛道。针对农牧行业,产业链金融更是企业与金融机构联手履行"支农惠农"社会义务,实现真正的普惠金融的重要途径。

但是,很多传统企业在涉足产业链金融时,缺少必要的技术储备及设计、实践经验,只能"摸石头过河"。即使通过咨询公司获取了很多数字化转型的方法和理论,但结合企业自身场景进行实践,仍然是一个充满挑战的过程。

本书结合笔者的探索经验与教训,本着"以理论为辅,实践为主"的理念,向广大读者全方位介绍产业链金融平台的建设过程,分享产业链金融平台的创建始末。

本书特色

当前产业链金融相关的书籍,大多是在宏观层面上介绍相关理论及金融模式,缺少针对案例进行技术剖析的实战介绍,并不能给建设产业链金融平台的产品人员与研发人员提供具体的指导与参考。

本书结合与金融机构对接的真实案例,通过业务+技术+法律合规性层面的介绍,完整地讲述一个产业链金融平台的建设过程,既体现了传统行业的业务创新、数字化转型的探索过程,又真实地体现了当前银行的开放性建设的具体成果,还能帮助后继者规避部分合规性风险。

本书读者对象

- 产业链金融相关的产品经理与架构师

- 对技术中台感兴趣的微服务研发人员
- 对数据仓库感兴趣的数据开发工程师
- 对信用风控感兴趣的数据建模人员

致谢

感谢我的妻子对我写作本书的支持。我抽出晚上与周末的时间写作本书，牺牲了陪伴家人的时间，如果没有家人的理解与支持，我很难完成本书。感谢罗雨露编辑，本书是在她的持续推动与一再鼓励下完成的。

感谢雷洪俊、韩倩倩等领导的鼓励与帮助，感谢吴双舟、贺莹等金融界同仁的大力支持，感谢同事张新鹏对本书3.2节的技术支持。

感谢选择了这本书的所有读者的支持与信任。这本书是我的第一本书，由于水平与能力有限，书中还存在诸多不足之处，望广大读者在阅读过程中不吝指正。

资源下载

本书提供书中案例代码，方便读者参考学习。请用微信扫描下方二维码关注公众号，输入本书77页的资源下载码，获取下载地址及密码。

目录
Contents

第1章 什么是产业链金融 1
- 1.1 产业链金融的前世今生 2
- 1.2 产业链金融的几种模式 3
- 1.3 产业链金融的核心价值 4
- 1.4 产业链金融的场景介绍 6
- 1.5 产业链金融的团队结构 9

第2章 系统功能设计 10
- 2.1 总体流程设计 11
- 2.2 实名认证功能的设计 12
- 2.3 在线签约技术 14
- 2.4 授信功能的设计 18
- 2.5 支用功能的设计 21
- 2.6 还款功能的设计 24
- 2.7 对账功能的设计 26
- 2.8 代偿功能的设计 28
- 2.9 小结 29

第3章 技术中台设计 30
- 3.1 构建容器云 31
- 3.2 构建微服务平台 53
- 3.3 银企直连 72

	3.4 对接央行征信	77
	3.5 小结	79

第 4 章　数据仓库设计 ... 80
- 4.1 大数据平台搭建 ... 81
- 4.2 数据采集 ... 100
- 4.3 数据仓库 ... 115
- 4.4 小结 ... 136

第 5 章　智能风控设计 ... 137
- 5.1 风控概述 ... 138
- 5.2 特征工程 ... 148
- 5.3 模型开发 ... 182
- 5.4 小结 ... 199

第 6 章　信息安全 ... 200
- 6.1 《个人信息保护法》解析 ... 201
- 6.2 平台调研分析 ... 204
- 6.3 合规性措施 ... 207
- 6.4 未来展望 ... 215

附　录 ... 216
- 1.1 用户注册协议样本 ... 216
- 1.2 用户隐私协议样本 ... 220
- 1.3 个人生物信息查询及使用授权书样本 ... 229
- 1.4 个人信息风控查询授权书 ... 230
- 1.5 数据合规调查清单 ... 232

第 1 章
什么是产业链金融

产业链金融脱胎于供应链金融,又不同于供应链金融。二者的区别是,供应链金融服务于单个环节、单个企业,而产业链金融是以产业链的核心企业为依托,针对产业链的各个环节,设计个性化、标准化的金融服务产品,为整个产业链上的所有企业提供综合解决方案的一种服务模式。本书本着"理论为辅,实践为主"的理念,为大家分享产业链金融平台的创建始末,介绍产业链金融平台建设过程中的各种难题及对应的解决方案。

本章主要涉及的知识点如下。

- 产业链金融的发展历程。
- 产业链金融的几种模式。
- 产业链金融的场景、架构与核心价值。
- 产业链金融平台需要的团队结构。

1.1 产业链金融的前世今生

产业链金融的产生有其深刻的历史背景和市场需求。从全球视角来看,产业链金融起源于西方国家早期的供应链金融,并在形成相对成熟的理论与实践经验后传入中国。下面我们来回顾一下产业链金融发展的几个阶段。

1.1.1 第一阶段——萌芽

19世纪中期,欧美地区的金融监管环境宽松,以商业银行为代表的金融机构向传统实体产业渗透,主要针对存货质押提供贷款业务。当时的农民使用这种方式来获得流动性资金——当谷物的市场价格较低时,农民就会将收获的谷物抵押给银行,用银行贷款资金投入后续的生产和生活;当谷物的市场价格回升时,再卖出谷物,归还银行贷款本金和利息。这就是供应链金融的雏形。

1.1.2 第二阶段——发展变革

20世纪中期,金融危机使得金融监管环境趋紧,金融机构向产业渗透开始受到限制,准入门槛进一步提高,供应链金融模式发生了变革,业务渐渐丰富起来。除了原本的库存质押,承购应收账款等保理业务也逐渐出现,出现了"存货质押为主,应收账款为辅"的局面。

1.1.3 第三阶段——发根国内

21世纪初,供应链金融的种子开始在国内生长,出现了线下的供应链金融业务。金融机构根据其对核心企业的授信,进一步完成了整个供应链上下游企业的融资授信支持。由于长期的业务往来和历史数据的积累,核心企业对于上下游中小企业客户的实际经营情况及信用情况等比较了解。金融机构可以利用核心企业的风险把控,批量开发与之相关的上下游企业,从而依托核心企业对这些上下游企业提供资金融通、支付结算、财富管理等综合性金融服务。此模式以商业银行为主导,以核心企业为信用载体,主要通过保理、库存融资、应收账款管理等形式出现。

1.1.4 第四阶段——线下到线上,四流合一

2010年,随着互联网的快速发展,云计算、大数据、人工智能等技术的应用日趋成熟,供应链中的"物流""商流""资金流""信息流"实现了"四流合一",并实现了对链上中小企业提前授信,进而提高了融资效率,供应链金融的业务实现了线上化或半线上化。在这个时期,供应链金融的业务虽然围绕核心企业,但整个技术平台通常以金融机构为中心进行搭建。当然,国内一些高科技大企业也逐渐开始成立子公司来搭建自己的供应链金融平台。

1.1.5 第五阶段——供应链金融发展为产业链金融

2018年后，经济全球化进程受阻，经济发展趋势愈发不明朗。对于资金规模不大的中小企业，一些"成本洼地"成为限制企业发展的重要因素。这一切促使了整个供应链金融的彻底爆发，扩大内需、服务中小企业一时间成为社会的中心话题。国内众多银行也在这一年宣布要建设开放性银行，通过API形式对外提供标准化的金融服务能力，直接将银行业务植入企业的商业生态中。

此时，供应链金融也发生了"裂变"——从之前的单个环节、单个业务，发展成了为整个产业链上的所有企业提供综合解决方案的服务模式，即产业链金融，并且在行业覆盖程度上，也由高科技行业逐渐覆盖到了农牧行业等传统行业。笔者也正是在这个机遇下，身处农牧行业这样的传统行业，主导了一款产业链金融平台的搭建。

1.2 产业链金融的几种模式

产业链金融存在三种主导模式：金融机构主导模式、核心企业主导模式、第三方企业主导模式。

1.2.1 金融机构主导模式

金融机构，如银行，是金融领域最主要的参与主体，具有从事相关金融业务活动所需要的资本，可以为中小企业提供相关的融资服务，构建产业链中核心企业与上下游中小企业之间的低交易成本和高现金流动性，使得融资困难的中小企业可以以真实贸易作为依据，获得继续再生产所需要的流动资金融资。例如，光大银行推出的阳光融e链，平安集团下属金融壹账通发布的"壹企链"智能供应链金融平台，农业银行推出的数据网贷等产品。

金融机构主导模式有以下几个优势：第一，金融机构有稳定获取大规模资金的能力；第二，金融机构有丰富的风控经验，能有效控制资金的风险；第三，金融机构有相对成熟的IT平台，可以提供跨行业的通用金融服务，有效节约核心企业和其他参与方的平台建设成本。

同时，该模式也存在一些局限性。金融机构大然地对于产业链本身没有掌控力，获取交易过程中的物流、商流、资金流和信息流相关的数据比较被动。同时，金融机构的平台设计通常会追求标准化，较难适应数量众多的中小企业的差异化需求。

1.2.2 核心企业主导模式

产业链是一个有机整体，而核心企业是其中的主导者，往往掌握了产业链的核心价值，在上下游交易中处于谈判的优势地位，并具备较强的财务实力、较高的资信水平，因此核心企业在金融机构有着较高的信用等级，是各家金融机构争相抢夺的对象。核心企业往往能从各大金融机构获得较低的融资成本、更大的资金规模。核心企业作为产业链的组织者、管理者和终极受益者，具有较强的大局观，有内在动力提升上下游中小企业客户的稳定性，帮助他们扩大产能，做大整个产业链并使之进入良性循环。此外，核心企业天然地掌握着上下游企业的真实经营状况信息。

产业链上的中小企业一般集中在低附加值的价值链环节，往往处于谈判的弱势地位，同时面临着同类企业的激烈竞争，导致利润下降和资金流紧张。而这些中小企业本身信用基础薄弱，缺乏融资渠道，融资便利性差、成本高。

核心企业主导模式中，核心企业通过银企直连的方式打通与金融机构的资金通道、信息流通道，并下设金融资质的保理公司、小贷公司或担保公司，建设集中的助贷融资平台，通过平台向上下游的中小企业客户提供融资服务。

核心企业主导模式有以下几个优势：第一，该模式能最大限度地整合、利用核心企业的数据积累、行业经验与资源积累，将金融服务深度嵌入产业链的业务场景中，提升融资的精准度和效率，降低整体风险；第二，核心企业可以通过有效的财务运作，向上下游的中小企业客户提供更优的融资方案。

同时，该模式也存在一定的局限性。对于一些非高科技的核心企业来说，由于缺少足够的平台建设经验和风险控制经验，主导产业链融资存在一定的风险。

1.2.3　第三方企业主导模式

第三方企业可能是产业链中某一环节的参与方，如第三方物流公司通过融通仓模式向核心企业的上下游中小企业客户提供"物流融资+资金结算"服务；又如第三方支付公司在核心企业与上下游中小企业客户的采购、销售过程中，提供"支付+融资"服务。

第三方企业也可能是完全独立的第三方金融科技公司，为产业链提供面向企业和银行的全套解决方案等。这类企业既具备较高的科技实力，又具备保理、小贷等资质，还和多家银行进行了银企直连的线上对接，可以为多个行业的多家企业提供产业链融资的解决方案。

第三方企业主导模式最主要的优势是，第三方企业为核心企业提供了成熟的解决方案，可以快速、低成本地解决产业链融资问题。相比金融机构，这类企业对产业链有一定的了解、参与和渗透，提供的产品更符合产业的业务场景。

当然，这种模式也存在明显的局限性。通过第三方企业获取的融资费率相对较高，因为相比核心企业，第三方企业在面对银行等金融机构时，并无优良的信用等级和较强的谈判优势。此外，第三方企业以盈利为目的，还会在提供融资服务的同时通过利率差赚取利润。

1.3　产业链金融的核心价值

笔者身处农牧行业，所在公司是国内农牧行业巨头。2019年，公司调研了其他行业的产业链金融后，开始下设融资担保公司，采用核心企业主导模式，自建以本企业为核心的产业链融资助贷平台，简称"产业链金融平台"。本书对产业链金融平台建设过程进行了梳理、归纳与总结。这么做主要有宏观与微观两个层面的原因，宏观层面的原因如下。

- 不同于其他相对标准、成熟的行业，农牧行业是一个数字化程度相对较低、业务场景又相对复杂的行业，在这个行业建设产业链金融平台更加棘手、复杂。
- 不同于其他行业，农牧行业是一个国家的基石，在这个行业建设产业链金融平台，不仅是解决一个金融问题，更是在惠及老百姓的基础上，解决一个更大格局的社会问题。

从相对微观的操作层面来看，产业链金融更是一个多赢的局面。

- 对于银行来说，农民、养殖户既是国家支农惠农政策下最需要帮助的社会群体，又是信用数据空白，银行很难提供融资服务的群体。对于核心企业来说，产业链金融平台既汇聚了与农民、养殖户的历史交易数据，又可以通过自身的业务纵深随时掌握他们的真实经营情况。所以产业链金融平台既能联合银行等金融机构履行支农惠农的社会责任，又能帮助银行解决白户问题、贷后难点。
- 对于上下游中小企业客户，由于其本身在融资领域相对弱势，融资难、融资贵、融资慢成为限制他们扩大产能、谋求发展的关键因素。更有甚者，在各种自然灾害面前，直接面临倒闭。通过产业链金融平台将快捷融资服务嵌入具体业务场景后，这些企业可以享受较大的融资费率优惠，也可以享受核心企业通过业务、技术向他们赋能，真正进入一个不断扩大产能、增加收入的良性循环。
- 对于核心企业，产业链金融平台不以盈利为根本目的，而是通过平台服务，延长上游应付账期、减少公司的应收账款、促进上下游客户扩大产能，提升自身的业务规模，进而提升自己在行业中的竞争力。此外，产业链金融平台还可以与银行有效联动，实现精准扶贫，对贫困百姓做到真正的"授之以渔"。

之所以采用核心企业主导模式来建设产业链金融平台，是因为只有在这种模式下，才能实现以下几点。

- 全场景、全业态：深度挖掘产业链的所有场景，并提供一个统一的、整体的解决方案，还能与核心企业的ERP、各类业务系统无缝对接，助力企业的数字化转型。
- 多资金渠道：可以同时和多家金融机构合作，让它们彼此制衡，增加核心企业的议价空间，并规避被某一家金融机构捆绑。
- 全客群：该模式下，核心企业可以与多个金融机构针对不同的客群制订不同的金融方案，覆盖所有有资金需求的上下游中小企业客户。
- 额度联动：可以向一个客户提供灵活的融资方案组合，同时也可以掌握该客户所有的融资动向，实现总额度控制，避免"多头贷"的风险。

尽管本书是基于农牧行业中的场景来讲解产业链金融服务建设，但其中存在诸多通用之处，可供对产业链金融平台建设有兴趣的其他行业的读者参考，如：
- 产业融资场景挖掘与规划思路；
- 与银行等金融机构的创新合作模式；
- 大数据风控、人工智能等新技术的应用；
- 信息安全和数据安全方面的经验。

1.4 产业链金融的场景介绍

在进行平台建设之前，我们首先要深度分析农牧行业的整个产业链，挖掘融资场景。整个产业链可以分为6个阶段，即原料供应、饲料加工、猪禽养殖、猪禽屠宰、食品深加工、终端销售，由此可以规划八大融资场景，如图1.1所示。

图1.1　产业链八大融资场景

融资场景介绍如下。
- 上游信贷融资：饲料公司从外部供应商采购原料阶段，产业链金融平台可利用采购贸易合同（或订单）、实际入库单据、开具的原料发票，通过反向保理转让应收账款方式，帮助上游供应商向金融机构进行信贷融资，如图1.2所示。

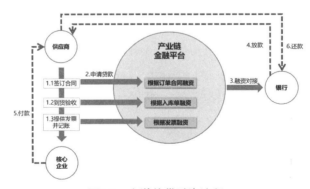

图1.2　上游信贷融资流程

- 上游票据融资：核心企业从上游供应商采购，可用银行承兑汇票来代替现金结算，只需要缴纳20%~30%的保证金，即可全额开票，可以减少70%~80%的流动资金占用。
- 内部票据融资：核心企业内部的不同业态的下属公司间，也会频繁地发生内部交易。用外部银行的票据代替现金结算，既可减少流动资金的占用，又可贴现，充分利用低息票据实现低息融资。
- 保证金融资：在农牧行业，核心企业除了自建养殖场发展养殖的方式，还有养殖户代养殖的方式，即由养殖户提供厂房、人力，核心企业提供苗、料、技术指导。最后猪禽出栏销售后，核心企业与养殖户结算养殖费用和厂地租金。但合作的前提是养殖户需按照养殖规模缴纳保证金，对于规模较大的优质养殖户，保证金高达数十万元。通过产业链金融平台，养殖户申请贷款缴纳保证金，并受托支付到核心企业。在完成对应批次的养殖后，核心企业直接将保证金还款至银行，养殖户只需补上利息即可，如图1.3所示。

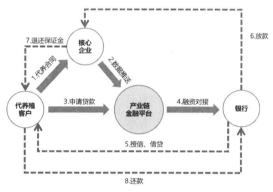

图1.3　保证金融资流程

- 工程融资：为了持续稳定猪禽养殖基地，核心企业会协助优质客户优化养殖设备和扩大养殖产能，并帮助客户解决购买设备、扩建厂房的资金需求。即一方面通过产业链金融平台帮助客户向银行等金融机构申请贷款，另一方面以核心企业向客户支付的类似代养殖费用、厂房租赁费用作为向银行还款的资金来源，如图1.4所示。

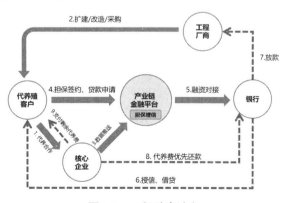

图1.4　工程融资流程

- 下游信贷融资：下游客户在向核心企业发起采购时，也会存在较大的融资需求。核心企业比较传统的做法是通过赊销方式让客户欠账，但这在无形中增加了企业的应收账款，对现金流造成了极大的影响。通过产业链金融平台，下游客户可基于订单向银行申请信用贷款并受托支付至核心企业，用于支付该笔订单。在客户完成分销或生产销售后，还款至银行。在此基础上，为了覆盖下游全部有融资需求的客群，对于部分历史数据不多、信用不足的客户，由核心企业的下设融资担保公司提供担保服务，帮助客户解决融资问题，如图1.5所示。

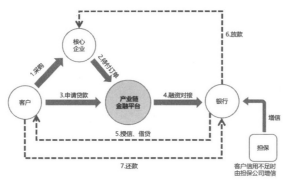

图1.5 下游信贷融资流程

- 物流融资：目前很多核心企业开始涉足物流行业，设立自己的物流企业，发展"B2B2C"模式的业务，如冷链物流。货物若安静地存储在仓库中，会不断产生仓储成本。通过产业链金融平台的融资手段，仓库中的存货仓单可以变成一种可变现的资产，典型的应用场景就是仓单质押。
- 终端销售融资：终端销售融资与下游信贷融资都属于针对核心企业下游销售设计的融资场景，但目标客群又有所不同。下游信贷融资中，客户与核心企业的交易占了该客户业务的绝大部分，与核心企业深度绑定、耦合，核心企业也掌握着该客户相对完整的数据。但终端销售融资中的客户大多是连锁超市、大型批发商等，它们同时从多个企业进行采购，每个核心企业只掌握该客户的少部分业务与数据。终端销售融资通常与网商银行、微众银行等在消费领域有大量数据积累的金融机构合作。

基于场景的规划，我们可以规划整个蓝图，如图1.6所示。

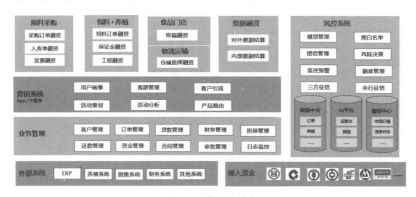

图1.6 蓝图规划

1.5 产业链金融的团队结构

产业链金融平台的建设,不仅是一个技术项目,还是一个复杂的综合型工程。笔者有幸经历了"从0到1"的建设工程,现对团队结构进行梳理,如图1.7所示。

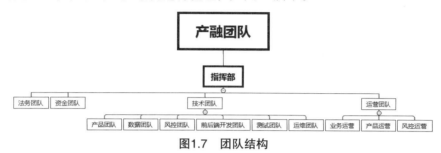

图1.7 团队结构

- 指挥部:指挥部是整个产融团队的大脑,包含各个子团队的负责人,以及核心企业的高层乃至CEO,负责指挥整个大团队的跨部门、跨业态、跨地域作战,对项目的各项关键事宜有绝对的决策权。

- 法务团队:法律风险是核心企业自建产业链金融平台的较大挑战。由于产业链金融平台涉及个人隐私保护、金融合规性、数据安全、电子签约等很多方面,核心企业尤其是传统行业的核心企业,其法务团队很难适应这个挑战。建议核心企业采购外部法律服务,由具备产业链金融或互联网金融经验的专业律所,为产业链金融平台全方位地制订法务相关的方案并提供咨询服务。

- 资金团队:核心企业往往都会有自己的资金团队,专职负责与金融机构合作,为核心企业建立融资来源,如项目贷。在产业链金融场景下,需要资金团队进一步加强与金融机构的合作深度,推动金融机构为产业链上的优质中小企业客户提供金融服务。

- 技术团队:技术团队是产业链金融平台的核心,包含产品、数据、风控、前后端开发、测试、运维等多个细分团队,涉及大数据、风控、人工智能、微服务等多种新技术的应用。

- 运营团队:如果以上几个团队可以完成产业链金融平台的"从0到1",那么运营团队则决定了"从1到N"的增长。业务运营是整合核心企业全国各地的一线业务人员,让他们负责营销工作、推广引流。产品运营是在线解答产品使用问题,收集使用建议,并将问题和建议归纳整理到产品的需求池中,引导产品迭代优化。风控运营主要是不断监测风控模型的效果、调整风控的业务策略。

第 2 章
系统功能设计

产业链金融平台旨在为上下游客户提供在 App/小程序上进行一站式贷款的服务，贷款过程包含申请、审批、贷款、还款、在线支付、签约等。同时产业链金融平台汇聚了公司的内外部数据，打造覆盖贷前、贷中、贷后的风控模型，给客户带来秒级授信审批的体验。

本章主要涉及的知识点如下。

- 实名认证的原理与流程。
- 在线签约的技术与关键点。
- 客户的贷前、贷中、贷后流程。

产业链金融平台整体的系统架构如图2.1所示。

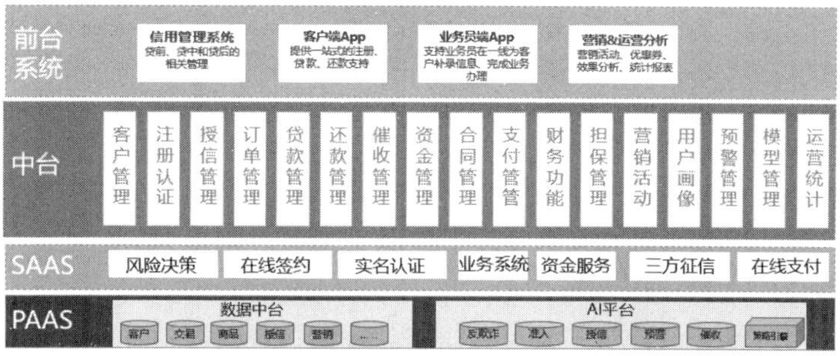

图2.1 系统架构

2.1 总体流程设计

客户申请贷款的流程主要包含授信、支用、还款三个节点。大多数核心企业在主导产业链金融产品时，一方面受制于技术积累，依然采用PC端Web形式向客户提供服务，并且设计了大量人工审批环节核实贷款申请涉及的客户信息、订单信息；另一方面受制于和银行的合作模式，依然使用线上对接与线下进件相结合的人工授信审批模式。以上两方面问题使得客户体验很难达到类似互联网信贷产品的良好体验。再加上农牧行业的从业人员与客户普遍教育水平不高、对电子产品不熟悉，使得此前在其他行业能够运行的产业链金融产品在农牧行业推广时遇到了诸多问题。

- 离线数据传输：部分银行仅支持以离线方式（如FTP）进行进件数据传输，效率低，实时性差。
- 纸质递交：在已经完成线上对接的情况下，部分银行依然要求核心企业和客户线下邮寄纸质材料。
- 线下尽调：在申请贷款前，部分银行仍然坚持由银行员工与客户电话甚至现场沟通，完成尽调。核心企业的上下游客户遍布全国，但银行只能覆盖附近区域的客户，无法对其他区域的客户展开现场尽调。
- 人工授信：核心企业内部的授信、银行侧的授信，大多依靠人工审批，然后将审批结果及额度录入线上系统，无法做到真正的线上化。
- 多端操作：业内很多同类产品，需要客户先在核心企业的平台上操作，然后再在银行侧App上操作，才能完成整个贷款过程，流程繁杂，易出错，体验不佳。

在产业链金融产品的研究、设计阶段，核心企业和合作的金融机构都意识到了上述问题。为了解决问题，核心企业和金融机构进行了一系列联合创新。

- 银企直连，实时传输：部分国有大银行加速进行开放性银行建设，以API形式开放金融服务能力,并在本项目上进行验证和落地,使得客户可在由核心企业搭建的助贷平台上,通过App/小程序等一站式完成所有操作。
- 消除纸质件:通过在核心企业与银行合作的框架协议中约定由双方各自保证数据的真实性及违约责任,省去了递交纸质件的环节,大幅提升了服务效率。
- 消除线下尽调:通过人脸识别+公安核身为一体的实名认证技术,线上验证客户身份真实性,省去了由银行员工电话或现场确认客户身份真实性的环节。
- 自动授信,应简尽简:构建风控模型进行线上决策,对于一定贷款金额(如100万元)以内的场景,无须人工、秒级授信;对于超过一定贷款金额的场景,仅加入必要的人工环节,保证资金安全。

精简后的整体流程如图2.2所示。

图2.2　精简后的整体流程

2.2　实名认证功能的设计

实名认证主要是为了验证客户即贷款人本人,预防第三方欺诈风险,即冒用他人身份欺诈,欺诈者偷取他人信息,以他人名义申请。因为上下游客户包含个人和法人,所以需要支持两种场景的实名认证。

2.2.1　个人实名认证

随着移动互联网的普及,个人实名认证技术发展得很快,从一开始的线下人工核身,发展到线上录制手持身份证的视频、由线下人工远程审核,再到现在的个人三要素(姓名、身份证、人脸图片)、四要素(姓名、身份证、人脸图片、银行卡)核身。

本案例中使用的是三要素核身,如图2.3所示。

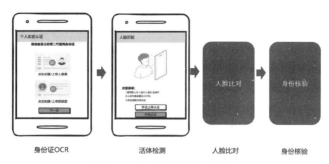

图2.3　个人实名认证流程

功能说明如下。

- 身份证OCR：客户上传身份证后，由平台使用图片识别技术，识别姓名、身份证号、地址等信息。
- 活体检测：主要检查客户生物特征的真实性，避免其他人使用提前准备好的视频或照片冒充客户本人。活体检测能通过眨眼、张嘴、摇头、点头等组合动作，使用人脸关键点定位和人脸追踪等技术，验证客户是否为真实活体本人操作。业内通常有以下两种技术实现场景。

（1）在App上，通常集成第三方SDK（如商汤活体SDK），实现类似指挥式的检测，体验较优，通过率高。如眨眼、张嘴、摇头、点头等组合动作，再如最新的视频反光检测。

（2）在H5上，通常采用视频流+随机数字朗读的方式，体验相对较差，通过率相对也较低。口音较重的客户很难通过活体检测，一般不推荐此种方式。

- 人脸比对：活体检测通过后，会得到一张人脸照片，再和身份证关联的客户照片进行比对，确认是同一个人。
- 身份核验：主要是通过第三方平台（如商汤）对接公安系统，验证身份证是否真实，以及身份证中的个人信息是否真实且客户是否健在。

本案例中，为了提供高可用性的实名认证能力，同时接入了商汤科技和Face++的实名认证技术，制订的技术实施方案如图2.4所示。

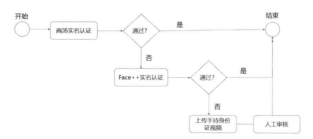

图2.4　个人实名认证策略

2.2.2　企业实名认证

企业实名认证主要是为了验证客户的企业信息和经办人身份的真实性。

- 企业信息的验证,一般是通过第三方平台验证企业的四要素信息(企业名称、企业统一社会信用代码、法人名称、法人唯一标识)的真实性。
- 经办人身份的验证,又细分为以下两种场景。

(1)经办人是法人代表本人,则参照2.2.1小节介绍的方式,直接对法人代表进行自然人的个人实名认证。

(2)经办人是公司的被授权人,则除了对经办人进行个人实名认证,通常还需要补充企业的对公银行账户信息,并要求在限时内通过企业对公账户向平台指定账户打款指定数额(一般小于1元)来验证。

本案例中,企业客户大多是中小企业,经办人大多也是企业的法人代表,所以暂时仅考虑第一种场景的支持。企业实名认证的流程如图2.5所示。

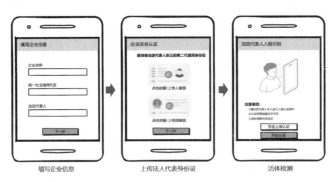

图2.5　企业实名认证流程

2.3　在线签约技术

传统的合同签订,需要签约各方同时在现场,确认合同内容无误后,进行签字加盖指印或公章,才能完成最终的签署,并具有法律有效性。但随着互联网产品的发展,在线交易频繁发生,传统的合同签订已经无法满足时代的需求,于是出现了电子签约技术。尤其是2020年新冠肺炎疫情暴发以后,社会极力倡导无纸化办公、远程办公,更是将电子签约推上了历史高点。

目前,电子签约已经广泛应用于金融、房地产、汽车、第三方支付、旅游、医疗、物流、供应链、人力资源服务、教育、保险等各个行业,极大地方便了企业和人民的工作与生活。本节将从基础原理与能力设计两方面介绍在线签约技术在产业链金融平台中的应用。

2.3.1　基础原理

《中华人民共和国电子签名法》第十四条规定:可靠的电子签名与手写签名或者盖章具有同等

的法律效力。同时第十三条解释了什么是可靠的电子签名。

（1）电子签名制作数据用于电子签名时，属于电子签名人专有。

（2）签署时电子签名制作数据仅由电子签名人控制。

（3）签署后对电子签名的任何改动能够被发现。

（4）签署后对数据电文内容和形式的任何改动能够被发现。

四条规定可以总结为"真实身份、真实意愿、签名未改、原文未改"四原则。

（1）真实身份：真实身份的确认通过实名认证技术来实现，具体可参考2.2节。

（2）真实意愿：真实意愿认证是指进行电子合同签署前对客户的身份进行一次确认，确保是由客户本人完成的操作。常见的验证真实意愿的方式有指纹、短信验证码、人脸识别、UKey、密码等，每种方式的可靠性和客户体验皆不相同，可根据产品的具体场景进行具体选择。如产业链金融平台中签署《个人征信查询授权书》时就要求必须使用人脸识别方式。

（3）签名未改、原文未改：一般通过数字签名技术+时间戳+CA机构颁发的数字证书一起实现，其中数字签名技术是核心。

提到数字签名，就需要先介绍一下非对称加密算法和哈希算法。

非对称加密算法可以生成一对密钥，其中一个称为公钥，另一个称为私钥。公钥加密，私钥解密；相反也成立，即私钥加密，公钥解密。公钥是公开的，可被其他人知晓与取得；私钥是私密的，一般只有持有人自己使用。数字签名中通过非对称加密算法实现防抵赖的目的。例如，客户A使用自己的私钥加密文件，客户B收到文件后使用客户A的公钥解密，若能解开则证明文件一定来自客户A。

不同于非对称加密算法，哈希算法是通过散列函数将数据进行不可逆转换，并得到固定长度哈希值的算法。哈希值通常又被称为数字指纹。

在进行电子合同签名时，首先对合同原文进行哈希处理得到哈希值，然后使用客户的私钥对哈希值进行加密得到数字签名，最后再将数字签名存入合同文件中，得到带签名的合同，如图2.6所示。

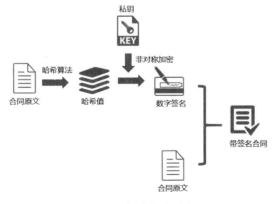

图2.6　数字签名过程

验证签名时，先对合同原文进行哈希处理得到哈希值1，然后使用公钥对数字签名进行解密，得到哈希值2。哈希值1和哈希值2若一致，则说明电子合同确认由客户签署且没有被篡改过，如图2.7所示。

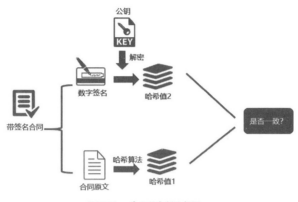

图2.7 合同验签过程

时间戳：数字签名的签订时间同样是验证电子签名成立和有效性的关键因素，电子签名一般使用时间戳技术来对电子合同的签订时间进行有效确认。由于服务器本地时间容易改变，一般由权威第三方来提供可信赖的且不可抵赖的时间戳服务。原理是对电子合同原文进行一次哈希计算，将哈希值发送给可信赖的时间戳签发中心，时间戳签发中心使用数字签名技术对哈希值和当前时间进行一次数字签名后生成时间戳，并返回调用端。

2.3.2 签约能力设计

产业链金融平台中涉及的电子签约包括以下3种场景。

（1）由产业链金融平台完成签约的场景，如客户与核心企业下设担保公司之间的担保签约，以及客户授权产业链金融平台查询第三方征信信息的授权签约。

（2）由金融机构侧完成签约的场景，如客户与金融机构的额度合同、贷款支用合同等。

（3）先由产业链金融平台签章，再由金融机构签章，完成最终签约的场景，如上游入库单贷款时需要签署三方保理协议，涉及客户、核心企业、金融机构三方签章。核心企业的签章在产业链金融平台上完成，然后将合同在线实时传输至金融机构，由金融机构的签约平台完成客户与金融机构的签章。

本节主要讲解产业链金融平台签约能力的设计。在开始介绍前，先展示一份已签约合同的样例，如图2.8所示，在文档的最下方显示某个名为"得新"的客户的印模。当然，这个印模本身只是一张图片，没有任何法律效力。真正具有法律效力的，是附着在图片上的电子签名，双击印模后在弹出的对话框中会展示。

电子签名通常由CA机构颁发，中国最具权威性的CA机构当属中国金融认证中心（China Financial Certification Authority，CFCA）。如果已签名合同的电子签名真实性存在争议，可由CA机构提供验签证明。

图2.8 在线签约合同示例

在进行产业链金融平台的签约能力设计前，需要接入第三方签约平台。第三方签约平台负责实际对接各CA机构，获取电子签名证书并封装签约的全流程相关能力。国内比较有名的签约平台包括易签宝、契约锁等，都是不错的选择。此外，CFCA自己也建设了签约平台提供签约相关能力。

由CA机构颁发的电子签名证书通常分为两类：固定证书与场景证书。

- 固定证书，又称持久化证书，一次申请后，可以重复使用。申请后可以存储在平台，也可以存储在U盾等硬件介质中。
- 场景证书，又称一次性证书，每次使用都需要单独申请。互联网金融中的客户签名场景，考虑到安全性，通常使用场景证书居多，客户每次签章前都通过验证"真实身份"及"真实意愿"申请一次性电子签名证书。

本节通过一个客户及核心企业两方签约的场景，介绍相关功能流程设计，如图2.9所示。

图2.9 签约流程设计

- 固定证书创建：企业电子签名证书的申请流程相比个人电子签名证书申请流程，会更烦琐一些。考虑到高频重复使用，企业电子签名证书一般采用一年申请一次的固定证书。在产业链金融平台中，一般会提前申请核心企业的固定证书。

- 申请签约：首先，客户在产业链金融平台上在线阅读合同内容后，发起签约。然后需要通过人脸识别验证客户的"真实身份"，再通过短信验证客户的"真实意愿"。建议整个验证流程采用第三方签约平台提供的配套能力，以保证签约证据链的完整性。最后，由产业链金融平台向第三方签约平台发起签章请求。第三方签约平台为客户创建一次性的场景证书并查询企业的固定证书，执行双方的签章操作。
- 签约结果：产业链金融平台从第三方签约平台下载已签名的电子合同，并通知客户签约结果。客户也可以通过产业链金融平台下载已签名的电子合同。

2.4 授信功能的设计

授信是指当上下游客户向银行申请贷款时，金融机构根据客户的身份信息、经营情况、历史交易数据、当前交易订单、物流、外部征信数据、央行征信数据等信息，评估其信用，计算其具体的最大可贷额度。

客户在产业链金融平台上的授信操作流程如图2.10所示。首先，产业链金融平台会根据客户的类型、历史资金偏好、交易的种类及平台的产品匹配设置，自动为客户列出合适的融资产品列表；客户点击产品后，会展示该产品的介绍信息，包含产品简介、适用对象、产品特征、产品的发布机构及一些常见问题的解答；客户决定申请开通产品时，会进行个人征信查询的授权；金融机构审批通过后，会进行授信额度合同的签约；最后展示授信结果。

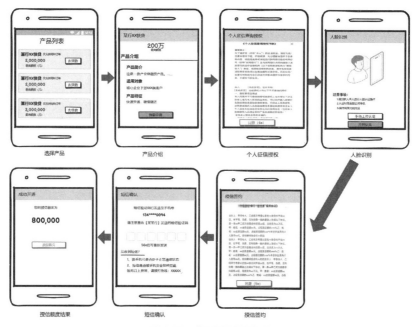

图2.10 授信操作流程

产业链金融平台的授信分为核心企业的平台授信及金融机构侧的最终授信,以自然人客户的授信流程为例,如图2.11所示。

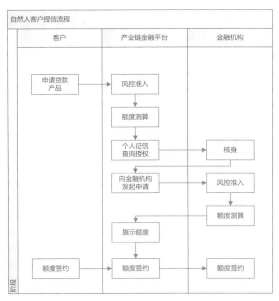

图2.11 自然人客户授信流程

平台授信可以理解为由金融机构授信之前的预授信过程,一方面由产业链金融平台筛选客户,保证向银行推送的客户的质量,降低拒贷率;另一方面由产业链金融平台计算该客户的总额度及剩余可用额度。区别于以往的供应链金融产品,产业链金融平台有自己的授信风控能力,能计算客户的总额度及剩余可用额度,并传输给金融机构,防止同一客户通过产业链金融平台向多家金融机构申请贷款的多头贷风险,有效保证金融机构的资金安全。例如,产业链金融平台向客户授信100万元额度,若该客户已向A银行申贷60万元,则该客户向B银行申贷时,产业链金融平台会通过数据接口通知B银行,对该客户的授信额度不要超过40万元。通过额度联动,既能保证客户的资金需求,又能很大程度上预防机会主义的发生,如图2.12所示。

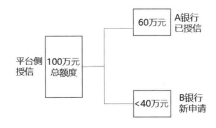

图2.12 额度联动示意图

若涉及担保,平台授信中还会包含担保的授信与签约。本案例中,核心企业通过下设担保融资公司来承建产业链金融平台,可以提供合法的担保服务。担保的种类众多,如保证担保、抵押担保、质押担保和保证金担保。在金融领域,尤其是涉及农牧行业的金融领域,尽管已经有了各种所谓的担保系统，但本质上还是走线下模式，如线下打印央行征信、客户线下提交资料、人工审核客户身份和资料等，此时的线上系统仅仅起到了档案记录与流程记录的作用。为了实现真正的线上化，本案例以保证担保场景为突破口进行尝试。如图2.13所示，平台授信除了针对较大金额的申请执行人工审批+反担保人进行保证环节，其他情况全部采用在线自动授信。

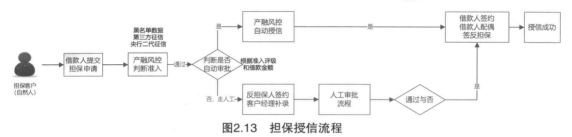

图2.13 担保授信流程

平台侧完成授信后，会将授信额度、剩余可用额度、客户相关数据（基本档案信息、历史交易信息、当前订单信息、经营状况信息等）传输至金融机构侧。为了适应产融链发展的趋势，与核心企业合作的多数金融机构也通过风控模型实现了线上自动实时授信，省去了传统授信过程中的线上人工审批、线下人工尽调环节，极大地提升了服务效率和客户体验。金融机构的风控模型计算出的额度会与核心企业平台侧传入的剩余可用额度进行比较，以"孰低"原则取最小值作为客户的最终授信额度。

需要注意的是，金融机构授信前需要客户线上完成《个人征信查询授权书》的电子签约，授信后需要客户线上完成《授信额度合同》的电子签约。电子签约的核心三步骤为：客户真实身份验证、客户真实意愿验证和电子合同的存档。其中真实意愿验证通常使用短信验证即可，合同存档在金融机构的签约系统即可，而真实身份的核实则是关键。尽管产业链金融平台侧已在客户注册阶段进行了实名认证，但多数金融机构因为监管的要求，还需要再进行一次"核身"。

按照本书2.2节的讲述，核身分为上传身份证、活体检测、人脸比对和身份核验四个步骤。其中，身份证平台可将已收集的客户身份证照片直接传输给银行，人脸比对和身份核验也由银行提供API接口完成，关键之处在于活体检测。一部分银行仅支持H5方式的活体检测，一部分银行仅支持SDK方式的活体检测。前文中介绍了两种方式的优缺点，在与金融机构合作时需要慎重考虑。为了提升客户体验，能选择SDK方式时尽量选择SDK方式。

针对企业客户的贷款，如上游供应商的信贷产品，还需要通过股东大会决议，授权作为自然人的企业主或其他经办人，代表企业进行在线业务申请、签约、支用、还款、查询等操作。股东大会可分为在线股东大会和线下股东大会。在线股东大会主要针对股东全是自然人的场景，可由所有自然人股东通过电子签约技术在线签名，进行股东大会决议；若存在法人股东，则很难进行在线股东大会，至少目前国内还未发现先例，只能通过线下签名盖章后，将决议的扫描件上传至平台，由平台传输给金融机构进行人工审核。部分金融机构还要求将纸质版的股东大会决议线下邮寄至金融机构。

针对企业客户，在完成股东大会决议后，还要求开立申请银行的对公账户。国内少部分银行支持远程视频开立对公账户，大部分银行要求线下递件开立。开立的账户将作为放款账户或还款账户。企业客户的授信流程如图2.14所示。

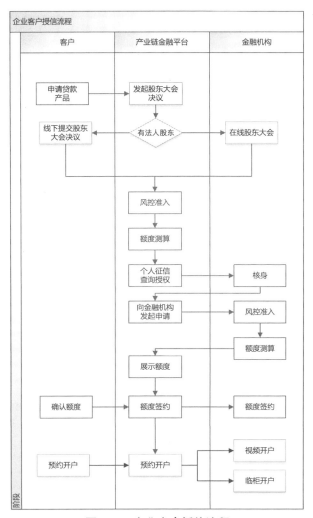

图2.14　企业客户授信流程

2.5　支用功能的设计

支用是指在额度有效期和额度范围内申请贷款，经金融机构审批，办妥有关手续后，由金融机构按照借款合同约定，将贷款直接转入指定存款账户内。产业链金融中，以核心企业为主导的产业链，从采购、加工、生产、物流到销售，是一个环环相扣的整体，而金融融资业务本质上也是产业链运营的一部分。通过核心企业的资信背书，基于真实交易的融资，游离在产业链之外的金融机构找到了提供融资服务的绝佳切入点。客户支用操作流程如图2.15所示。

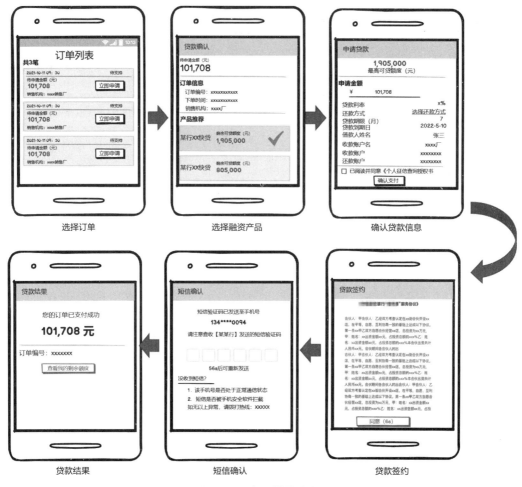

图2.15　支用操作流程

（1）选择订单：产业链金融平台的融资场景是基于真实交易进行的，而体现真实交易的载体就是交易订单。此处的交易订单包括传统意义的订单，如上游的采购订单、下游的销售订单，也包括抽象意义的订单，如上游的入库单和应收账款凭证、养殖过程中的代养合同等。受益于传统企业的信息化、数字化转型，上述信息早已脱离了纸质存档，通过ERP等软件进行信息化存档，再利用大数据技术，打破了信息孤岛，进行企业的全产业、全流程的信息汇聚，使得产业链金融平台能够实时或准实时地获取这部分交易订单数据。客户登录产融App后，可以看到自己可用于融资的交易订单，单个或批量选择后，可以申请支用放款。

（2）选择融资产品：选择订单后，平台会根据订单类型、金额及运营人员的运营策略配置，智能展示已完成授信且可用的融资产品。

（3）确认贷款信息：在提交贷款前，客户确认贷款利率、还款方式、贷款期限、还款账户等信息是否正确。确认后，产业链金融平台将客户的贷款支用请求提交至金融机构侧进行在线贷款审批，通常秒级返回审批结果。

（4）贷款签约：在金融机构完成贷款请求的在线审批后，产业链金融平台向客户展示贷款合同，由客户确认并签约。

（5）短信确认：短信验证码是互联网金融领域中客户表达真实意愿最常见的方式。经客户短信确认后，金融机构会在后台调用电子签约系统，完成在线签约动作。

（6）贷款结果：最后产业链金融平台会显示贷款支用成功及对应的订单信息。

产业链金融平台与核心企业的后台业务系统在技术上进行了互联互通，将客户融资动作与产业链中的生产经营进行了完美的融合。以下游销售场景为例，当客户成功申请贷款后，客户的订单会自动变更为已支付状态，核心企业则可以安排发货出库，如图2.16所示。

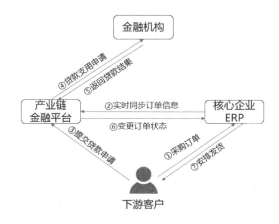

图2.16　产业链金融平台与ERP互连互通示意图

产业链融资场景中，很多场景是收入自偿化的，即以未来的确定收益作为直接还款来源，做到专款专用，如上游的入库单融资、供应商应收账款融资，是以核心企业向其供应商的最终付款作为金融机构贷款的还款保证。当然，也有部分非收入自偿的场景，如下游销售的订单融资，是基于真实交易场景的融资，贷款支用也能做到受托支付，专款专用。

此外，产业链金融平台一般会将客户分为以下三类。

（1）优质客户：通常是指与核心企业合作时间较长、采购量较大、付款情况较好的客户。

（2）黑名单客户：通常是指出现过多次付款逾期或经营出现了较严重问题的客户，或者是根据第三方数据查得存在其他严重失信行为的客户。

（3）一般客户：既不满足优质客户标准，又不属于黑名单的其他普通客户。

而核心企业主导的产业链金融平台，决心要覆盖除黑名单客户以外的全部客户。可通过下设的担保公司提供担保服务来实现这一目标，对于收入自偿场景的贷款申请及非收入自偿场景中优质客户的贷款申请，提供信用贷款；对于其他场景，由核心企业下设的担保公司介入，提供基于担保的贷款，策略如图2.17所示。

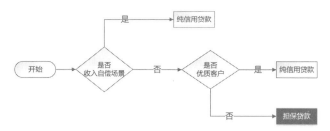

图2.17 通过担保服务覆盖全客群示意图

担保贷款的支用流程如图2.18所示。但大多数金融机构的担保服务仍然以线下模式为主，要将其全部转到线上存在一定的困难。这种场景下，核心企业可通过与金融机构协商，将担保相关的双方责任、义务、执行方式写入线下的双方合作协议中，省去线上流程中的担保部分，大幅简化双方的线上交互逻辑。

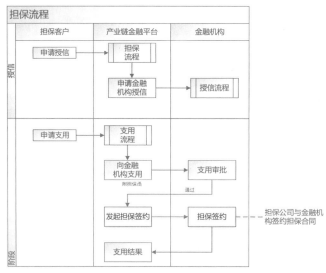

图2.18 担保流程

2.6 还款功能的设计

当客户通过支用功能与银行等金融机构产生了借贷关系后，接下来就涉及还款动作了。根据不同还款时间，可将还款分为提前还款、到期还款、逾期还款，其中逾期还款除缴纳正常的本金利息外，还需要缴纳罚息；根据不同还款方式，可将还款分为分期还款（如等额本息、先息后本）、一次性还款；根据还款金额的多少，可将还款分为部分还款、全部（结清）还款。

根据场景划分，还可将还款分为上游还款、下游还款。上游融资的还款，如上游的入库单融资、供应商应收账款融资，具备自偿性，即到了付款账期后，可将核心企业对上游供应商客户的采购付款作为还款来源。

通常情况下，由金融机构提前在产业链金融平台中登记上游客户还款的银行专用账户，并由产业链金融平台同步至核心企业的财务系统中；在付款日，由财务系统直接向该专用账户发起付款转账，并通过转账附言携带客户借款支用的借据号；银行等金融机构会在付款日监听该收款专用账户，当识别到对应款项到账后，提取附言中的借据号，匹配对应的贷款信息，进行还款操作；若扣除本金与利息后还有剩余金额，则直接由金融机构转至客户的放款账户下；最后，由金融机构通过发送实时消息通知客户及事后对账等方式，将还款信息同步至产业链金融平台，如图2.19所示。

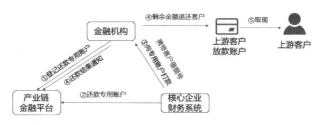

图2.19　上游客户还款流程

下游还款需要客户使用自有资金进行还款。如图2.20所示，首先客户需要将足额的本金和利息存入约定的客户本人的还款账户中。若是提前还款，则由客户手动在产业链金融平台上触发还款申请，再由产业链金融平台向金融机构发起实时还款申请，通知金融机构进行扣款；若是到期还款或逾期还款，则由金融机构在到期日当日及之后，每日自动发起扣款，直到还清或转为不良资产；金融机构完成扣款以后，会将还款结果返回产业链金融平台，再由产业链金融平台展示给客户。若是部分还款，金融机构会更新客户的还款计划并同步至产业链金融平台；若是全部还款，金融机构会更新该笔贷款状态为结清状态。

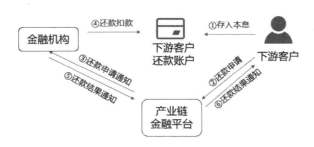

图2.20　下游客户还款流程

客户的还款页面操作流程如图2.21所示。

（1）在贷款即将到期时，产业链金融平台会以短信方式提醒客户还款。客户可以在App中查看待还款的记录、剩余还款金额及还款计划等信息。选择对应的记录，点击还款按钮进行还款。

（2）还款前，客户可以进行还款试算，输入还款本金金额，计算对应的利息。

（3）客户根据还款试算的提示，存入足额金额到还款账户后，就可以提交还款申请。在线还款流程一般由于各家银行的系统不同，需要几秒到几分钟的时间不等。所以页面上一般仅提示客户提交成功，稍后通知还款结果。客户在还款记录中，可以查看历史还款信息及还款结果。

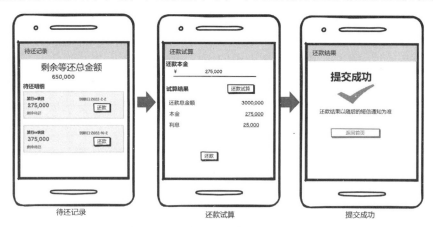

图2.21　下游客户还款页面操作示例

2.7　对账功能的设计

对账一般称为勾对，主要是产业链金融平台与金融机构之间信息流的勾对，如授信流水、支用流水、还款流水、逾期记录、还款计划等。对账模块的工作，是发现有差异的记录，即轧账；然后通过人工或自动的方式解决这些差异，即平账。一般来说，对账流程涉及以下步骤：下载对账文件、准备本地交易记录、轧账、平账，如图2.22所示。

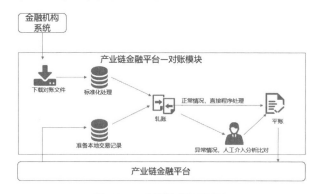

图2.22　对账流程示意图

2.7.1　下载对账文件

金融机构基本都会提供对账文件下载功能，不过也有少数金融机构仅提供信息实时查询接口，不提供对账文件下载功能。此外，在进行设计时还需考虑以下因素。
- 各金融机构对账文件格式不一，有文本、XML、CSV等格式。为了后续能够统一处理，在对账文件下载完成后，需要进行标准化处理。
- 下载方式不一，如HTTP、HTTPS、FTP等。下载程序需要按照金融机构的协议来处理。
- 下载时间不一，一般金融机构是凌晨1点之后允许下载，也有中午12点左右才允许下载的。如果在预定的时间取不到数据，需要注意重试读取。重试次数和间隔需要合理设置，重试太频繁，容易给服务端造成较大压力；时间间隔太大，又会阻塞后续处理步骤。建议采取递进式的间隔，如1min、2min、4min、8min、16min、32min、1h、2h……

2.7.2 准备本地交易记录

对于本地交易记录的准备，鉴于大部分系统使用的都是MySQL数据库，产业链金融平台在MySQL上做对账。对账时会产生大量的数据查找工作，可能会影响线上业务，所以通常有以下几个策略。
- 数据量较小，如10万量级，可考虑在凌晨进行对账，减小对正常业务的影响。
- 建立一个MySQL备份库，在备份库上进行对账操作，用空间换时间，简单高效。
- 在数据规模较大，如业务大到需要分表分库才能处理时，建议将备份库建立在诸如Hive数据库等可进行批量大数据处理的数据库上。

2.7.3 轧账

轧账就是基于从金融机构下载的文件，与对应的本地数据记录进行核对检查。从数据内容上讲，重点关注以下字段的差异。
- 授信信息：授信流水号、客户名称、客户证件编码、授信额度、利率、额度有效期、审批结果、拒绝原因等。若客户以企业身份进行贷款，则这里的客户名称与客户证件编码是指企业名称与企业的统一社会信用代码。
- 贷款信息：贷款编号、客户名称、客户证件编码、贷款日期、贷款金额、利率、期限、到期日、还款方式、还款总期次等。其中，还款总期次是指当还款方式为分期还款时，总共分多少期进行还款。
- 还款信息：贷款编号、客户名称、客户证件编码、还款日期、还款期次、还款金额、还款本金、还款利息、还款罚息、剩余本金、是否结清、利率、期限、到期日、还款方式等。其中，还款期次是指当还款方式为分期还款时，本次还款是对应的第几期还款；还款罚息是指由还款逾期所产生的惩罚性利息，通常按日计算。
- 逾期信息：贷款编号、客户名称、客户证件编码、还款期次、应还款日期、逾期总额、逾期本金、逾期罚息、逾期天数。

2.7.4 平账

当发现本地数据与金融机构的数据不一致时，通常以金融机构的数据为准，更新本地数据，解决数据差异问题，称为平账。

数据不一致的场景与处理策略如表2.1所示。

表2.1 数据不一致的场景与处理策略

场景	处理策略
金融机构有记录，产业链金融平台无记录	将该记录补写至产业链金融平台
金融机构无记录，产业链金融平台有记录	在产业链金融平台删除该记录
双方都有记录，但金额、状态等关键字段不一致	以金融机构为准，更新产业链金融平台数据

数据不一致的原因有很多，如网络抖动或闪断。正常情况下，对账中出现不一致的情况是很少的，可以由程序自动平账，无需人工介入。如果某日出现大量数据不一致的情况，就需要排查是否是程序出现BUG的原因，而不能简单地交由程序自动进行平账处理。

2.8 代偿功能的设计

代偿是指担保代偿，是当被担保人未按合同约定履行义务时，由担保人代其履行偿还义务的一种行为。担保人代偿后取得对被担保人的追偿权，以及对相应反担保抵质押物的处置权。

下面解释其中两点。

- 未按合同约定履行义务的判断标准：通过与大量金融机构的实际沟通情况来看，贷款逾期90天后，该笔贷款就会变成不良资产。所以一般以逾期90天为标准实施代偿。
- 代被担保人履行偿还义务：本质就是由担保公司按照事先约定的担保比例（如100%），向银行等金融机构偿还贷款。然后再向被担保人，也就是实际借款人，依法进行追讨欠款。

代偿实际实施过程中，遇到的主要难点如下。

- 代偿流程线上化问题。对于大部分金融机构，包括国有大行，整个担保环节还是以线下模式为主，通过人工沟通、人工确认、人工出具各类票据、证明。若要完全实现线上化，不仅涉及产业链金融平台，还涉及各家金融机构，尤其是银行侧系统的改造适配。
- 如何降低金融机构不良资产率的问题。一旦贷款转化为银行的不良资产，即使通过担保公司代偿拿回了欠款，对于银行等金融机构来说，也意味着不良率增加等KPI风险。

在与多家银行沟通、研讨后，笔者认为分步实施代偿线上化，并在实际产生不良资产之前执行代偿，会是一个可行的方案，如图2.23所示。

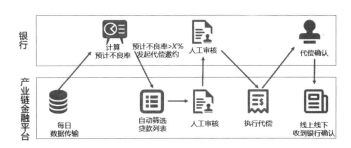

图2.23 代偿示意图

（1）计算预计不良率。这里提出了一个新概念"预计不良率"，即产业链金融平台与某银行的贷款总余额中，已逾期、预计会转化为不良资产的贷款金额比例。不同的银行的量化标准可能不一样，我们先假设已逾期60天，代表"预计会转化为不良资产"。预计不良率可由银行侧计算，或者由银行侧与产业链金融平台共同计算，两者取较高值。

（2）发起代偿。当预计不良率>X%时（X由核心企业与银行事前约定），由银行系统在线向产业链金融平台发起代偿邀约。产业链金融平台收到请求后，自动查询已达到"预计不良"标准的贷款列表，按照逾期天数排倒序，默认选择前面N笔贷款（确保代偿N笔贷款后，预计不良率<X%），经过担保运营人员确认后（可能担保运营人员更愿意选择追偿成功率高的贷款进行代偿），发送至银行侧系统，由银行内部完成人工审核流程。

（3）执行代偿。当银行侧完成所有的审核后，会由银行侧系统发送"可以执行代偿"的相关指令到产业链金融平台。产业链金融平台则向担保公司的财务系统发起相关指令，通过核心企业代偿专用账户向银行指定账户进行代偿打款。完成打款操作后，产业链金融平台一方面会通知担保运营人员打款信息，另一方面会通知银行侧系统。

（4）确认代偿。银行收到代偿通知后，会由系统+人工确认代偿打款信息。完成确认后，银行侧系统一方面会在线通知产业链金融平台确认结果，另一方面会向核心企业邮寄纸质代偿确认函。

2.9 小结

本章介绍了客户申请产业融资服务的总体流程，并从授信、支用、还款、对账、代偿等模块介绍了系统设计的核心要点。同时，介绍了由身份要素+活体识别组成的实名认证原理与应用场景，以及在线签约的技术原理。

第 3 章
技术中台设计

近年来，越来越多的企业开始重视 DevOps，希望通过 DevOps 技术提高交付效率，降低成本。DevOps 即 Dev(开发)和 Ops(运维)相结合，是一种重视软件开发人员和运维技术人员之间沟通合作的文化、运动或惯例。最典型的解决方案就是 CI（可持续集成）/CD（可持续交付），通俗地讲，就是自动化地进行代码编写、构建、分析、测试、合并代码库、构建打包成镜像、部署、线上运维分析这一闭环。当然，DevOps 不仅仅是简单的自动化流程，更多的是开发方式、开发流程的变革。

在微服务与容器化技术兴起后，容器化 + 微服务成为 DevOps 的最佳范式，让 DevOps 成为我们看得见、摸得着、能落地的开发运维最佳实践。微服务就像是 DevOps 的"内功"，通过对大型应用进行拆分，将应用变成一个个可以独立部署、快速交付、边界清晰的微服务。而容器化技术则像是 DevOps 的"外功"，它可以在自动化和工具的角度上成为 DevOps 的招式。

产业链金融平台业务逻辑庞大、对接多个内外部系统，天然地适合容器云 + 微服务的方式，对其构建技术中台，可以助力应用业务的快速发展。

本章主要涉及的知识点如下。

- 通过 OKD+Docker 构建容器云。
- 通过 Spring Cloud 构建微服务平台。
- 与多家银行的银企直连方式。
- 对接央行征信的流程。

3.1 构建容器云

本节将结合容器云的概念、容器云主要组件的使用及容器云实施中的最佳实践展开介绍。

各行各业对服务的要求越来越高、越来越细致，使得各种需求如洪水一般涌向企业的产品和IT部门。为了满足业务的要求，企业IT在不断地变革，从客户端/服务器模型，变革为浏览器/服务端模型，从物理机到虚拟化，再到基础架构云（IaaS）和应用云（PaaS）。通过这些年来云化的推进，大多数有一定规模的企业已经实现了基础架构资源的云化和池化，可以用很短的时间获取业务应用所需的机器、存储和数据库。

然而，实际上通过IaaS获取的大量基础架构资源并不能被我们的最终业务应用直接消费。应用还必须进行或繁或简的部署和配置，才可能运行在云化的资源之上。部署过程在一些企业中仍然是通过手工完成，低效且容易出错。动态扩容、持续部署等新需求更是对传统的IaaS提出了更大的挑战。

这个时候，容器技术应运而生，将容器作为手段，在应用程序开发、测试、部署，在IT运维的各个环节进行方方面面的改进和提升，如同第二次工业革命。目前使用容器技术已经是不可逆转的趋势，企业现在的关注重点已经不再停留于容器技术可不可用，而是转变成了如何用好容器来提升IT的效率，提升企业的竞争力。

3.1.1 容器云概述

说到容器就不得不从Docker说起，Docker是dotCloud公司的开源高级容器引擎，源代码在GitHub上开源，并遵从Apache2.0协议开源。Docker自2013年以来就非常火热，其核心能力在于它提供了一种便利的打包机制。这种机制直接打包了应用运行所需要的整个操作系统，从而避免了应用运行在不同环境之间产生的差异性问题。紧接着，容器编排技术出现，使一个单一的容器镜像发展到庞大的容器集群，更是让容器技术实现了从"容器"到"容器云"的飞跃。由于容器编排技术可以定义容器组织和管理规范，不仅让容器技术本身成为云计算领域的绝对主角，而且容器编排技术本身也稳稳地坐上了容器技术领域的第一把交椅。

当前最具有代表性的容器编排工具，当属Docker公司的Compose+Swarm组合，以及Google与RedHat公司共同主导的Kubernetes项目。Kubernetes凭借让人耳目一新的设计理念及Google与RedHat公司的大力号召，很快就打造出了一个与众不同的容器编排生态，之后Kubernetes项目便将Swarm项目远远地甩在了身后。本书中的案例就是围绕Kubernetes技术展开介绍的。

要理解Kubernetes为什么能够一枝独秀，并能够如此契合容器云生态，就不得不谈一谈Kubernetes的发展历程。Kubernetes在成长阶段，每一个核心功能的提出几乎都脱胎于Borg系统的设计与经验，Borg是Google公司公开发表的论文中基础设施栈中最底层的位置，在这篇论文中还可以找到大名鼎鼎的MapReduce、BigTable等项目。Borg至今未被Google公司开源，也是最不可能被开源的一个项目。然而幸运的是，由于Docker容器技术的风靡，它以另外一种方式与开源社区见面了，也就是Kubernetes。Kubernetes能为我们带来集群应用发布、路由网关、水平扩展、监控、备份、恢复等一系列复杂的运维能力。Kubernetes的全局架构如图3.1所示。

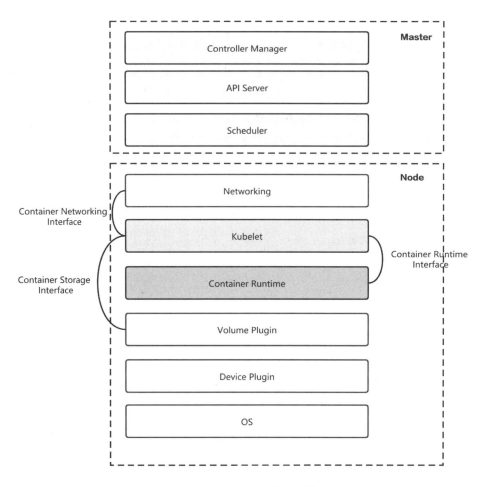

图3.1　Kubernetes全局架构

其中的Master节点即控制节点，由负责API服务的API Server、负责调度的Scheduler、负责容器编排的Controller Manager三个组件组成。

Node节点即计算节点，其最核心的部分是Kubelet组件。Kubelet组件主要负责运行时与容器交互（如Docker），这个交互依赖的是一套称作CRI（Container Runtime Interface）的远程调用接口，这个接口定义了容器运行时的各种核心操作。这个接口标准使得Kubernetes并不关心部署具体通过哪种容器，只要这个容器能够运行标准的容器镜像，就可以通过CRI接入Kubernetes中，而容器运行时会把CRI请求翻译成对Linux操作系统的调用。

Kubelet还通过gRPC协议与Device Plugin插件进行交互，这个插件是Kubernetes用来管理GPU等宿主机物理设备的主要组件。

Kubelet的其他重要功能有调用网络插件为容器配置网络，接口是CNI（Container Networking Interface），以及调用持久化存储，接口是CSI（Container Storage Interface）。

由于有Master控制节点对用户提交的作业进行编排、管理、调度，Kubernetes不仅解决了集群项目中的调度问题，还能按照用户的意愿自动化地处理好容器之间的关系，这就是编排。Kubernetes为用户真正提供了一套基于容器构建分布式系统的基础依赖。

3.1.2 OpenShift

OpenShift是一个开源容器云平台，是一个基于主流的容器技术Docker及Kubernetes构建的云平台（PaaS），是一种容器应用平台。OpenShift推出了市场上第一个基于Docker及Kubernetes的容器PaaS解决方案。OpenShift项目最大的贡献方是Red Hat，Red Hat对于Linux和开源爱好者而言再熟悉不过，它是目前全球最大的开源软件公司，是开源社区的领导者。

Red Hat同时也是Docker和Kubernetes项目的重要贡献方，它促成了OpenShift与Docker及Kubernetes的整合。OpenShift凭借多年在容器和PaaS领域的经验积累，叠加上Docker和Kubernetes容器及容器编排上的特性，一推出就受到了广泛的应用与好评。通过OpenShift平台，企业可以快速在内部网络中构建出一个多租户的云平台，并提供应用开发、测试、部署、运维的各项服务。

OpenShift在一个平台上贯通开发、测试、部署、运维的流程，实现高度的自动化，满足应用持续集成及持续交付和部署的需求；满足企业及组织对容器管理、容器编排的需求。通过OpenShift的灵活架构，企业可以以OpenShift作为核心，在其上搭建一个企业的DevOps引擎，推动企业的DevOps变革和转型。

3.1.3 搭建OKD+Docker

OpenShift的开源社区版本叫OpenShift Origin（即OKD），Red Hat在OpenShift Origin的基础上推出了OpenShift的企业版本，其中包含公有云服务OpenShift Online及私有云产品OpenShift Container Platform（以前也称为OpenShift Enterprise）。OpenShift的企业版和社区版代码十分相似，功能也基本一致。接下来基于社区版OKD展开介绍。

1.OKD功能介绍

OpenShift在Kubernetes的基础上增加了以下功能。

（1）Web Console。

OpenShift的Web Console采用node.js与angularJS开发，支持实时推送，Web Console页面如图3.2所示。

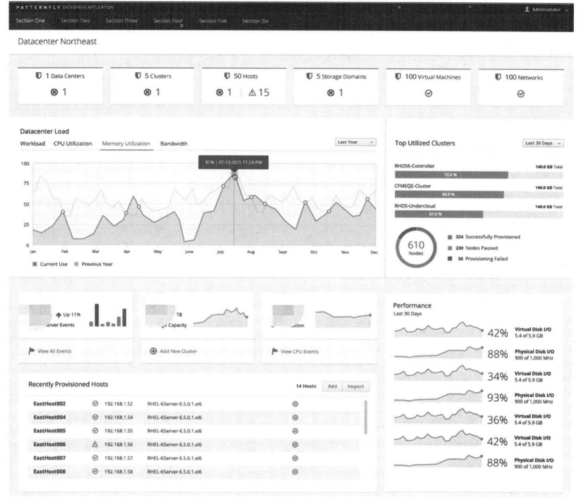

图3.2　OpenShift Web Console页面

（2）集成了容器管理。

OpenShift默认为用户定义了一系列开箱即用的Image Stream。

（3）支持CI/CD。

Jenkins Plugin能直接触发OpenShift的构建和部署过程。

（4）集成日志与监控。

OpenShift集成EFK（Elasticsearch、Fluentd、Kibana），实现了应用程序日志聚合功能。从OpenShift 3.7版本开始，可以选择部署Prometheus做系统监控，并可以在Grafana仪表盘上实时显示应用。

（5）集成版本控制。

OpenShift容器平台内置Git server，也可以部署GitLab。

（6）支持路由与负载均衡。

OpenShift的Router本质是基于Haproxy实现的,最终实现负载均衡。

2. OKD 二进制安装包安装

（1）安装并配置Docker。

OpenShift平台使用的容器引擎为Docker,因此需要安装Docker软件包。

```
yum install -y docker
systemctl start docker
systemctl enable docker
```

（2）下载OpenShift Origin二进制安装包。

```
wget https://github.com/openshift/origin/releases/download/v1.3.0/
openshift-origin-server-v1.3.0-3ab7af3d097b57f933ecce-
f684a714f2368804e7-linux-64bit.tar.gz
```

将下载好的OpenShift Origin二进制安装包拷贝到主机的/opt目录下。

解压下载好的OpenShift Origin二进制安装包。

```
cd /opt
tar
zxvf openshift-origin-server-v1.3.0-3ab7af3d097b57f933ecce-
f684a714f2368804e7-linux-64bit.tar.gz
ln -s openshift-origin-server-v1.3.0-3ab7af3d097b57f933ecce-
f684a714f2368804e7-linux-64bit /opt/openshift
```

将OpenShift的相关命令追加至系统的PATH环境变量中。编辑/etc/profile文件,添加如下文本内容至文件末尾。

```
PATH=$PATH: /opt/openshift/
```

执行source命令,使修改的配置生效。

```
source /etc/profile
```

修改完毕后,可以测试Shell能否找到OpenShift命令。执行openshift version命令,查看当前OpenShift的版本。

```
openshift version
```

（3）启动OpenShift。

```
cd /opt/openshift
openshift start
```

（4）访问OpenShift。

访问OpenShift管理界面，使用dev/dev登录，成功登录后可以看到OpenShift的欢迎页面。

更多细节请参考OKD官方文档：https://docs.okd.io/。

（5）完善OpenShift集群依赖组件。

后面会经常用到oc命令，oc是OpenShift中一个重要的命令行客户端。OpenShift Web控制台能完成的事情，同样可以通过oc命令完成。在进行自动化及重复性的操作时，命令行工具比图形界面更加高效。

尝试执行oc version命令查看OpenShift的集群版本信息，测试oc命令能否正常工作。

```
oc version
```

在安装组件之前，我们需要以集群管理员的角色登录。在OpenShift中，默认的集群管理员是system:admin。system:admin用户拥有最高的权限。和其他用户不同，system:admin用户并没有密码，其登录依赖于证书密钥。登录方法如下。

拷贝登录配置文件。

```
mkdir -p ~/.kube
cp /opt/openshift/openshift.local.config/master/admin.kubeconfig ~/.kube/config
```

通过oc login命令登录。

```
oc login -u system:admin
```

执行oc whoami命令，即可看到当前登录用户为system:admin。

接下来我们要为集群添加一个Router组件，Router是OpenShift集群中一个重要的组件，它是外界访问集群内容器应用的入口。集群外部的请求都会到达Router，并由Router分发到具体的容器中。

切换到default项目。

```
oc project default
```

为系统账号Service Account赋权。

```
oadm policy add-scc-to-user privileged system:serviceaccount:default:router
```

执行oadm router命令创建Router实例。

```
oadm router router --replicas=1 --service-account=router
```

oadm命令与oc命令面对的用户不同。oc命令更多的是面向一般用户，而oadm命令是面向集群管理员，以管理和配置集群。在上面的命令中，我们创建了一个名为router的Router。在实际的生产中，可以创建多个Router实例实现高可用的效果，防止单点失效。

查看Router容器的状态。输出显示Router容器的状态是Running。如果此时检查端口监听状态，可以发现主机的端口80、443正在被Haproxy监听。

```
oc get pod -n default
```

（6）添加镜像管理中心。

这一步我们需要部署内部的Docker镜像仓库。OpenShift内部的镜像仓库是由一个叫Source to Image（S2I）的流程产生的，本质上和外部的企业镜像仓库没有太大的区别。

至此，我们成功安装及运行了OpenShift集群，并完成了对OpenShift集群的完善和升级，增加了Router及Registry组件。

3. 高级安装 Ansible（针对 OKD 3.x 版本）

OpenShift集群有以下节点角色。

- Master节点：即主控节点。集群内的管理组件均运行于Master节点之上。Master节点负责管理和维护OpenShift集群的状态。
- Node节点：即计算节点。集群内的容器实例均运行于Node节点之上。
- API Server：负责提供集群的Web Console及RESTful API服务。集群内的所有Node节点都会访问API Server更新各节点的状态及其上运行的容器的状态。
- 数据源：集群内所有动态的状态信息都会存储在后端的一个etcd分布式数据库中。默认的etcd实例安装在Master节点上。如有需要，也可以将etcd节点部署在集群之外。etcd是CoreOS团队于2013年6月发起的一个基于Go语言实现的高可用分布式键值（key-value）数据库。
- 调度控制器（Scheduler）：调度控制器在容器部署时负责按照用户输入的要求寻找合适的计算节点。
- 复制控制器（Replication Controller）：实现异常自恢复的功能。如果容器异常退出，复制控制器将会监控到容器实例数少于部署定义的数量，从而触发部署新的容器实例，以恢复原有的状态。

OpenShift集群节点的数量具有很大的弹性。在最小安装的情况下，可以将所有组件安装到一台集群上，形成一个单节点的集群，如上一节我们使用二进制安装包，通过手动的方式在一台机器上安装了一个All-in-One的OpenShift集群。但在实际的生产中，一个OpenShift集群可以有成千上万个计算节点，不可能通过手动的方式安装部署。因此，OpenShift（3.x版本）的安装一般通过运维自动化工具Ansible来完成，Ansible可以帮助用户快速对运维各个环节的操作进行标准化和自动化，安装主要分为以下几个阶段。

- 主机准备。准备OpenShift集群使用的主机。
- 安装前预配置。准备相应的系统配置及软件依赖。
- 执行安装。这个过程是全自动的,用户基本无须干预。
- 安装后配置。根据需要添加相应的组件及修改配置,如导入部署模板、镜像流、部署度量及日志收集组件等。

下面将演示通过Ansible安装OKD 3.11的过程。这里准备了3台虚拟机,其中有一个Master节点、两个Node节点,如表3.1所示。

表3.1 虚拟机清单

主机名	节点类型	操作系统	IP地址	内存	CPU	硬盘
master	管理节点	Centos 7.9	192.168.21.111	12 G	4核	40GB
node 1	工作节点	Centos 7.9	192.168.21.112	6 G	4核	40GB
node 2	工作节点	Centos 7.9	192.168.21.113	6 G	4核	40GB

(1)安装前准备(所有主机)。

确认各个主机的主机名已正确配置。在所有节点上执行以下命令安装OpenShift依赖的软件包。

```
yum install -y wgetgit net-tools bind-utilsiptables-services bridge-utils bash-completion git
```

在所有节点上实现SSH免密登录。

```
ssh-keygen         # 生成密钥
ssh-copy-id master     # 输入yes,输入密码
ssh-copy-id node1      # 输入yes,输入密码
ssh-copy-id node2      # 输入yes,输入密码
```

在所有节点上安装必不可少的容器引擎Docker。

```
安装Docker
yum -y install docker

启动Docker并设置开机自启
systemctl start docker
systemctl enable docker
```

由于OpenShift的安装以Ansible为基础,需要启用EPEL仓库以安装Ansible。在Master节点上执行以下命令。

```
yum -y install https://dl.fedoraproject.org/pub/epel/epel-release-latest-7.noarch.rpm
# 全局禁用EPEL存储库,以便在以后的安装步骤中不会意外使用它
```

```
sed -i -e "s/^enabled=1/enabled=0/" /etc/yum.repos.d/epel.repo
```

（2）提前下载OpenShift所需要的镜像文件。

```
docker pull docker.io/openshift/origin-pod:v3.11
docker pull docker.io/openshift/origin-node:v3.11
docker pull quay.io/openshift/origin-cluster-monitoring-operator:v3.11
docker pull docker.io/openshift/origin-control-plane:v3.11
docker pull docker.io/openshift/origin-haproxy-router:v3.11
docker pull docker.io/openshift/origin-deployer:v3.11
docker pull docker.io/openshift/origin-docker-registry:v3.11
docker pull quay.io/coreos/etcd:v3.2.26
docker pull docker.io/openshift/origin-web-console:v3.11.0
docker pull docker.io/cockpit/kubernetes:latest
docker pull quay.io/coreos/prometheus-config-reloader:v0.23.2
docker pull quay.io/coreos/prometheus-operator:v0.23.2
docker pull docker.io/openshift/prometheus-alertmanager:v0.15.2
docker pull docker.io/openshift/prometheus-node-exporter:v0.16.0
docker pull docker.io/openshift/prometheus:v2.3.2
docker pull docker.io/grafana/grafana:5.2.1
docker pull quay.io/coreos/kube-rbac-proxy:v0.3.1
docker pull quay.io/coreos/kube-state-metrics:v1.3.1
docker pull docker.io/openshift/oauth-proxy:v1.1.0
docker pull quay.io/coreos/configmap-reload:v0.0.1
```

导出以上镜像并加载。

```
# 先导出镜像名称的列表，接着去除 images.txt 中的第一行
docker images | awk '{print $1":"$2}' > images.txt

# 导出镜像文件
mkdir images
for image in `cat images.txt`
do
    zipname=`echo ${image} | awk -F / '{print $3}'`
    docker save ${image} > images/${zipname}.tar.gz
done

# 加载镜像
for image in `cat images.txt`
do
    zipname=`echo ${image} | awk -F / '{print $3}'`
    docker load -i images/${zipname}.tar.gz
done
# 安装 Ansible
yum -y --enablerepo=epel install ansible pyOpenSSL
```

（3）安装Ansible（Master节点）。

在Master节点上下载安装OpenShift的Ansible Playbook。Ansible Playbook是预定义的一组Ansible执行逻辑。

```
wget https://github.com/openshift/openshift-ansible/archive/refs/tags/openshift-ansible-3.11.630-1.tar.gz

tar zxvf openshift-ansible-3.11.630-1.tar.gz
```

安装单Master的OpenShift集群可以不单独安装etcd，但是这里选择单独安装一个单节点的etcd集群。

```
yum install -y etcd
systemctl enable etcd
systemctl start etcd
```

配置Ansible的hosts配置文件，其中记录了Ansible需要操作的目标主机的信息。先备份原有的hosts文件。

```
mv -f /etc/ansible/hosts /etc/ansible/hosts.bak
```

创建/etc/ansible/hosts文件，添加下面的内容。下面的文本定义了需要安装的机器的列表、各个机器的角色及相关的参数。这里要注意，Master节点本身其实也是一个Node节点，不过它是一个特殊的Node节点，默认不运行容器。

```
[OSEv3:children]
masters
nodes
etcd

[OSEv3:vars]
ansible_ssh_user=root
openshift_deployment_type=origin
# 因采用虚拟机部署学习，配置此选项跳过主机硬件信息检查
openshift_disable_check=disk_availability,docker_storage,memory_availability,docker_image_availability
openshift_master_identity_providers=[{'name':'htpasswd_auth','login':'true','challenge':'true','kind':'HTPasswdPasswordIdentityProvider'}]

openshift_deployment_type=origin
os_firewall_use_firewalld=true

[masters]
master
```

```
[etcd]
master

[nodes]
master  openshift_node_group_name='node-config-master'
node1   openshift_node_group_name='node-config-compute'
node2   openshift_node_group_name='node-config-compute'
node2   openshift_node_group_name='node-config-infra'
```

Ansible的代码中强制开启了针对selinux的检查，要求其必须开启，否则安装会报错。这里通过修改其源代码忽略针对selinux的检查。

```
#vim  openshift-ansible-3.11.630-1/roles/openshift_node/tasks/selinux_container_cgroup.yml
- name: Setting sebool container_manage_cgroup
  seboolean:
    name: container_manage_cgroup
    state: yes
    persistent: yes
  when:
    ansible_selinux.status == 'enabled'
```

执行ansible-playbook命令并指定要执行的Playbook，即可启动OpenShift集群的安装。

```
# 执行安装前检查
ansible-playbook openshift-ansible-3.11.630-1/playbooks/prerequisites.yml
# 真正安装集群
ansible-playbook openshift-ansible-3.11.630-1/playbooks/deploy_cluster.yml
```

安装的过程是完全自动化的，无需手动干预。Ansible的脚本Playbook是可以反复执行的（具备幂等性），如果在安装OpenShift的过程中出错，如配置错误或网络中断，修复问题后可以再次执行Playbook，在之前的基础上继续安装。

安装完毕后，执行oc get node命令，可以检查当前集群的成员列表及它们的状态。

```
oc get node
======================================
NAME    STATUS  ROLES           AGE   VERSION
master  Ready   master          5d    v1.11.0+d4cacc0
node1   Ready   compute         42m   v1.11.0+d4cacc0
node2   Ready   compute,infra   42m   v1.11.0+d4cacc0
```

接下来设置管理员账号，然后就可以通过https://master:8443进行登录了，如图3.3所示。至此，一个基础的OpenShift集群配置完毕。

```
htpasswd -b /etc/origin/master/htpasswd admin admin
oc login -u system:admin
oc adm policy add-cluster-role-to-user cluster-admin admin
```

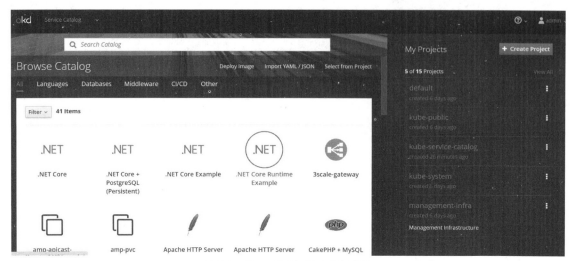

图3.3　OpenShift登录后的首页

3.1.4　持久化设计

本节提到的持久化设计并不是数据库相关的持久化设计，而是在实际业务中用于展示或保存的文件的持久化设计，如图片、PDF文件、视频文件等。当这些文件占用空间不大时，可以直接保存于服务器本地磁盘，但这种方式扩展性很差，为了提升扩展性及这些文件数据的安全性，我们通常会采用单独的持久化设计方案。

产业链金融平台中采用NAS（Network Attached Storage，网络附属存储）服务挂载的方式进行存储，NAS具备资料存储功能的装置，因此也称为"网络存储器"。NAS具备很强的扩展性，且上层应用感知非常适合容器云弹性伸缩的应用场景。我们将NAS存储以NFS协议挂载到指定的Pod内容器目录，应用程序即可方便地访问持久化资源。

NAS可以基于分布式的架构进行搭建。小文件居多的场景建议采用淘宝的TFS、京东的JFS、Facebook的Haystack、FastDFS、Ceph等，而大文件存储的场景通常采用HDFS、GlusterFS，这些文件系统部分也支持以NFS协议进行挂载。

1. 安装 NFS 服务及挂载

本案例中，我们通过nfs-utils搭建NFS服务，代码如下所示。

```
# 安装nfs工具
```

```
sudo yum install nfs-utils rpcbind -y
# nas 盘操作
# 配置数据目录
mkdir /app/data
# 配置 /app/data 为 nfs server 保存文件的目录，* 号表示不对访问 IP 进行限制
sudo vim /etc/exports
# 写入以下内容
/app/data/          *(rw,no_root_squash,no_all_squash,sync)
# 生效配置
sudo exportfs -r
```

2. 容器持久化存储

容器内运行的应用程序对文件的读写需要通过持久化存储来实现。Kubernetes引入了一组叫作Persistent Volume Claim（PVC）和Persistent Volume（PV）的API对象，其中PV描述的就是用于挂载到Pod内容器目录的持久化存储数据卷。本案例中，我们使用nfs-utils搭建的NFS服务创建PV对象；PVC描述的则是Pod希望使用的持久化存储的属性，如Volume存储的大小、可读写权限等。

PVC要真正被容器使用起来，就必须先和某个符合条件的PV进行绑定，在成功将PVC和PV进行绑定之后，Pod就能够像本地目录等常规类型的Volume一样使用。而Pod需要做的，就是在volumes字段里声明自己要使用的PVC名称。等这个Pod创建之后，kubelet就会把这个PVC对应的PV，也就是一个NFS类型的Volume，挂载到这个Pod容器内的目录上。

定义一个NFS的存储后端，其大小为1GB，访问方式为ReadWriteOnce，即独占读写。

```
{
"apiVersion" : "v1",
"kind" : "PersistentVolume",
"metadata" : {    # 创建 PV 时不要加名称空间，因为 PV 属于集群级别
"name" : "pv1"
},
"spec" : {
"capacity" : { # 设置存储空间大小
"storage" : "1Gi"
},
"accessModes" : [ "ReadWriteOnce" ],
"nfs" : {
"path" : "/var/export/pvs/${volume}",
"server" : "192.168.0.254"
},
"persistentVolumeReclaimPolicy" : "Retain" # 回收策略
}
}
```

访问方式描述持久化卷的访问特性，如是只读还是可读可写，以及只能被一个Node节点挂载还是可以被多个Node节点使用。目前有三种访问方式可以选择。

(1) ReadWriteOnce: 可读可写, 只能被一个Node节点挂载。
(2) ReadWriteMany: 可读可写, 可以被多个Node节点挂载。
(3) ReadOnlyMany: 只读, 可以被多个Node节点挂载。

运维人员在部署容器应用时会定义持久化卷请求, 并在持久化卷请求中声明需要的存储资源的特性, 如大小和访问方式。如下代码所示, 创建了PVC后, PV与PVC就会根据存储空间（storage）、storageClassName等信息进行匹配。

```
{
 "apiVersion": "v1",
 "kind" : "PersistentVolumeClaim",
 "apiVersion": "v1",
 "metadata" : {
 "name": "claim1"
 },
 "spec": {
 "accessModes": [
 "ReadWriteOnce"
 ],
 "resources": {
 "requests": {
 "storage": "5Gi"
 }
 }
 }
}
```

运维人员部署容器时会在Deployment Config的容器定义中指定Volume的挂载点, 并将这个挂载点和持久化卷请求关联。当容器启动时, 持久化卷指定的后端存储被挂载到容器定义的挂载点上。应用在容器内部运行时, 数据通过挂载点最终写入后端存储中, 从而实现持久化。若PVC未匹配到合适的PV, Pod会创建失败并被挂起, 直到匹配到合适的PV后, 被挂起的Pod才会自动启动。

容器定义的名为www的volumeMounts挂载点指向/var/www/html目录。同时, www这个挂载点指向持久化卷请求claim1。

```
spec:
    containers:
      - name: webserver
        image: httpd
        volumeMounts:
          - mountPath: "/var/www/html" # 在 Pod 内容器的挂载目录
            name: www
    volumes:
      - name: www
        persistentVolumeClaim:
          claimName: claim1 #PVC 的名称
```

如果要在OpenShift中使用GlusterFS，除了使用NFS协议的方式，还可以通过端点（Endpoint）的方式。首先创建一个端点，描述GlusterFS的服务器所在位置的信息。

```
apiVersion: v1
kind: Endpoints
metadata:
name: glusterfs-cluster
subsets:
- addresses:
- ip: 192.168.122.221
ports:
- port: 1
- addresses:
- ip: 192.168.122.222
ports:
- port: 1
```

建立Endpoint后，再创建持久化卷，并引用前文定义的Endpoint。

```
apiVersion: v1
kind: PersistentVolume
metadata:
name: gluster-default-volume
spec:
capacity:
storage: 2Gi
accessModes:
- ReadWriteMany
glusterfs:
endpoints: glusterfs-cluster
path: myVol1
readOnly: false
persistentVolumeReclaimPolicy: Retain
```

通过oc label命令为持久化卷pv0002打上标签disktype=ssd。

```
oc label pv pv0002 disktype=ssd
```

创建一个带标签选择器的持久化卷请求。

```
cat pvc0001.json
{
    "kind": "PersistentVolumeClaim",
    "apiVersion": "v1",
    "metadata": {
    "name": "pvc0001",
    "creationTimestamp": null
    },
```

```
    "spec": {
    "accessModes": [
    "ReadWriteOnce"
    ],
    "selector": {
    "matchLabels": {
    "disktype": "ssd"
    }
    },
    "resources": {
    "requests": {
    "storage": "1Gi"
    }
    }
    },
    "status": {}
}
oc create -f pvc0001.json
```

持久化卷请求创建完后，查看持久化卷的状态。

```
oc get pv --show-labels
```

3.1.5 镜像管理

商品可以在工厂的流水线中以快速、自动化、可重复的方式装配和生产，同样，软件的交付也需要以快速、自动化、可重复的方式从源代码生成发布版本，这就是持续交付。实际应用中，我们可以通过Jenkins或Gitlab Runner完成打包及容器镜像的构建，再把镜像托管给容器镜像仓库（Container Image Registry）进行管理，最终在容器云的环境中从镜像管理中心拉取镜像并完成容器的发布。

OKD支持实现Docker Registry API的多种镜像仓库，包括Docker Hub或Harbor搭建的私有镜像仓库，还提供了名为OpenShift Container Registry（OCR）的内置容器镜像仓库，用于存放用户通过镜像构建流程所产生的Docker镜像。每当完成镜像构建后，它就会向内置镜像仓库推送构建好的镜像。其间通过ImageStream简化容积镜像管理，ImageStream本身并不保存镜像，只保存容器元数据和"标签指针"。

OCR用于存放用户通过内置的Source to Image镜像构建流程所产生的镜像。OpenShift提供了自动化流程Source to Image，即S2I，帮助开发者容器化用各种编程语言开发的应用源代码。开发者可以直接使用S2I或把现有的流程与S2I整合，从而实现开发流程的持续集成和持续交付。每当S2I完成镜像构建，就会向内部的镜像仓库推送构建完成的镜像。S2I的流程使得企业内容器的构建变得标准化和自动化，大幅提升了软件从开发到上线的效率。一个典型的S2I流程包含以下几个步骤。

- 设置源代码仓库的地址。
- 用户选择S2I构建的基础镜像，又称为Builder镜像。Builder镜像中包含操作系统、编程语言、框架等应用所需的软件及配置。
- 用户或系统触发S2I构建。OpenShift将实例化S2I构建执行器。
- S2I构建执行器将从用户指定的代码仓库下载源代码。
- S2I构建执行器实例化Builder镜像。代码将被注入Builder镜像中。
- Builder镜像将根据预定义的逻辑执行源代码的编译、构建并完成部署。
- S2I构建执行器执行build操作并生成新的镜像。
- S2I构建执行器将新的镜像推送到OpenShift内部的镜像仓库。
- S2I构建执行器更新该次构建的Image Stream的相关信息。
- S2I构建完成后，根据用户定义的部署逻辑，OpenShift将把镜像实例化部署到集群中。

OKD虽然提供了构建和部署的能力，但也需要使用Jenkins之类的工具来可视化及编排整个流水线。既然OKD是一个容器化的管理平台，那么我们完全可以将Jenkins作为一个应用纳入OKD中托管，这样Jenkins也是容器化的。OKD官方提供了一个Jenkins 2.0的镜像，预装了pipeline插件，可以很方便地进行构建、部署等操作，如图3.4所示。

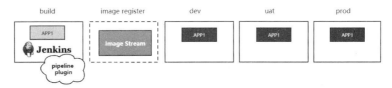

图3.4　Jinkens部署示意图

OKD在生产环境中的部署默认是rolling的方式，每次部署时，它会启动一个新的Replica Controller，部署一个Pod，然后销毁旧的Replica Controller的Pod，如此往复，直到旧的Replica Controller的所有Pod都被销毁，新的Replica Controller的所有Pod都在线。整个过程保证了服务不宕机及流量平滑切换，最终客户是完全无感知的。

除了通过S2I+OCR的方式，还可以通过GitLab Runner+Harbor的方式进行持续交付和镜像管理，Gitlab Runner同样可以方便地进行任务的构建，然后把镜像推送给Harbor进行管理，之后我们只需要对OKD进行简单配置（配置容器镜像仓库的地址）即可。Harbor是由VMware公司开源的企业级的Docker Registry管理项目，相比Docker官方拥有更丰富的权限、权利和完善的架构设计，可以为大规模Docker集群部署提供仓库服务，并提供管理界面UI，可基于角色访问控制、镜像复制、LDAP集成、日志审核等功能，完全支持中文。

这里主要介绍Registry的部署。

切换到default项目。

```
oc project default
```

执行以下命令部署Registry。

```
oadm registry --config=/opt/openshift
```

执行oc get pod便可看到Registry容器处于运行状态。

```
oc get pod
docker-registry-1-xm3un 1/1 Running 0 1m
```

因为我们部署的Registry没有启用HTTPS，所以需要修改Docker的配置，让Docker以非HTTPS的方式连接到Registry。修改/etc/sysconfig/docker文件，追加OPTIONS变量值。

```
--insecure-registry=172.30.0.0/16
```

重启Docker服务，使修改的配置生效。

```
systemctl restart docker
```

3.1.6 运维监控

Prometheus是一套开源的系统监控报警框架，由前Google员工在2012年参考Google的BrogMon监控系统，作为社区开源项目进行开发，并于2015年正式发布。

2016年，Prometheus正式加入CNCF基金会的项目，于2017年底发布了基于全新存储层的2.0版本，能更好地与容器平台、云平台配合。Prometheus作为新一代的云原生监控系统，目前已经有超过650位贡献者，并有超过120项的第三方集成，成为Kubernetes生态中搭建整套监控体系的主流技术。

官方提供的Prometheus示意图如图3.5所示。

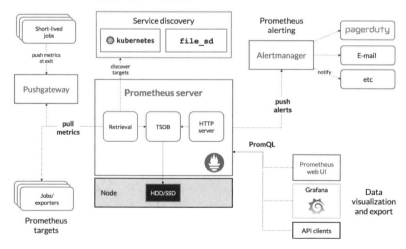

图3.5 Prometheus官方示意图

Prometheus项目工作的核心是采集被监控对象的相关指标（Metrics）数据，然后再把这些数据保存在一个时间序列数据库中，以便后续可以按照时间进行检索，Prometheus剩下的组件则用于配合这套机制的运行，如PushGateway可以允许被监控对象以Push的方式向Prometheus推送Metrics数据，而AlertManager则可以根据Metrics信息灵活地设置报警。当然，Prometheus最受用户欢迎的功能，还是通过Grafana对外暴露的、可以灵活配置的监控数据可视化界面。

1. Prometheus 的数据采集

Prometheus通过HTTP接口的方式从各种客户端获取数据，通常有两种方式，一种是通过在客户端埋点，引入Prometheus go client，通过Kubernetes API提供的/metrics接口查询Kubernetes API的各种指标；另一种是通过exporter方式，在外部将原来各种中间件的监控指标转化为Prometheus的监控数据格式。

2. Prometheus exporter

Prometheus为了支持各种中间件及第三方的监控提供了exporter，可以把它理解成监控适配器，将不同指标类型和格式的数据统一转化为Prometheus能够识别的指标类型。例如，Node exporter主要通过读取Linux的/proc及/sys目录下的系统文件获取操作系统运行状态，reids exporter通过reids命令行获取指标，MySQL exporter通过读取数据库监控表获取MySQL的性能数据。它们将这些异构的数据转化为标准的Prometheus格式，并提供HTTP查询接口。

3. PromQL 介绍

Prometheus数据展现除了通过自带的WebUI，还可以通过Grafana，它们本质上都是通过HTTP + PromQL的方式查询Prometheus数据。和关系型数据库的SQL类似，Prometheus也内置了数据查询语言PromQL，它提供对时间序列数据的查询、聚合及逻辑运算的能力。

4. Prometheus 告警

如果监控数据（Metrics）达到告警阈值，Prometheus Server会通过HTTP将告警发送到alertmanger告警模块。Prometheus告警规则通过yaml文件配置。告警组件alertmanger目前支持邮件、slack、微信和webhook，如果是对接钉钉，则可以通过webhook方式触发钉钉的客户端发送告警。

5. Prometheus 监控

通过自动发现机制，Prometheus可以动态获取Node和Pod的变化，将Node exporter和cAdvisor加入监控。针对容器常用的监控指标包括CPU利用率、内存用量、网络发送速率、网络接收速率等。

3.1.7 日志查询

OpenShift平台上往往运行着成百上千个容器，每个容器应用都会产生日志，这些日志必须有一个进行收集、汇总的途径，然后进行查询或分析。OpenShift默认提供了一套开箱即用的日志管理方案，这套方案是在目前社区流行的EFK方案的基础上实现的。EFK是三个流行的开源项目的缩写：Elasticsearch、Fluentd和Kibana。

Fluentd容器将以容器的方式运行在集群的节点上。Fluentd将读取宿主机上的/var/log/message及/var/lib/docker目录下的系统及容器日志信息，并对日志进行格式化，形成JSON信息，最后将其发送给Elasticsearch。Elasticsearch收到日志信息后，存储信息并建立索引。Kibana则提供一个图形的用户界面，供用户检索和分析Elasticsearch中处理完毕的日志。数据清理器Curator按用户指定的规则定时清理Elasticsearch中过期的数据，以防止数据占据过多的磁盘空间。OpenShift以容器的方式提供了EFK方案的各个组件，并通过OpenShift的模板功能让用户能更方便、快速地进行部署。

- Elasticsearch是流行的开源分布式搜索及分析引擎。
- Fluentd是开源的数据收集及信息汇总工具。
- Kibana是流行的数据可视化工具。
- Curator是一款精悍的Elasticsearch的数据清理器。

以集群管理员身份登录系统，并切换到logging项目。

```
oc project logging
```

创建应用部署Kibana、Elasticsearch及Fluentd等服务使用的Service Account账号。

```
oc new-app logging-deployer-account-template
oadm policy add-cluster-role-to-user oauth-editor \
system：serviceaccount：logging：logging-deployer
```

为Service Account授权，允许相关的服务读取和操作集群内的信息和对象。

```
oadm policy add-scc-to-user privileged system：serviceaccount：logging：aggregated-logging-fluentd
oadm policy add-cluster-role-to-user cluster-reader system：serviceaccount：logging：aggregated-logging-fluentd
```

创建应用组件使用的证书，并创建Secret对象logging-deployer存储对应的证书。该Secret对象会被部署引用。

```
oadmca create-server-cert \
--signer-cert=/etc/origin/master/ca.crt \
--signer-key=/etc/origin/master/ca.key \
--signer-serial=/etc/origin/master/ca.serial.txt \
--hostnames='kibana.apps.example.com' \
--cert=/etc/origin/master/kibana.crt \
--key=/etc/origin/master/kibana.key

oc create secret generic logging-deployer \
```

```
--from-file kibana.crt=/etc/origin/master/kibana.crt \
--from-file kibana.key=/etc/origin/master/kibana.key
```

设置集群部署参数。创建一个Config Map对象，logging-deployer为日志组件设定部署参数。以下示例中的参数指定了Kibana的域名、OpenShift集群Master的地址、Elasticsearch的实例数及使用的内存大小。

```
oc create configmap logging-deployer \
--from-literal kibana-hostname=kibana.apps.example.com \
--from-literal public-master-url=https://master.example.com:8443 \
--from-literal es-cluster-size=1 \
--from-literal es-instance-ram=1G
```

通过Template logging-deployer-template部署日志组件。

```
oc new-app logging-deployer-template \
--param IMAGE_VERSION=v3.11 \
--param IMAGE_PREFIX=openshift/origin- \
--param MODE=install
```

可以提前下载好日志组件相关的容器镜像，镜像列表如下。

```
docker.io/openshift/origin-logging-curator:v3.11
docker.io/openshift/origin-logging-fluentd:v3.11
docker.io/openshift/origin-logging-auth-proxy:v3.11
docker.io/openshift/origin-logging-deployment:v3.11
docker.io/openshift/origin-logging-elasticsearch:v3.11
docker.io/openshift/origin-logging-kibana:v3.11
```

3.1.8 持续集成方案

持续集成（CI）是在源代码变更后自动检测、拉取、构建和在大多数情况下进行单元测试的自动化过程。持续集成的目标是快速确认开发人员新提交的变更是更好的，并且适合在代码库中进一步使用。与CI相匹配的概念是持续交付（CD），自动化地将代码打包成镜像后发布到镜像仓库中。

OKD中可以基于S2I创建镜像并推送至内置的镜像仓库。实际应用中，我们也可以采用GitLab-Runner或Jenkins对代码进行构建。GitLab是一个用于仓库管理系统的开源项目，使用Git作为代码管理工具，并在此基础上搭建Web服务。GitLab-Runner是配合GitLab进行使用的。一般GitLab中的每一个工程都会定义一个属于这个工程的脚本，用于自动化完成软件集成操作。当这个工程的仓库代码发生变动时，如有人push了代码，GitLab就会将这个变动通知GitLab。

这时GitLab会找出与这个工程相关联的Runner，通知这些Runner把代码更新到本地，并执行预定义的脚本。这个脚本会被放在项目工程的根目录下，通常会定义通过maven命令构建的命令及Docker镜像构建的命令，而构建好的jar包会进入下个环节，即Docker镜像构建，构建完成的Docker镜像就可以通过命令push到私有镜像仓库中了。下面是一个微服务工程中的GitLab-Runner脚本.gitlab-ci.yml。

```yaml
image: registry.cn-hangzhou.aliyuncs.com/*/cibase:0.5.0
stages:
  - mvn-package
  - docker-build
maven-docker:
  stage: mvn-package
  script:
    - mvn clean package -U -DskipTests=true
    -mkdir -p /cache/${CI_PROJECT_NAME}-${CI_PROJECT_ID}-${CI_COMMIT_REF_NAME}-${CI_COMMIT_SHA}
    -cp target/cloud-auth.jar /cache/${CI_PROJECT_NAME}-${CI_PROJECT_ID}-${CI_COMMIT_REF_NAME}-${CI_COMMIT_SHA}/cloud-auth.jar
  only:
    #- dev
    - test
    - master

docker-build:
  stage: docker-build
  script:
    - docker_build
    - chart_build
  only:
    #- dev
    - test
    - master
.auto_devops: &auto_devops |
  curl -o .auto_devops.sh \
    "${URL}/devops/ci?token=${Token}&type=microservice"
  if [ $? -ne 0 ];then
    cat .auto_devops.sh
    exit 1
  fi
  source .auto_devops.sh
  function docker_build(){
      cp /cache/${CI_PROJECT_NAME}-${CI_PROJECT_ID}-${CI_COMMIT_REF_NAME}-${CI_COMMIT_SHA}/cloud-auth.jar ${1:-"src/main/docker"}/cloud-auth.jar || true
      docker build --pull -t ${DOCKER_REGISTRY}/${GROUP_NAME}/${PROJECT_NAME}:${CI_COMMIT_TAG} ${1:-"src/main/docker"}
      docker push ${DOCKER_REGISTRY}/${GROUP_NAME}/${PROJECT_NAME}:${-CI_COMMIT_TAG}
```

```
        rm -rf /cache/${CI_PROJECT_NAME}-${CI_PROJECT_ID}-${CI_COMMIT_
REF_NAME}-${CI_COMMIT_SHA}
    }
before_script:
  - *auto_devops
```

构建后的包可以直接通过jenkins部署到虚拟机环境中或推送给前面提到的Harbor或OpenShift提供的OpenShift Container Registry的私有镜像仓库，并准备发布到Kubernetes集群中。

jar包的管理通常是通过maven进行构建并通过maven的私有仓库进行jar包版本的管理。

一个开发周期中标准的持续集成流程如图3.6所示。

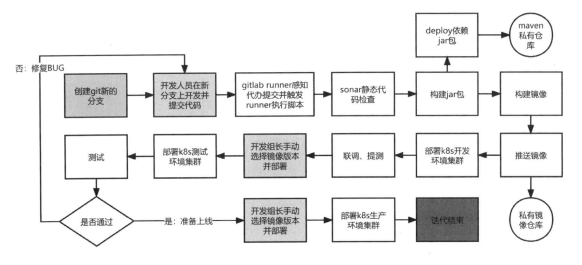

图3.6　CICD流程

一个复杂的持续集成流程中，需要人工参与的环节很少，大部分工作都是组件自动协作和完成的，并且持续集成的流程可以根据自身团队的情况灵活定制。

3.2　构建微服务平台

容器云与微服务是天然的搭档，本书中的案例也正是基于容器云来构建产业链金融的技术中台。技术中台的核心是微服务，而Spring Cloud最流行的就是微服务框架。Spring Cloud提供了一些可以让开发者快速构建微服务应用的工具，如配置管理、服务发现、熔断、服务路由等，这些服务在任何分布式环境下都可以很好地工作。

Spring Cloud生态下服务治理的解决方案主要有两个：Spring Cloud Netflix和Spring Cloud Alibaba。这两个解决方案分别针对Netflix及Alibaba的服务治理体系，基于Spring Cloud规范做的整合。

3.2.1 Spring Cloud Netflix 概述

Spring Cloud Netflix主要为微服务架构下的服务治理提供解决方案，包括以下组件。
- Eureka：服务注册与发现。
- Zuul：服务网关。
- Ribbon：负载均衡。
- Feign：远程服务的客户端代理。
- Hystrix：断路器，提供服务熔断和限流功能。
- Hystrix Dashboard：监控面板。

Spring Cloud Netflix其实是Spring Boot和Netflix在Spring Cloud规范下的集成。Netflix公司开发了一套开源框架和组件库，如Eureka、Zuul等。而Spring Cloud只是把这些组件进行了整合，使使用者可以更快速、简单地构建微服务，以及解决微服务下的服务治理等难题。

3.2.2 Spring Cloud Alibaba 概述

Spring Cloud Alibaba是阿里巴巴集团下的开源组件和云产品在Spring Cloud规范下的实现，主要为微服务开发提供一站式的解决方案，使开发者通过Spring Cloud编程模型轻松地解决微服务架构下的各类技术问题。Spring Cloud Alibaba主要包括以下功能组件。
- Sentinel：流量控制和服务降级。
- Nacos：服务注册与发现。
- Nacos：分布式配置中心。
- RocketMQ：消息驱动。
- Seate：分布式事务。
- Dubbo：RPC通信。

Alibaba的开源组件在服务治理上和处理高并发的能力上有天然的优势，这些组件都经历过数次"双11"的考验，也在各大互联网公司大规模应用过。所以，相比Spring Cloud Netflix，Spring Cloud Alibaba更适合作为产业链金融平台的技术方案。

3.2.3 核心组件介绍

1. 微服务通信

微服务调用在Spring Cloud体系中有两种组件可选：Feign和Dubbo。

Feign是一种声明式的HTTP客户端，由Netflix公司开发，早期名为Netflix Feign，于2016年7月更名为Open Feign，然后Open Feign项目在其基础上继续发展至今。Feign可以很好地和Ribbon集成以实现负载均衡，并使Java HTTP客户端编写更方便。

Apache Dubbo是一个基于RPC的分布式服务框架，它提供了服务治理功能，如服务注册、监控、路由、容错等。Dubbo通信的方式和Feign不同，Dubbo采用netty网络框架，使用tcp协议进行通信。相比Feign的通信方式，Dubbo的通信速度更快，通信报文体积更小，但与此同时损失了通信协议跨平台的优点。

接下来基于Feign演示微服务的调用。假设微服务A调用微服务B中的接口，首先在调用方微服务A中，通过pom文件引入微服务B的包依赖。

```xml
<dependency>
    <groupId>com.demo</groupId>
    <artifactId>cloud-service-b-rely</artifactId>
</dependency>
```

在调用方微服务A的启动类上添加"@EnableFeignClients"，并创建微服务B的调用Interface。

```java
@FeignClient(contextId = "ServiceBClient", value = "cloud-service-b-service")
public interface ServiceBClient extends ServiceBRely {
}
```

在调用方微服务A的具体类中，通过"Autowired"的方式注入Interface。

```java
@Autowired
  private ServiceBClient serviceBClient;
```

然后通过函数调用的方式，对注入的文件微服务上传函数（接口）进行调用即可。代码编写方式与一般的Java方法调用并无差别，但实际执行的是HTTP协议。

```java
serviceBClient.getConfig(……);
```

2. Gateway 网关

微服务网关是系统对外的唯一入口，可以把内部的多个服务进行整合，然后向客户端提供统一调用地址。其实网关不只是做一个请求的转发及服务的整合，有了网关这个统一的入口之后，它还能与统一鉴权、限流、熔断、日志、协议转化、统一错误码处理、请求转发功能做整合，并且可以基于网关实现内、外网隔离。

Zuul是Netflix开源的微服务网关，它的主要功能是路由转发和过滤，被整合到Spring Cloud中为微服务架构提供API网关的功能。Spring Cloud Gateway是Spring官方团队研发的API网关技术，目的是取代Zuul为微服务提供一种简单高效的API网关。由于Zuul 1.x的性能不是很好，并且Zuul本身存在的一些性能问题不适用于高并发的场景，Netflix决定开发高性能版Zuul 2.x，但是Zuul 2.x的发布时间长期没有确定。虽然Zuul 2.x后来已经发布并且开源了，但是Spring Cloud并没有打算将其集成进来。

本案例中最终采用Spring Cloud Gateway作为技术中台的网关，其对内部微服务的封装、转发配置如下所示。

```
spring:
  cloud:
    gateway:
      discovery:
        locator:
          lowerCaseServiceId: true
          enabled: true
      routes:
        - id: cloud-auth            # 认证微服务
          uri: lb://cloud-auth      # 通过loadbalance的方式指向微服务在注册中心的地址
          order: 8000               # 优先级序号
          predicates:
            - Path=/auth/**         # 路由时对于调用路径的正则匹配
          filters:
            - StripPrefix=1
        - id: cloud-other-service   # 其他微服务
          uri: lb://cloud-other-service
          order: 8001
          predicates:
            - Path=/other/**
```

3. Nacos 注册中心

在微服务架构下，业务服务会被拆分成多个微服务，各个服务之间相互通信，完成整体的功能。为了避免单点故障及实现性能的线性扩展，微服务都会采取集群方式部署。服务消费者（调用方）要去调用多个服务提供者（提供方）组成的集群场景，传统模式中，调用方需要在本地配置文件中维护服务提供者集群的每个节点的请求地址。服务提供者集群中如果某个节点下线或宕机，调用方的本地配置中需要同步删除这个节点的请求地址，防止请求发送到已宕机的节点上导致请求失败。要解决这类问题，就需要引入服务注册中心，它主要有以下功能。

- 服务地址管理。
- 服务注册。
- 服务动态感知。

很多组件可以实现注册中心，如ZooKeeper、Eureka、Consul、Etcd、Nacos等。Nacos致力于解决微服务中的统一配置、服务注册与发现等问题，并提供了一组简单易用的特性集，帮助开发者快速实现动态服务发现、服务配置、服务元数据管理。此外，Nacos提供了一个简洁易用的控制台帮助开发者管理所有服务和应用的配置。Nacos还提供了包括配置版本跟踪、金丝雀发布、一键回滚配置及客户端配置更新状态跟踪在内的一系列开箱即用的配置管理特性，帮助用户更安全地管理配置变更，降低变更风险。Nacos还可以使开发者从微服务平台建设的视角管理数据中心的所有服务及元数据，包括管理服务的描述、生命周期、服务的静态依赖分析、服务的健康状态、服务的流量管理、路由及安全策略，以及最重要的metrics统计数据，如图3.7所示。

图3.7 Nacos服务列表

4. Nacos 配置中心

在Spring Boot项目中，默认会提供一个application.properties或application.yml文件，可以把一些全局性的配置或需要动态维护的配置写入该文件，如中间件连接信息、功能开关、其他配置信息等。为了解决不同环境下服务连接配置等信息的差异，Spring Boot还提供了基于spring.profiles.active的机制来实现不同环境的切换。随着单体架构向服务化架构及微服务架构演进，各个应用自己独立维护本地配置的方式开始显露出其不足之处。

- 在实际应用中会有动态更新配置的需求，以默认方式需要手动修改配置文件并重启应用才能生效，这种方式效率太低，重启也会导致服务暂时不可用。
- 在微服务架构中，某些核心服务为了保证高性能会部署非常多的节点，如果在每个节点中都维护一个配置文件，一旦配置文件中的某个属性需要修改，工作量非常大。
- 配置文件随着源代码统一提交到代码库中，容易造成生产环境配置信息的数据泄露。

配置中心就是弥补上述不足的方法，简单来说，就是把各个应用系统中的某些配置放在一个第三方中间件上进行统一维护。对于统一配置中心中数据的变更，需要推送到相应的服务节点实现动态更新。所以在微服务架构中，配置中心也是一个核心组件。配置中心的开源解决方案也有很多，如ZooKeeper、Disconf、Apollo、Spring Cloud Config、QConf、Nacos等。Nacos是Alibaba开源的中间件，它不仅具有注册中心的功能，还具有配置中心的功能，实现了配置管理、版本管理、灰度管理、监听管理、推送轨迹、聚合数据等功能，如图3.8所示。

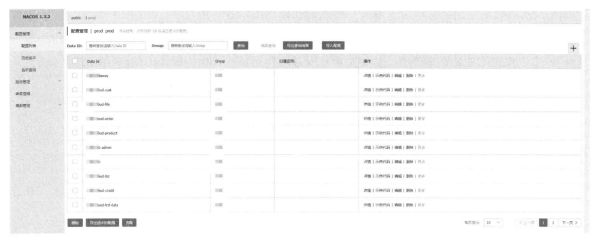

图3.8 Nacos配置中心

结合Nacos注册中心与配置中心的作用，我们可以在SpringBoot项目中的boostrap.yml中引入Nacos的配置，代码如下所示。

```yaml
spring:
  application:
    name: @artifactId@
  cloud:
    nacos: # 注册中心
      discovery:
        server-addr: 47.96.123.27:8848
        namespace: ${pom.profiles.active}
        group: demo
        metadata:
          preserved.register.source: "SPRING_CLOUD"
          version: 1.0.0
      config: # 配置中心
        server-addr: 47.96.123.27:8848
        file-extension: yaml
        prefix: cloud-serivce-a
        namespace: ${pom.profiles.active}
        group: demo
  profiles:
    active: ${pom.profiles.active}  #pom的 active profile id
```

5. Sentinel 流量控制

在高并发场景中，服务的稳定性对系统的影响非常大，如某个服务因为网络延迟或请求超时等原因不可用时，就会导致当前请求阻塞。熔断可以解决这个问题，服务熔断是指当某个服务提供者无法正常为服务调用者提供服务时，如请求超时、服务异常等场景，为了防止整个系统出现雪崩效应，暂时令出现故障的接口停止提供服务，使用一个兜底的接口响应接口调用，待目标服务恢复正常，再解除熔断。

Sentinel作为一款面向分布式服务架构的轻量级流量控制组件，以流量为切入点，支持限流、流量整形、服务降级、系统负载保护等多种方案来保障服务稳定性。目前，Sentinel在阿里内部被广泛使用，为"双11""6·18"等大促活动保驾护航。

Sentinel的特点如下。

- 应用场景广泛：涵盖大部分应用场景，如秒杀、消息削峰填谷、集群流量控制等。
- 实时监控：Sentinel提供了实时监控功能。开发者可以在控制台中看到接入应用的单台机器秒级数据及集群汇总运行情况。
- 开源生态支持：Sentinel提供开箱即用的与其他开源框架/库的整合，如与Spring Cloud、Dubbo、gRPC的整合。开发者只需要引入相应的pom依赖并进行简单的配置即可快速使用Sentinel。
- 提供了一个轻量级的开源控制台，它支持机器发现，以及健康情况管理、监控（单机和集群）、规则管理和推送功能，如图3.9所示。

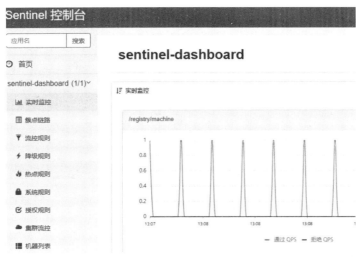

图3.9　Sentinel控制台

6. OAuth 鉴权中心

OAuth 2.0是一种授权协议，这种授权协议保证第三方只有在获得授权之后，才可以进一步访问授权者的数据。第三方获得授权即拿到了鉴权服务办法的访问令牌（Token），用访问令牌而不是用户名和密码来请求用户的数据，可以大大减少安全风险，OAuth 2.0的核心就是颁发访问令牌和使用访问令牌。

在Spring架构中，Spring Security OAuth2实现了OAuth 2.0授权协议，简化了开发人员应用OAuth 2.0协议的过程，仅需要简单配置OAuth 2.0认证参数即可快速实现认证授权功能。

在产业链金融平台中，建议单独建立一个鉴权服务作为鉴权中心，并通过定制Spring Security的扩展点来配置OAuth的鉴权方式，鉴权中心主要负责令牌数据的保存及登录认证服务、令牌鉴权服务。其他的业务服务则是OAuth鉴权体系中的客户端，每次业务服务接口被访问时，业务服务会使用访问者自动携带的令牌访问鉴权中心进行令牌鉴权。当然，业务服务本身也需要对自己的身份进行认证及鉴权，而使用Spring Security OAuth2后，这些鉴权动作都是框架"自动"完成的，我们只需要知道如何配置鉴权中心及业务服务中的鉴权配置即可。

实例演示

在整个微服务体系中，通过Spring Security来搭建OAuth鉴权体系总体来讲需要做以下两方面工作。

（1）搭建鉴权中心微服务，主要负责令牌数据的保存及登录认证、令牌鉴权。

鉴权中心的主要配置内容如下：设置OAuth配置元数据的保存方式，这里通过数据库的方式进行存取，在数据库中保存的内容主要是用于鉴权的客户端身份信息，如鉴权的类型、客户端的id、密钥、授权的范围、token过期时间等，代码如下所示。

```
clients.withClientDetails(jdbcClientDetailsService);
```

还有一部分配置内容主要是对鉴权中心个性化定制进行设置，如鉴权允许的HTTP请求方式、token的存储方式、登录认证时需要个性化定制的入参、登录验证的方式等，代码如下所示。

```
endpoints.allowedTokenEndpointRequestMethods(HttpMethod.GET, HttpMethod.POST)
        .tokenStore(tokenStore())
        .tokenEnhancer(custom2TokenEnhancer)
        .userDetailsService(userDetailsService)
        .authenticationManager(authenticationManager)
        .reuseRefreshTokens(reuseRefreshToken)
        .pathMapping("/oauth/confirm_access", "/token/confirm_
         access")
        .exceptionTranslator(new Auth2ResponseExceptionTransla
         tor());
```

（2）其他微服务则作为整个鉴权体系的客户端，需要设置鉴权中心微服务的地址及一些白名单url，代码如下所示。

```
security:
  oauth2:
    client:
      client-id: client
      client-secret: secret
      access-token-uri: http://{ip}:{port}/oauth/token
      grant-type: client_credentials
      scope: app
      ignore-urls:
        - /actuator/**
        - /actuator
```

```
resource:
  token-info-uri: http://cloud-auth/oauth/check_token
  loadBalanced: true
```

上述配置中，access-token-uri是鉴权中心获取token地址，用于微服务之间调用的鉴权。token-info-uri是鉴权中心验证token地址，用于header中携带token信息的鉴权。

由于微服务之间调用时也需要进行鉴权，微服务启动类需要配置一个额外的注解@EnableOAuth2Client，打开微服务之间调用自动鉴权的功能，否则可能导致微服务之间无法正常调用。

完成以上两方面工作后，整个微服务集群就拥有了OAuth授权协议的鉴权能力。在所有非白名单的http接口发生调用时，需要在header中设置通过鉴权中心登录获取的access_token信息，才能正常进行接口的调用。

7. 分布式任务调度中心

XXL-JOB是一个轻量级分布式任务调度平台，提供开箱即用的任务调度能力，其核心设计目标是开发迅速、学习简单、轻量级、易扩展。相比传统的Quartz任务调度框架，XXL-JOB通过执行器实现"协同分配式"运行任务，充分发挥集群优势，均衡各节点的工作负载。

XXL-JOB的特点如下。

- 极简操作的控制台：支持通过Web页面对任务进行CRUD操作，操作简单，可快速上手。
- 动态：支持动态修改任务状态、启动/停止任务，以及终止运行中的任务，即时生效。
- 调度中心HA（中心式）：调度采用中心式设计，"调度中心"基于集群Quartz实现并支持集群部署，可保证调度中心HA。
- 执行器HA（分布式）：任务分布式执行，任务"执行器"支持集群部署，可保证任务执行HA。
- 弹性扩容缩容：一旦有新执行器机器上线或下线，下次调度时将会重新分配任务。
- 路由策略：执行器集群部署时提供丰富的路由策略，包括第一个、最后一个、轮询、随机、一致性HASH、最不经常使用、最近最久未使用、故障转移、忙碌转移等。
- 故障转移：任务路由策略选择"故障转移"的情况下，如果执行器集群中的某一台机器故障，将会自动Failover切换到一台正常的执行器并发送调度请求。
- 任务失败重试：支持自定义任务失败重试次数，当任务失败时，将会按照预设的失败重试次数主动进行重试；其中分片任务支持分片粒度的失败重试。
- 任务失败告警：默认提供邮件方式进行失败告警，同时预留扩展接口，可方便地扩展短信、钉钉等告警方式。
- 分片广播任务：执行器集群部署时，任务路由策略选择"分片广播"的情况下，一次任务调度将会广播触发集群中的所有执行器执行一次任务，可根据分片参数开发分片任务。
- 事件触发：除了"Cron方式"和"任务依赖方式"触发任务执行，还支持基于事件的触发任务方式。调度中心提供触发任务单次执行的API服务，可根据业务事件灵活触发。

- 任务进度监控：支持实时监控任务进度。
- Rolling实时日志：支持在线查看调度结果，并且支持以Rolling方式实时查看执行器输出的完整的执行日志。

实例演示

XXL-JOB调度中心的部署方法请参考https://www.xuxueli.com/xxl-job/。为了集中管理，我们采用独立部署分布式任务微服务来配合XXL-JOB调度中心协同工作。

独立部署分布式任务微服务指的是将需要定时运行的job单独作为一个服务进行部署和运行，这样XXL-JOB调度中心只需要和这个单独的微服务进行交互就能实现任务的分布式调度，并且可以灵活地根据当前job的运行负载情况调整微服务实例。这个独立部署的微服务其实仍然需要调用其他业务微服务中的服务，这里的调用仍然采用微服务的调用方式。

在这个独立运行任务的微服务工程中，我们除了需要配置注册中心、配置中心、鉴权中心的地址，还需要配置调度中心的地址。

```
xxl:
  job:
    admin:
      addresses: 调度中心地址
```

其他配置和普通的业务微服务并没有什么区别。在配置一个job时，我们首先需要将这个job标识为一个XXL-JOB的job处理类，然后将定时执行的代码（微服务接口的客户端调用）标识出job Handler名称，代码如下所示。

```
@CloudJob
public class JfCreditLoanTask {
    @Autowired
    private JfCreditLoanJobTaskClient jfCreditLoanJobTaskClient;
    @XxlJob("creditContractQueryJobHandler")
    public ReturnT creditContractQuery(String param) {
        XxlJobLogger.log("creditContractQuery begin:[]......");
        Result result = jfCreditLoanJobTaskClient.creditStatusQuery();
        if (result.getCode() != ResultEnum.SUCCESS.getCode()) {
            return ReturnT.FAIL;
        }
        return ReturnT.SUCCESS;
    }
}
```

剩下的工作就是在调度中心的Web页面中对job进行配置，如图3.10所示。

图3.10 调度中心配置页面

这样调度中心就会根据调度中心控制台中的配置，在指定时间根据指定方式运行job。

8. RocketMQ

在微服务架构下，一个业务服务会被拆分成多个微服务，各个服务之间相互通信，完成整体的功能。系统间的通信方式有以下两种。

- Http/RPC通信：优点是通信实时，缺点是服务之间的耦合性高。
- 消息通信：优点是降低了服务之间的耦合性，提高了系统的处理能力，缺点是通信非实时。

RocketMQ是一个低延迟、高可靠、可伸缩、易于使用的分布式消息中间件（也称消息队列），是由阿里巴巴开源捐献给Apache的顶级项目。RocketMQ具有高吞吐、低延迟、海量消息堆积等优点，同时提供顺序消息、事务消息、定时消息、消息重试与追踪等功能，非常适合在电商、金融等领域使用。

RocketMQ的应用场景如下。

- 流量削峰：RocketMQ可提供削峰服务来解决"秒杀""抢红包"等可能会带来较高的流量冲击的问题。
- 异步解耦：RocketMQ可实现异步通信和应用解耦，确保业务的连续性。
- 顺序收发：RocketMQ提供的顺序消息即保证消息严格按照先后顺序进行消费。
- 大数据分析：数据在"流动"中产生价值，传统数据分析大多基于批量计算模型，无法做到实时的数据分析，利用RocketMQ与流式计算引擎相结合，可以很方便地实现对业务数据进行实时分析。

实例演示

下面以最典型的消息中间件应用场景"异步解耦"来对应用案例进行说明：用户登录后，需要将采集到的用户信息发送到RocketMQ的broker（可以存储生产者发送的消息）。

```
Message message =
new Message(topicname,tagname,key, JSON.toJSONString(qo).getBytes());
SendResult sendResult = producer.send(message);
```

topicname就是当前场景中对应消息的主题topic名称，producer是通过单实例模式自动注入的bean，该bean中创建了真正的生产者（DefaultMQProducer），并对RocketMQ的地址等信息进行初始化。

```
DefaultMQProducer producer = new DefaultMQProducer(group);
producer.setNamesrvAddr(nameserveraddr);
producer.setRetryTimesWhenSendFailed(retryTimesWhenSendFailed);
producer.start();
```

在消费端，需要订阅相同主题（topicname）并对消息体进行业务处理。

```
consumer = new DefaultMQPushConsumer(group);
consumer.setNamesrvAddr(nameserveraddr);
consumer.subscribe(topicname, "*");
consumer.registerMessageListener((MessageListenerConcurrently) (msgs,
context) -> {
    // 消费业务处理
}
consumer.start();
```

3.2.4 微服务的划分

有些团队在微服务架构实践时把微服务划分得过细，虽然单个微服务的复杂度确实下降了，但整个系统的复杂度却急剧上升，系统内的复杂度转移为系统间的复杂度。从理论上讲，整体系统的复杂度随着微服务数量的增加呈指数级增加，并且微服务数量太多会导致团队效率急剧下降。如果把微服务拆分得很细，如团队有4~6人，拆分出了30个微服务，平均每人要维护5个以上的微服务。

微服务拆分过细，会导致一个简单的需求开发需要涉及多个微服务，光是微服务之间的接口就有多个，从设计、开发到测试、发布都需要工程师不停地切换不同的微服务。微服务拆分过细还会导致调用链太长，性能下降，微服务之间都是通过HTTP或RPC调用的，每次调用都有网络IO的消耗，并且调用链太长，出现问题时定位将非常困难。基于上述问题，我们从服务粒度、拆分方法、基础设施、最佳实践四个方面展开讨论。

针对微服务拆分过细导致的问题，我们可以基于团队规模进行拆分。通常一个微服务由三个人负责开发比较合理，当业务发展、团队扩大后，再对已有的微服务进行拆分。这个原则适用于微服务设计和开发阶段，当处于维护期时，平均一个人维护一个微服务甚至多个微服务即可。

基于上面的原则，我们可以计算出合适的微服务拆分数量，但具体怎么拆分也需要使用一些方法，通常我们可以使用以下几种微服务拆分方法。

- 基于业务逻辑拆分：这是一种比较常见的拆分方法。按照系统中的业务模块进行拆分，这种拆分方法虽然很直观，但有时也会存在业务模块范围模糊的问题，可能会导致部分微服务拆分过细或过粗的问题，这时我们可以结合上面提到的三人原则进行辅助拆分设计。
- 基于可扩展性拆分：这种拆分方法是将系统中的业务模块按照稳定性排序，将已经成熟并且改动不大的服务拆分为稳定服务，将变化频繁的服务拆分为变动服务。稳定服务粒度可以粗一些，即使业务上没有关联的服务也可以被设计到同一个子系统中，变动服务粒度可以略微细一些。这样拆分的目的主要是降低频繁发布服务对成熟功能的影响。
- 演进式拆分：项目成立之初建议不要划分太细，可以随着项目演进、团队扩编逐步拆分优化。
- 基于性能拆分：这种拆分方法将性能要求高或可靠性要求高的模块拆分出来，避免性能压力大的服务影响其他服务。
- 避免环形依赖与双向依赖：即服务之间不要存在循环依赖。

上述几种拆分方法可以根据实际情况组合使用。

一个完备的微服务架构由很多设施配合构成，常见的组件有注册中心、负载均衡、服务容错（熔断）、服务监控、链路跟踪、服务安全、持续集成（自动化部署）、自动化测试、配置中心、网关、鉴权、日志中心等。可以看出一个完备的微服务是很复杂的，并不是很多人认为的简单、轻量。要做好微服务，这些基础设施都是必不可少的，否则微服务会很难运维。微服务并没有降低传统服务的复杂度，只是把一些功能单独剥离出来了，幸运的是，Spring Cloud为我们提供了大部分微服务基础设施。

我们在产业链金融的业务场景中可以做如下微服务划分，如图3.11所示。

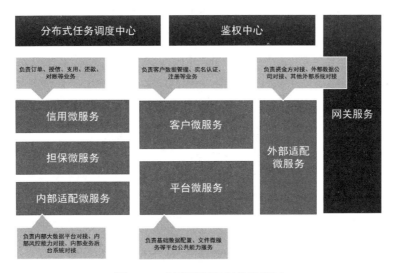

图3.11　产融微服务划分示意图

除了部分通用能力微服务（如网关服务、鉴权中心、分布式任务调度中心），与业务场景密切相关的微服务有信用微服务、担保微服务，与内外系统适配的微服务及一些系统共用能力微服务有客户微服务、平台微服务。

以上微服务拆分仅供参考，执行过程中需根据实际情况进行调整。

3.2.5 核心流程设计

微服务拆分完成后，需要基于业务场景进行技术流程设计，并使用时序图来表达流程。本书中将列举授信（不涉及担保）与支用两个核心业务场景进行流程设计。

1. 授信流程

我们基于"信用微服务""外部适配微服务"来设计整个授信流程，并在"产业链金融前台"完成功能的编排整合后，向用户提供最终服务。如图3.12所示，"产业链金融前台"包含了前端App的前后端程序；"外部适配微服务"仅涉及外部接口的适配并转换为平台的标准接口，不做业务逻辑的处理；"金融机构"通常指开放银行的后台系统。

（1）预授信：客户申请授信时，首先由核心企业进行预授信，主要指通过反欺诈及准入模型进行准入判断，以及根据客户的资金需求测算对客户的授信额度，具体可参考本书2.4节提到的平台授信。

（2）授信申请：产业链金融平台先使用金融机构提供的人脸识别接口对客户进行身份核验，并获取查询客户个人征信的授权，然后按照核心企业与金融机构事前约定的授信数据结构组装数据，向金融机构发起授信申请。核心企业的预授信额度也会同步传输给金融机构，作为其最终向客户授信的盖帽（封顶）额度。

（3）授信签约：金融机构完成授信在线审批后，会向客户展示授信合同。客户阅读合同内容后通过短信验证码进行确认，再由金融机构完成电子签约，最后授信生效并由产业链金融前台向客户展示额度。

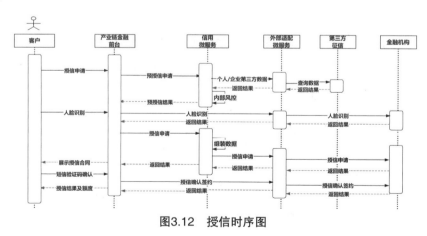

图3.12 授信时序图

2. 支用流程

我们基于"信用微服务""外部适配微服务""内部适配微服务"来设计整个支用流程，并在"产业链金融前台"完成功能的编排整合后，向客户提供最终服务。如图3.13所示，"产业链金融前台"包含了前端App的前后端程序；"外部适配微服务"仅涉及外部接口的适配并转换为平台的标准接口，不做业务逻辑的处理；"金融机构"通常指开放银行的后台系统；"内部适配微服务"用于接入核心企业内部其他系统的接口，并转换为平台的标准接口。

（1）查询订单：本节以经典的下游销售场景为例，说明如何通过产业链融资服务来支付下游的交易订单。客户会先查询待支付的订单列表，后台通过"内部适配微服务"实时向核心企业内部ERP系统发起查询。若企业ERP系统老旧、性能受限，不支持实时查询，则建议在微服务拆分时多拆分出一个订单微服务，用于与ERP系统做准实时数据同步，客户查询订单时可以查询订单微服务本地数据，避免对核心企业ERP系统造成流量冲击。

（2）支用申请：客户选择需要融资的待支付订单后，若订单金额小于剩余可用授信额度，则可以发起支用申请。由"信用微服务"完成数据组装后，通过"外部适配微服务"向金融机构发起支用申请。

（3）支用签约：金融机构完成支用在线审批后，产业链金融前台会向客户展示支用（借贷）合同，客户阅读合同后通过短信验证码进行确认。由金融机构完成电子签约，使借贷合同生效，然后由金融机构直接放款至核心企业的销售机构专用收款账户，完成订单支付。

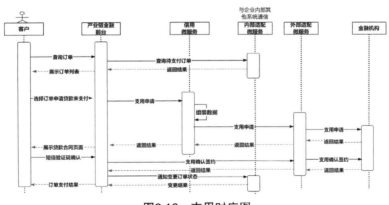

图3.13 支用时序图

3.2.6 微服务接口设计

各场景的系统交互流程设计好后，接下来就是原子能力的规划与设计。本书将列出一些主要的原子能力进行接口设计，如下所示。

1. 信用微服务

信用微服务负责提供订单、授信、支用、还款、对账、风控等方面的原子能力，如表3.2所示。

表3.2 授信微服务接口列表

序号	分类	接口名称	描述
1	授信	预授信接口	基于产融平台的客户信息、历史交易数据、第三方数据，评估客户的授信额度
2		授信接口	完成预授信后，向金融机构发起授信接口
3		额度查询接口	查询产融平台为客户分配的总体额度、剩余额度
4		额度明细查询	查询额度的变更历史记录
5		冻结额度	冻结产融平台为客户分配的额度
6		恢复额度	恢复被冻结的额度
7	支用	支用申请接口	向金融机构发起支用接口
8		贷款记录查询	查询客户的贷款记录及状态信息
9	还款	还款记录查询	待还款信息查询及还款历史信息查询
10		逾期记录查询	客户逾期未还款的记录查询
11		还款详情查询	某贷款记录的还款详细信息查询
12	订单	订单记录查询	查询核心企业ERP系统中的订单信息

2. 客户微服务

客户微服务负责提供客户的注册、认证、审核，以及客户数据管理等服务，如表3.3所示。

表3.3 客户微服务接口列表

序号	分类	接口名称	描述
1	客户	个人注册接口	根据前端输入的个人客户身份信息创建客户信息，并匹配ERP中的客户信息建立关联
2		企业注册接口	根据前端输入的企业客户身份信息创建客户信息，并匹配ERP中的客户信息建立关联
3		客户冻结	冻结客户后，客户无法登录
4		客户解冻	解除客户冻结状态
5		客户信息查询	客户信息查询，包含注册信息、ERP信息及第三方数据信息
6		审批实名信息	当因身份证老旧无法通过人脸比对时，可由人工审核客户的信息
7	信息登记	家庭成员登记	借款人的家庭成员信息登记
8		车辆信息登记	借款人的车辆信息登记
9		房产信息登记	借款人的房产信息登记

3. 外部适配微服务

外部适配微服务主要用于对接外部系统，如银行后台、第三方数据公司等。按照外部接口规范适配外部接口后，再按照统一的平台接口规范进行封装转换，向其他微服务提供统一的接口服务，如表3.4所示。

表3.4　外部适配微服务接口列表

序号	分类	接口名称	描述
1	实名	身份证OCR接口	识别身份证照片中的信息
2		银行卡OCR接口	识别银行卡照片中的卡号信息
3		活体检测接口	通过人脸识别进行活体检测
4		实名认证接口	基于身份证信息及人脸识别信息进行实名认证
5	银行	授信申请接口	封装各银行的授信申请接口，屏蔽接口调用方式的差异
6		人脸识别接口	在授信前进行人脸识别、身份核验。接口可能是API、SDK或H5
7		授信确认（签约）接口	通常是在授信审批通过后，根据用户输入的短信验证码调用该接口，完成授信确认及签约
8		支用申请接口	封装各银行的支用申请接口，屏蔽接口调用方式的差异
9		支用确认接口	在银行侧支用审批通过后，根据用户输入的短信验证码调用该接口，完成支用确认及签约
10		还款接口	封装各银行的提前还款申请接口，屏蔽接口调用方式的差异
11		还款计划查询接口	封装各银行的还款计划查询接口，屏蔽接口调用方式的差异
12		对账接口	封装各银行的对账信息查询接口，屏蔽接口调用方式的差异
13		授信结果通知接口	根据各银行的具体接口规范，向银行提供授信结果通知接口，接收银行的结果通知
14		支用结果通知接口	根据各银行的具体接口规范，向银行提供支用结果通知接口，接收银行的结果通知
15		放款结果通知接口	根据各银行的具体接口规范，向银行提供放款结果通知接口，接收银行的结果通知
16		还款结果通知接口	根据各银行的具体接口规范，向银行提供还款结果通知接口，接收银行的结果通知
17		代偿邀约通知	根据各银行的具体接口规范，向银行提供代偿邀约通知，在贷款逾期达到担保代偿标准时，接收银行的代偿邀约通知
18		代偿申请	收到代偿邀约后，指定贷款记录，申请代偿
19		代偿结果通知	银行在专用账户完成代偿扣款后，返回代偿结果通知
20	个人第三方数据	综合信用分查询	由第三方数据厂商提供的客户综合信用分
21		失信人查询	是否在失信人名单中
22		高法名单查询	是否在高法名单中
23		App高风险行为查询	是否经常使用赌博类或作弊类App
24		金融逾期查询	近期是否出现金融贷款逾期行为
25		多头贷查询	近期是否在多个平台申请贷款
26		其他黑名单信息查询	如是否涉及犯罪通缉等其他高危名单

续表

序号	分类	接口名称	描述
27	企业第三方数据	综合信用分查询	由第三方数据厂商提供的客户综合信用分
28		经营状态查询	经营状态查询,如在营、迁入、存续等
29		成立时长查询	成立时长查询
30		法人持股比例查询	法定代表人持股比例查询
31		行政处罚查询	行政处罚查询,如罚款、停产停业等
32		动产抵押查询	动产抵押查询
33		股权质押查询	股权质押查询
34		股权冻结查询	股权冻结查询
35		缴税状态查询	催缴、欠税及其他税收违法信息查询
36		涉诉查询	近期是否涉及金融纠纷或借贷、借款纠纷等司法诉讼行为

4. 内部适配微服务

内部微服务对接核心企业内部的其他业务系统,如ERP系统、财务系统、合同中心等。由于传统企业各类系统老旧不一,接口规范各不相同,需要统一对接,并将其接口封装成符合产融平台接口规范的微服务接口,如表3.5所示。

表3.5 内部适配微服务接口列表

序号	分类	接口名称	描述
1	订单	订单查询	查询核心企业ERP中的订单信息
2		订单支付状态修改	核心企业收到银行放款后,变更订单信息为已支付
3		订单状态变更通知	接收核心企业ERP中的订单状态变更通知,如已通过其他方式完成支付、已发货、已取消订单等
4	客户	客户查询	查询核心ERP中的客户信息
5	财务	银行放款到账通知	放款信息除了来自银行的通知,还要通过核心企业的财务系统核实具体到账情况,然后通知产业链金融平台
6	合同	新建合同	对接核心企业合同中心,根据预设合同模板,传入合同参数,生成合同文件
7		获取个人场景证书	获取个人客户的一次性场景证书(需要人脸识别)
8		获取企业固定证书	获取企业客户的固定证书(需要对法人进行人脸识别)
9		合同签约	客户在线确认(如短信验证码)后,调用签约接口
10		完成签约通知	合同中心针对该合同完成各方签约后,回调通知签约结果信息
11		合同查询下载	签约成功后,可根据合同ID下载电子合同

5. 平台微服务

平台微服务主要封装一些平台通用的服务，如文件的上传与下载等，如表3.6所示。

表3.6 平台微服务接口列表

序号	分类	接口名称	描述
1	文件	文件上传	提供文件上传的通用功能
2		文件信息查询	提供文件信息查询的通用功能
3		文件下载	提供文件下载的通用功能
4		文件删除	提供删除文件的通用功能
5	数据字典	数据字典查询	提供数据字典查询功能
6	短信	短信分发	提供短信发送功能
7	短链接	生成短链接	提供创建短链接的功能
8	全局ID	生成全局唯一ID	提供创建全局唯一ID的功能

6. 担保微服务

担保微服务针对线上担保场景提供服务支撑，如表3.7所示。

表3.7 平台微服务接口列表

序号	分类	接口名称	描述
1	信息登记	反担保人信息登记	借款人登记反担保人信息
2		文书送达地址登记	借款人登记文书送达地址
3	反担保人	反担保人登录	为反担保人提供手机号验证码登录功能
4		反担保人信息补录	反担保人登录后，进行信息补录
5		反担保人信用评估	对担保人的信用进行评估，若不符合要求，则提示借款人重新登记反担保人
6	担保	担保授信申请	结合信用微服务的预授信信息，叠加担保的特有规则，完成客户的申请受理与额度测算
7		担保额度调整	根据借款人的线下抵质押情况，调整其担保额度
8		担保贷款申请	由核心企业下设的担保公司线上出具电子担保函，向银行发起担保贷款申请
9		担保贷款记录查询	查询担保贷款记录
10	代偿	代偿申请	在收到银行代偿邀约后，指定担保贷款记录，申请执行代偿
11		代偿结果查询	查询代偿的结果
12		代偿记录查询	查询代偿的历史记录

3.3 银企直连

产融平台区别于传统的供应链金融，通过银企直连的方式与银行接口直连，实现在线自助式的秒级授信、分钟级完成贷款全流程。本节将以面向个人客户为例，详细介绍中国建设银行（以下简称"建行"）、中国农业银行（以下简称"农行"）、中国邮政储蓄银行（以下简称"邮储银行"）、华夏银行等金融机构银企直连的流程与特点。考虑到各家银行的开放平台在持续升级迭代，本节介绍的内容可能会与最新情况有所差异。

3.3.1 建行开放直连介绍

建行作为国有大银行中科技实力较强、开放生态较好的一家，较早地参与到了产业链金融中。该银行既针对一些中小企业提供以银行平台为主导、由企业协助提供数据的传统模式，又针对一些科技实力较强的大型核心企业提供银企直连的方式，以此进行深度合作，共同打造产业链金融平台。

通过建行开放银行可以直观地了解建行的服务开放生态，如图3.14所示。本节以其中的"裕农快贷"为例来分析讲解流程与接口逻辑，如图3.15所示。

图3.14 建行开放银行页面

额度测算：由核心企业准备好客户姓名、身份证号等建行要求的身份九要素，以及用于授信的业务信息，调用建行的测额接口，实时查询建行的授信额度。这里的授信业务信息具体由核心企业与建行根据风控建模需求线下进行协商；这里的授信额度只是经过风控模型计算后的初步额度，未经过央行征信信息进行校验及他行贷款金额的扣减。

人脸验证：建行提供了H5与SDK两种方式进行人脸识别，验证当前操作是否为客户本人进行，并获取查询客户央行征信的授权。推荐使用SDK方式，以提升识别准确率与用户体验。

建行卡查询并选择：区别于其他银行手动输入银行卡号的方式，建行提供查询接口，查询个人的I类银行卡列表，由客户选择用于还款的银行卡。若客户未开通建行I类银行卡，需要主动到线下营业厅网点办理开通后，再进行线上操作。

第 3 章 技术中台设计

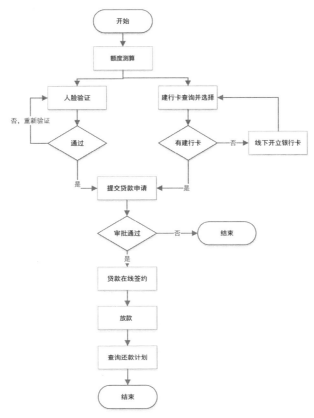

图3.15 "裕农快贷"银企直连接口流程

提交贷款申请：由客户输入具体贷款金额、设置还款方式等信息后，向银行提交贷款申请。银行后台受理申请后，查询客户央行征信信息并进行最终的风险决策，实时返回审批结果，秒级授信，返回结果包括贷款金额、贷款利率、贷款年限、收款卡号、还款卡号等信息。

贷款在线签约：贷款申请审批通过后，下一步是由产业链金融平台引导客户进行在线签约。一般通过短信验证码的方式让客户确认贷款信息。在页面中输入短信验证码后，调用贷款签约确认接口，完成签约。

放款：完成贷款签约确认后，由银行后台自动执行放款操作，按照贷款金额放款至指定账户。以核心企业的下游销售订单为例，会直接放款至核心企业，专款专用，支付客户的订单，规避资金风险。同时，核心企业的ERP收到放款信息后，修改该订单的支付状态，并进入发货阶段。

查询还款计划：放款成功后，可通过查询接口获取还款计划信息，用于生成待还款信息。

3.3.2 农行开放直连介绍

农行网点遍布中国各个城乡，是中国网点最多、业务辐射范围最广的大型现代化商业银行，天然地适合农牧行业的产业链金融服务。农行开放银行于2020年上线，通过银企直连方式提供产业链融资服务。农行最有名的产品是数据网贷,以农行App为载体,结合核心企业提供的数据,支撑传统供应链金融服务。同时,农行也尝试在与核心企业的合作中进行开放创新,支撑以核心企业为主导的产业链融资服务,相关接口逻辑如图3.16所示。

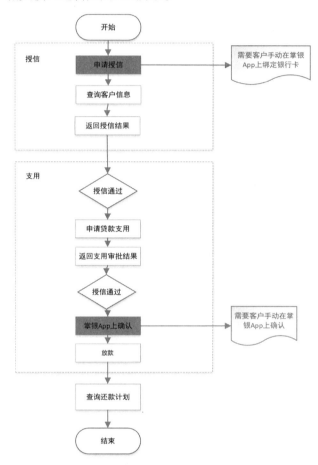

图3.16 农行数据网贷银企直连接口流程

授信:通过农行的授信接口,核心企业将客户姓名、身份证号等信息推送至农行后台。农行后台一方面向核心企业查询该客户在核心企业的详细档案信息、授信业务信息;另一方面通过短信提示用户,打开农行掌银App进行收款与还款的I类银行卡绑定,同时授权农行查验客户的央行征信信息。考虑到安全因素,农行的风控模型仍然采用风控模型+人工确认的模式,所以通常需要T+1日向核心企业返回授信结果信息。

支用:区别于建行"裕农快贷"产品一次授信一次支用原则,农行的数据网贷产品支持一次授信,额度可多次循环使用。客户在支用时选择要支付的订单信息,根据订单对应的金额提交支用申请,农行实时返回支用审批结果,并提示用户跳转至农行掌银App,进行在线签约确认操作。

放款:在完成贷款支用签约后,银行进行放款操作。以核心企业的下游销售订单为例,会先放款至客户银行卡,再受托支付至核心企业,专款专用,支付客户的订单。放款资金仅在客户银行卡上短暂停留，有效规避资金风险。同时，核心企业的ERP收到放款信息后，修改该订单的支付状态，并进入发货阶段。

查询还款计划：放款成功后，可通过查询接口获取还款计划信息，用于生成待还款信息。

3.3.3　邮储银行开放直连介绍

随着国家政策逐渐向三农倾斜，农村地区的三农经济发展对于涉农金融服务在总量、结构、品质等层面的多元需求，为具有网点多、覆盖广、联网率高等整体优势的邮储银行提供了涉农金融服务的市场空间。

近年来邮储银行也不断加大其在金融科技领域的投入，构建其在金融科技领域，尤其是在产业链金融领域的开放生态，为核心企业提供轻量级的银企直连开放服务，如图3.17所示。

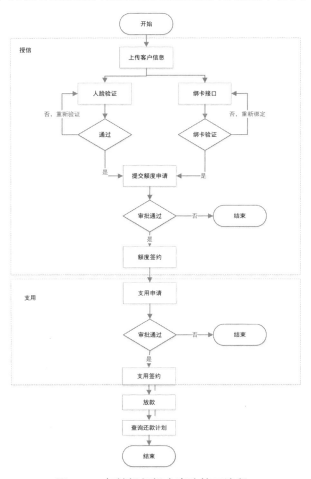

图3.17　邮储银行银企直连接口流程

授信：首先由产业链金融平台上传客户档案信息、身份证照片至邮储银行后台进行登记，然后产业链金融平台通过邮储银行提供的H5方式进行人脸验证，核实是否是客户本人在进行操作。接下来，产业链金融平台引导客户绑定I类银行卡，用于收款与还款。最后，产业链金融平台通过额度申请接口，传输授信业务信息至邮储银行后台，通过邮储银行后台风控模型实现在线审批，秒级授信。获取授信结果后，产业链金融平台调用邮储银行的签约H5页面引导客户完成额度签约。

支用：和农行的数据网贷产品相同，邮储银行支持一次授信，额度多次循环使用。客户在支用时选择要支付的订单信息，提交支用申请，邮储银行实时返回支用审批结果。产业链金融平台需要调用邮储银行的签约H5页面，引导客户完成贷款支用签约。

放款：客户完成贷款支用签约后，银行进行放款操作。以核心企业的下游销售订单为例，会先放款至客户银行卡，再受托支付至核心企业，专款专用，支付客户的订单。放款资金仅在客户银行卡上短暂停留，规避资金风险。同时，核心企业的ERP收到放款信息后，修改该订单的支付状态，并进入发货阶段。

查询还款计划：放款成功后，可通过查询接口获取还款计划信息，用于生成待还款信息。

3.3.4　银企直连的安全机制

为保证数据传输的安全性，核心企业与银行之间的数据传输需双向验证，即请求通信时，发送数据方必须对数据加密加签，接收方需对数据验签解密，确保数据传输安全、正确，如图3.18所示。

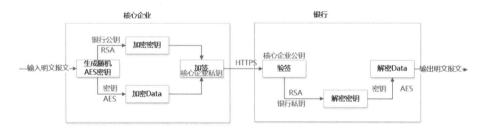

图3.18　数据安全加密流程

以核心企业向银行发起请求为例，基本流程如下。

（1）核心企业与银行各自准备RSA密钥对，并将自己的公钥事先提交给对方。

（2）核心企业生成随机AES密钥（256位AESKey）。

（3）核心企业使用AESKey对明文报文进行加密得到密文（encryptdata）。

（4）核心企业使用银行提供的RSA公钥对AESKey进行加密（encryptkey）。

（5）核心企业使用自己的RSA私钥（privateKey）对请求数据（encryptdata+encryptkey）进行数字签名，得到signature，并将签名加入请求参数中（encryptdata、encryptkey、signature）。

（6）银行端收到报文后，先用核心企业提供的RSA公钥验证签名。

（7）验签通过后，银行用自己的RSA私钥解密encryptkey，得到AESKey，然后使用AESKey解密encryptdata，得到明文报文。

3.4 对接央行征信

2018年10月底，央行二代征信系统上线试运行。2018年10月至2019年4月，央行二代征信系统进行试运行，全国16家试点机构参与全业务试运行，14家机构进行查询试点。2019年6月，央行二代征信系统正式上线。2019年6月至2020年1月，央行二代征信系统处于查询切换期，全国所有使用查询前置的机构需要在这段时间内完成切换。2020年1月以后，央行二代征信系统处于报数切换期，全国所有机构进行一二代报文的切换。

3.4.1 央行二代征信系统特点

相比一代征信系统，二代征信系统将个人征信和企业征信合并为一套系统，统一管理机构、用户模型，并通过开放API的方式对外提供服务，包括机构、用户管理、报数、查询、异议处理等。

通过对接央行二代征信系统，可以获取个人信用报告及企业信用报告。个人信用报告的组成如图3.19所示，企业信用报告的组成如图3.20所示。

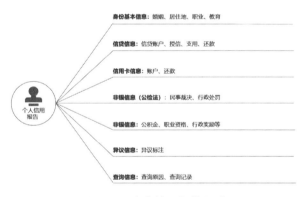

图3.19 个人信用报告组成

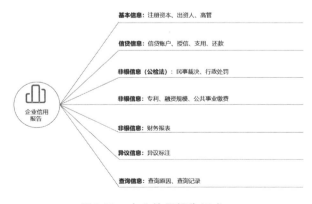

图3.20 企业信用报告组成

3.4.2 央行二代征信系统接入流程

作为一项基础性的公共产品,央行二代征信系统的建设上线的影响是广泛而深远的。理论上,只要有个人经济行为便会生成征信报告,只要提供信用产品就必须参考征信报告。征信体系的完善,极大地推动了金融科技领域的发展。核心企业下设融资担保公司提供担保增信服务,支撑上下游全客群、全场景接入融资服务,通过接入二代征信系统,完善平台风控效果,大幅降低核心企业提供担保服务的金融风险。

央行二代征信系统的接入流程如图3.21所示。

图3.21 央行二代征信系统接入流程

(1)申请阶段:提交申请书、公司章程、高管履历、征信业务管理制度、风险防范措施等资料,先通过各地分中心初审,再由征信中心终审。

(2)准备阶段:申请公司需按照征信中心的要求,建立征信工作制度、流程;申请金融专网专线;梳理业务类型、明确报数范围;开发征信对接系统,开展接入测试。征信系统架构如图3.22所示。

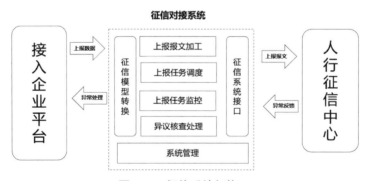

图3.22 征信系统架构

(3)验收测试阶段:在征信中心接口验收环境报数,存量数据一次性报送,连续报数三个月,提交测试报告,接受审核与询问。

(4)接入正式环境:接口验收环境的数据质量审核通过后,申请正式环境报数,开通正式环境用户。稳定报数三个月,通过征信中心的数据质量审核后,申请开通查询权限。

(5)接入查询接口:接入二代征信系统的查询接口,查询客户信用报告,转换成核心企业平台内的数据结构,用于担保风控。

3.5　小结

本章介绍如何构建技术中台,首先介绍了如何通过OKD+Docker构建容器云平台,以及配套的镜像、监控、日志等组件;然后介绍了通过Spring Cloud Alibaba来构建微服务平台,并介绍了微服务的拆分逻辑;接下来介绍了与多家银行进行银企直连的接口调用流程及不同银行的开放API特点;最后介绍了产业链金融平台接入央行二代征信系统的流程与系统架构。

第 4 章
数据仓库设计

在高度信息化的今天,企业从生产到销售,从内部管理到对外服务,各个环节都离不开IT系统的支持。尤其是传统企业,由于早期缺乏统一的规划,慢慢形成了烟囱式的系统架构,在尝试进行数字化转型时,经常遇到以下问题。

数据孤岛:数据分散在各个系统中,没有集中管理,缺乏统一规范。同类型数据在多个业务系统中各自单独存储、管理,一致性差,经常重复采集、核查、去重,数据变现成本高。

交互低效:当企业高层或运营部门需要数据支撑时,工单式的数据需求及文件形式的数据响应流程长、响应慢,导致数据变现时效性差。

指标混乱:同一指标在不同的部门有不同的计算口径,同一计算口径在不同数据团队计算输出的结果不一致,最终又回到"拍脑袋做决定"的时代。

无实时计算能力:传统的系统缺乏实时计算能力,无法快速、及时处理数据并反馈给用户或数据需求方。

建设产业链金融平台,数据既是核心,也是基础。我们需要一个中心化的企业数据处理平台,将企业的所有数据都传输至该平台进行统一采集、验证、清洗和转换,并集中存储。然后经过数据仓库体系的建设,将数据按业务主题重新组织,为业务系统与数据风控提供高质量的数据基础。

本章主要涉及的知识点如下。

- 大数据平台建设:对于传统企业,如何高性价比地搭建自己的大数据平台。
- 数据采集与接入:如何实时采集业务系统与前端客户行为数据。
- 数据仓库设计:以下游销售场景为例,介绍如何建设数据仓库。

4.1 大数据平台搭建

传统的数据仓库往往是建立在关系型数据库之上的。随着大数据时代的来临，企业的数据体量越来越大，传统数据仓库系统不堪重负。基于大数据平台来重构数据仓库的形态，成为很多企业最近几年在数字化转型中的一项重要工作。

4.1.1 大数据架构

没有大数据之前，数据平台基本依赖于关系型数据库，大数据量的计算基本依赖于Oracle等商业数据库。Oracle很强大，多年来支撑着很多银行、电信业务数据的计算和存储。但Oracle集中式的架构最大的特点就是将所有的数据都集中在一个数据库中，依靠大型高端设备来提高处理能力和扩展性。尽管Oracle公司推出了Oracle RAC数据库集群，为计算能力提供了一定的扩展性，但其本质上仍然是集中式架构，很难提供线性扩展的能力，也很难支撑大规模并行处理（Massively Parallel Processing，MPP）。这种集中式数据库的架构，让数据库成了整个系统的瓶颈，越来越不适应海量数据对计算能力的巨大需求。

随着互联网行业的发展，特别是移动互联网的快速发展，传统数据库面临着海量数据的存储成本高、扩展能力有限等问题。于是，新的大数据架构Hadoop横空出世。Hadoop是一个大数据的开源项目，运行处理大规模数据，实现了基于大量廉价计算机集群对海量数据进行分布式计算的能力。Hadoop的核心是HDFS和MapReduce，HDFS是一个高容错性的文件系统，适合部署在廉价的机器上，能够提供高吞吐量的数据访问，适用于有着超大数据集的应用程序；MapReduce是一套可以从海量数据中提取数据后返回结果集的编程模型。Hadoop非常适合应用于大数据存储和大数据的分析应用，适合服务几千台到几万台服务器的集群运行，支持PB级别的存储容量。

近几年，业界如雨后春笋般出现了许多基于Hadoop生态的商业化大数据平台。公有云大数据平台的典型代表有阿里云、腾讯云；私有云产品的代表有星环、数澜、袋鼠云等垂类公司的产品。其中，规模最大、知名度最高的公司是Cloudera，其发行的Hadoop版本被称为CDH（Cloudera Distribution Hadoop）。若对大数据平台有进一步的要求，可采购Cloudera的付费组件或国内的商业数据中台，CDH 6.3.3之前的版本目前仍然免费。本节中，我们将通过Cloudera公司提供的管理软件Cloudera Manager快速搭建免费版本的CDH平台，提供可扩展、易维护、易管理的Hadoop平台。

图4.1是基于开源软件规划的完整大数据平台架构，包含数据采集、数据平台、数据仓库和数据应用。而本章的重点在于数据仓库设计，所以会重点关注Hive技术的应用。Hive数据仓库工具能将结构化的数据文件映射为一张数据库表，并提供SQL查询功能，能将SQL语句转化为MapReduce任务来执行。Hive的优点是学习成本低，可以通过SQL语句实现快速MapReduce统计，使MapReduce变得更加简单，而不必开发专门的MapReduce应用程序。

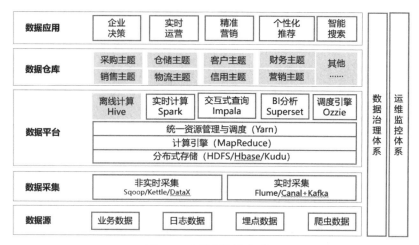

图4.1 大数据平台架构

4.1.2 软硬件准备

Cloudera Manager的架构图如图4.2所示,主要由以下几个部分组成。

- Agent:安装在每台主机上,负责启动和停止、拆包配置、触发装置和监控主机。
- 管理服务:是一组执行各种监控、警报和报告功能的服务。
- 数据库:存储配置和监视信息。通常情况下,多个逻辑数据库在一个或多个数据库服务器上运行。例如,Cloudera的管理服务器和监控角色使用不同的逻辑数据库。
- 软件存储库:软件由Cloudera管理分布存储库。
- 客户端:用于与服务器进行交互的接口,包含两部分,一部分是Admin Console,基于Web的用户界面与管理员管理集群和Cloudera管理;另一部分是API,开发人员创建自定义的Cloudera Manager应用程序的API。

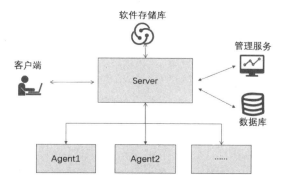

图4.2 Cloudera Manger架构图

为做演示，笔者准备了三台Linux虚拟机（Centos 7.3），作为Hadoop集群的硬件环境，相关配置如表4.1所示，安装所需的软件如表4.2所示。

表4.1 虚拟机配置

主机名	节点类型	IP地址	内存	CPU	硬盘
master	管理节点	192.168.21.101	8 G	4核	40GB
slave 1	工作节点	192.168.21.102	6 G	4核	40GB
slave 2	工作节点	192.168.21.103	6 G	4核	40GB

表4.2 软件清单

软件名称	版本	描述
Centos	7.3	所有主机的操作系统
Cloudera Manager（CM）	6.3.1	一个集集群自动化安装、中心化管理、集群监控、报警功能于一体的工具（软件）
CDH	6.3.2	CM的软件包，其中包括Hadoop的生态系统需要的所有组件
jdk	1.8.0_221	无
mysql	5.7	Hadoop组件的元数据库

4.1.3 安装步骤简述

1. 安装前准备

基于Cloudera官网上的安装建议，在安装之前要先进行一些系统配置，以保证安装顺利进行。

（1）关闭防火墙，禁止防火墙开机自启（每个节点）。

```
systemctl stop firewalld 关闭防火墙
systemctl disable firewalld 禁止防火墙开机自启
vim /etc/selinux/config --> SELINUX=disabled（修改）
```

（2）设置SSH免登录（每个节点）。

```
# vim /etc/ssh/sshd_config          去掉其中 3 行的注释，每台服务器都要设置
开启 RSAAuthentication yes
开启 PubkeyAuthentication yes
开启 AuthorizedKeyFile .ssh/authorized_keys

# 生成非对称密钥对，执行如下命令，一直按回车键即可
 ssh-keygen -t rsa
# ls /root/.ssh/ 查看公私钥 id_rsa 和 id_rsa.pub
# 将公钥拷贝到要免密登录的目标机器上
ssh-copy-id master
ssh-copy-id slave1
ssh-copy-id slave2
```

(3)设置swap(所有主机)。

尽可能使用物理内存,有利于增强系统性能。

```
cat >> /etc/sysctl.conf <<EOF
vm.swappiness=1
EOF
sysctl vm.swappiness=1
```

(4)关闭透明大页(所有主机)。

大多数Linux系统都默认开启了透明大页(Transparent Hugepages),这个特性会影响Hadoop的工作负载,严重降低系统性能。

```
echo 'echo never > /sys/kernel/mm/transparent_hugepage/defrag' >> /etc/rc.local
echo 'echo never > /sys/kernel/mm/transparent_hugepage/enabled' >> /etc/rc.local
```

(5)设置limits(所有主机)。

nofile表示单个进程可以打开的最大文件句柄数,noproc表示单个用户创建的进程数。

```
cat >> /etc/security/limits.conf <<EOF
hdfs - nofile 32768
mapred - nofile 32768
hbase - nofile 32768
hdfs - noproc 32768
mapred - noproc 32768
hbase - noproc 32768
EOF
```

(6)配置NTP服务。

CDH集群需要保持各节点时间同步,并且需要在每个节点配置NTP时间同步服务。

```
1.安装NTP
yum -y install ntp
2.修改时区(改为中国标准时区)
ln -sf /usr/share/zoneinfo/Asia/Shanghai /etc/localtime
3.NTP主机配置vim /etc/ntp.conf,注释原有的server节点指向,刷新配置
server ntp.aliyun.com    #针对主节点
server master            #针对其他节点
4.重新启动NTP服务
service ntpd restart
5.设置开机自启
systemctl enable ntpd.service
6.验证
```

```
ntpdc -c loopinfo  # 查看与时间同步服务器的时间偏差
ntpq -p  # 查看当前同步的时间服务器
ntpstat  # 查看状态
```

2. 安装JDK

对于JDK，可以使用Cloudera提供的Oracle JDK版本，也可以直接从Oracle官网下载Oracle JDK，或者直接安装OpenJDK。Cloudera支持的大多数Linux发行版都包含OpenJDK，但有以下注意事项。

- JDK必须是64位的，不要使用32位的JDK。
- 必须在每个集群主机上安装相同版本的JDK。
- JDK版本必须与CDH版本相匹配，如表4.3所示。

表4.3　CDH与JDK版本匹配表

CDH版本	要求Oracle JDK版本	要求OpenJDK版本
6.0	1.8	无
6.1	1.8	1.8
6.2	1.8	1.8
6.3	1.8	1.8、11.0.3 or higher 1.8、11.0.3或以上

```
1. 下载
wget https://www.oracle.com/webapps/redirect/signon?nexturl=https://
download.oracle.com/otn/java/jdk/8u281-b09/89d678f2be164786b-
292527658ca1605/jdk-8u281-linux-x64.rpm
2. 安装
rpm -ivh jdk-8u281-linux-x64.rpm
3. 配置环境变量，在/etc/profile中增加
export JAVA_HOME=/usr/java/jdk1.8.0_221-amd64/
export CLASSPATH=.:$JAVA_HOME/lib/dt.jar:$JAVA_HOME/lib/tools.jar
export PATH=$JAVA_HOME/bin:$PATH
4. 刷新配置
source /etc/profile
```

3. 安装MySQL

Cloudera Manager使用各种数据库和数据存储来存储关于Cloudera Manager配置的信息，以及诸如系统健康状况或任务进度等信息，支持PostgreSQL、MariaDB、MySQL或Oracle等数据库。本章将介绍在slave1节点上安装配置MySQL 5.7的过程。

```
1. 下载MySQL源安装包
wget http://dev.mysql.com/get/mysql57-community-release-el7-8.noarch.
rpm
```

2. 安装 MySQL 源
```
yum localinstall mysql57-community-release-el7-8.noarch.rpm
```

3. 安装 MySQL
此过程比较缓慢，请耐心等待
```
yum install mysql-community-server
```

4. 配置开机启动
```
systemctl enable mysqld
```

5. 启动/关闭
```
service mysqld start/stop
```

6. 修改 root 默认密码
```
cat /var/log/mysqld.log
```

找到这句
```
2017-04-19T14:35:14.944334Z 1 [Note]Atemporarypasswordisgeneratedfor-root@localhost: Nf:pGZk1MfB7
```

Nf:pGZk1MfB7 为 root 的初始化密码，登录 MySQL 修改密码
（若提示 Access denied for user 'root'@'localhost' (using password: YES)，则加上 -h 0.0.0.0）
```
mysql -uroot -p
```
执行下面的 SQL
```
mysql> set password =password('Test@123');
GRANT ALL PRIVILEGES ON *.* TO 'root'@'%' IDENTIFIED BY 'Test@123' WITH GRANT OPTION;
```

（1）初始化 MySQL。

CDH 上有很多服务需要使用一个关系型数据库存储数据，需要创建的数据库如表 4.4 所示。

表4.4 需创建数据库清单

服务	数据库	用户名	密码
Cloudera Manager Server	scm	cdh	Test@123
Activity Monitor	amon	cdh	Test@123
Reports Manager	reptmgr	cdh	Test@123
Hue	hue	cdh	Test@123
Hive Metastore Server	hive	cdh	Test@123
Sentry Server	sentry	cdh	Test@123
Oozie	oozie	cdh	Test@123

```
CREATE DATABASE scm DEFAULT CHARACTER SET utf8 DEFAULT COLLATE utf8_general_ci;
CREATE DATABASE amon DEFAULT CHARACTER SET utf8 DEFAULT COLLATE utf8_
```

```
general_ci;
CREATE DATABASE reptmgr DEFAULT CHARACTER SET utf8 DEFAULT COLLATE utf8_
general_ci;
CREATE DATABASE hue DEFAULT CHARACTER SET utf8 DEFAULT COLLATE utf8_
general_ci;
CREATE DATABASE sentry DEFAULT CHARACTER SET utf8 DEFAULT COLLATE utf8_
general_ci;
CREATE DATABASE oozie DEFAULT CHARACTER SET utf8 DEFAULT COLLATE utf8_
general_ci;
CREATE DATABASE hive DEFAULT CHARACTER SET utf8 DEFAULT COLLATE utf8_
general_ci;
GRANT ALL ON scm.* TO 'cdh'@'%' IDENTIFIED BY ' Test@123';
GRANT ALL ON amon.* TO 'cdh'@'%' IDENTIFIED BY ' Test@123';
GRANT ALL ON reptmgr.* TO 'cdh'@'%' IDENTIFIED BY ' Test@123';
GRANT ALL ON hue.* TO 'cdh'@'%' IDENTIFIED BY ' Test@123';
GRANT ALL ON sentry.* TO 'cdh'@'%' IDENTIFIED BY ' Test@123';
GRANT ALL ON oozie.* TO 'cdh'@'%' IDENTIFIED BY ' Test@123';
GRANT ALL ON hive.* TO 'cdh'@'%' IDENTIFIED BY ' Test@123';
FLUSH PRIVILEGES;
```

（2）安装JDBC驱动（所有节点）。

在Cloudera Manage Server及其他需要数据库访问服务的主机上安装MySQL JDBC驱动程序。本章在3台主机节点上都安装了JDBC驱动。

```
# 下载并解压驱动包
wget https://dev.mysql.com/get/Downloads/Connector-J/mysql-connector-java-5.1.46.tar.gz
mkdir -p /usr/share/java
tar zxvf mysql-connector-java-5.1.46.tar.gz

# 分发驱动包
scp mysql-connector-java-5.1.46/mysql-connector-java-5.1.46-bin.jar /usr/share/java/mysql-connector-java.jar
scp mysql-connector-java-5.1.46/mysql-connector-java-5.1.46-bin.jar slave2:/usr/share/java/mysql-connector-java.jar
scp mysql-connector-java-5.1.46/mysql-connector-java-5.1.46-bin.jar master:/usr/share/java/mysql-connector-java.jar
```

4. 下载 CDH 安装包

目前CDH 6.3.3之前的版本仍然免费，但官网已关闭下载通道，需要付费的license才能下载。笔者是在官网关闭下载通道前下载的CM 6.3.1及CDH 6.3.2，文件列表如下。

（1）Cloudera Manager安装包列表。

```
cloudera-manager-agent-6.3.1-1466458.el7.x86_64.rpm
cloudera-manager-daemons-6.3.1-1466458.el7.x86_64.rpm
```

```
cloudera-manager-server-6.3.1-1466458.el7.x86_64.rpm
cloudera-manager-server-db-2-6.3.1-1466458.el7.x86_64.rpm
enterprise-debuginfo-6.3.1-1466458.el7.x86_64.rpm
oracle-j2sdk1.8-1.8.0+update181-1.x86_64.rpmc
RPM-GPG-KEY-cloudera
allkeys.asc
```

（2）CDH安装包列表。

```
CDH-6.3.2-1.cdh6.3.2.p0.1605554-el7.parcel
CDH-6.3.2-1.cdh6.3.2.p0.1605554-el7.parcel.sha1
CDH-6.3.2-1.cdh6.3.2.p0.1605554-el7.parcel.sha256
manifest.jsonn
```

5. 安装本地存储库

在安装CDH之前，建议搭建一个本地存储库，用于存放软件安装包。在国内通过官方存储库安装CDH，经常会因为网络链接问题导致安装失败，因此搭建一个本地的存储库非常有必要。此外，出于安全考虑，某些企业的内网环境与公网是隔离的，这种场景下也需要借助本地存储库来完成安装。

我们需要搭建两种本地存储库，一种是传统的yum存储库，存储Cloudera Manager的安装包文件；另一种是Parcel存储库，存储CDH的Parcel安装包。

首先，我们需要架构一个Web服务器，将软件安装包文件以http形式发布出去。然后，需要配置本地yum源与本地Parcel包的存储库，如图4.3所示。

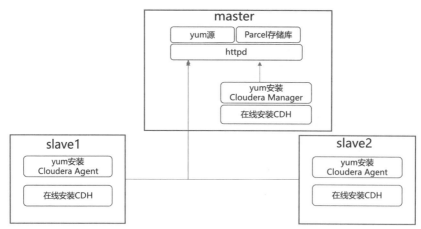

图4.3　本地存储库示意图

安装httpd服务（Master节点）。

```
yum install httpd
systemctl start httpd
```

```
# 设置 httpd 服务开机自启
systemctl enable httpd.service
```
配置 Cloudera Manager 包 yum 源（Master 节点）
1. 创建安装包路径
```
mkdir -p /var/www/html/cloudera-repos/
```
2. 文件移动
将下载的 Cloudera Manager 安装包文件移到此目录下：/var/www/html/cloudera-repos/cm6
将下载的 CDH 安装包文件移到此目录下：/var/www/html/cloudera-repos/cdh6
3. 创建 repodata
```
cd /var/www/html/cloudera-repos/cm6/
createrepo
```
4. 配置 yum 源指向
```
vim /etc/yum.repos.d/cloudera-manager.repo
[cm-repo]
name= cm-repo
baseurl=http://master/cloudera-repos/cm6/
enabled=1
gpgcheck=0
```
5. 将此文件复制到其他节点
```
scp /etc/yum.repos.d/cloudera-manager.repo slave1:/etc/yum.repos.d/
scp /etc/yum.repos.d/cloudera-manager.repo slave2:/etc/yum.repos.d/
```
6. 清理 yum 缓存
```
yum clean all
yum makecache
```

7. 验证 httpd 源配置成功
在浏览器中输入 http://192.168.21.103/cloudera-repos/cm6/，访问结果如图 4.4 所示

8. 验证 yum 源配置成功
在 slave1 和 slave2 中执行 yum repolist | grep cm-repo，出现图 4.5 所示的结果

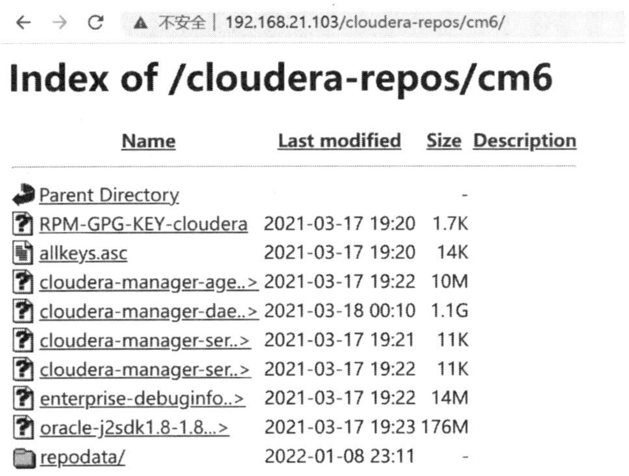

图 4.4　httpd 验证结果

图4.5　yum源验证结果

6. 安装CDH

（1）导入GPG key（Master节点）。

```
rpm --import http://master/cloudera-repos/cm6/RPM-GPG-KEY-cloudera
```

（2）安装Cloudera Manager（Master节点）。

```
yum install cloudera-manager-daemons cloudera-manager-agent cloudera-manager-server
```

（3）安装Cloudera Agent（slave1和slave2节点）。

```
yum install cloudera-manager-daemons cloudera-manager-agent cloudera-manager-server
```

（4）初始化scm库。

前面我们创建了空的scm数据库，现在需要使用Clouder Manager提供的一个Shell脚本来对scm库进行配置。只需将使用的数据库类型、数据库名称、用户名和密码等信息以参数形式传递给这个脚本，它就可以自动链接scm数据库并完成配置。

```
# 初始化 scm 数据库
/opt/cloudera/cm/schema/scm_prepare_database.sh mysql -h slave1 --scm-hos master scm cdh
# 启动 Clouder Manager
service cloudera-scm-server start
```

安装完成后会在/opt/下出现cloudera目录，如图4.6所示。

图4.6　Cloudera Manger安装后目录

（1）修改Cloudera配置（所有节点）。

```
vim /etc/cloudera-scm-agent/config.ini
修改配置项：server_host=master
```

（2）启动Agent（所有节点）。

```
service cloudera-scm-agent start
```

静候几分钟，打开http://192.168.21.103:7180，访问Cloudera Manager，如图4.7所示。

图4.7　Cloudera Manager登录页面

默认用户名与密码均为admin。登录后，可按照安装向导，一键快速安装HDFS、Hive、Oozie、Hue等组件，如图4.8、图4.9和图4.10所示，这里不做详细介绍，具体操作可登录官网查看。

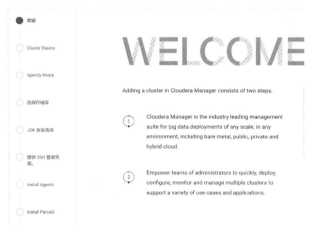

图4.8　集群安装向导

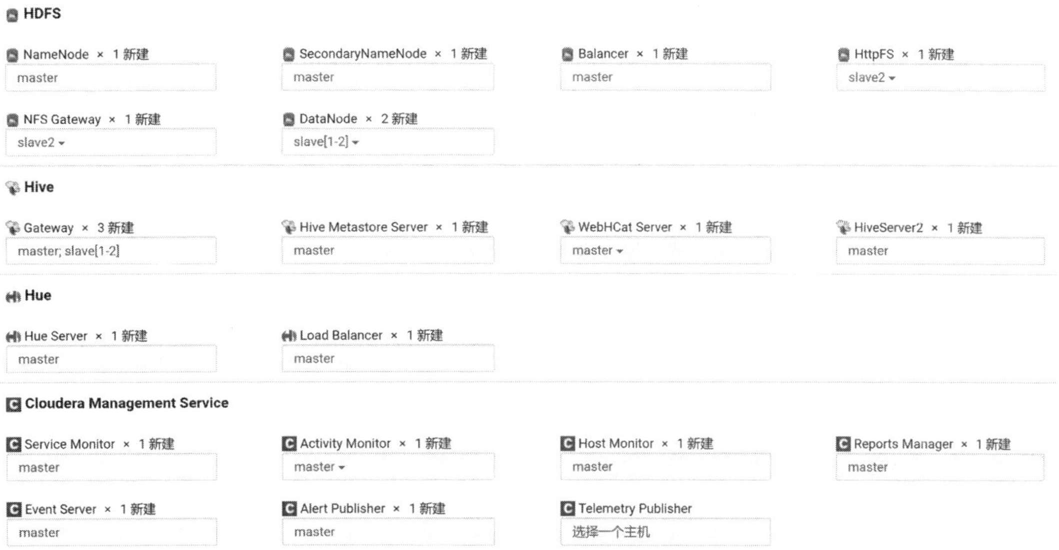

图4.9　集群可选组件

图4.10　CDH安装执行过程

安装完CDH后，进入Cloudera Manger首页，这里提供了集群服务的管理、监控与预期功能，如图4.11所示。

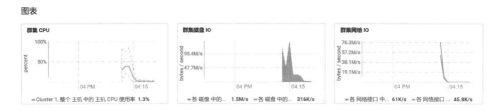

图4.11　Cloudera Manger首页

此外，Cloudera Manager一般会提示用户需要做一些Linux系统层面的优化，主要包括两类，分别是禁止透明大页及交换分区设置。

（1）关闭透明大页（每个节点）。

首先查看透明大页是否启用，[always] never表示已启用，always [never]表示已禁用。如果是启用状态，则修改/etc/rc.local文件并添加以下两行代码。

```
echo never > /sys/kernel/mm/redhat_transparent_hugepage/defrag
echo never > /sys/kernel/mm/redhat_transparent_hugepage/enabled
```

（2）修改swappiness。

Linux内核参数vm.swappiness值的范围为0~100，表示系统什么时候开始进行物理内存与虚拟内存的交换。例如，系统总内存为64G，vm.swappiness为60，表示在系统内存使用了64×0.4=25.6G的时候开始进行物理内存与虚拟内存的交换，这个动作势必会影响系统的性能。因此，Cloudera建议把这个值修改为1~10。

```
echo "vm.swappiness=1" >> /etc/sysctl.conf
```

修改完成后，重启虚拟机使系统生效。

4.1.4　SQL 工具

工欲善其事，必先利其器。有了大数据平台，如何高效地进行数据仓库建模呢？首先，对于任何一个大数据平台来说，作业调度引擎都是必不可少的基础设施。数据仓库建设过程中存在大量形式多样的作业，如Hive脚本、Shell脚本等。只有通过作业调度引擎将它们串联在一起，才能形成一个完整的数据工作流，从而驱动整个大数据平台的运转。其次，还需要一个可视化的数据开发工具，支撑日常的数据脚本开发、运行，若涉及数据分析，还需要具备一个交互式查询引擎。Cloudera提供了配套的开源软件。下面将围绕Hue、Oozie和Impala展开介绍。

1. Hue 介绍

Hue是一个基于Web的交互式查询编辑器，它使用户能够与数据仓库交互。通过http://192.168.21.103:8889可以打开Hue页面，图4.12展示了Hive SQL查询结果的图形表示。

图4.12　Hue查询结果图

我们可以通过左侧面板实现以下功能。

- 访问HDFS和文件浏览。
- 通过Web调试和开发Live及数据结果展示。
- 查询solr和结果展示，生成报表。
- 通过Web开发和调试impala交互式SQLQuery。
- spark开发和调试。

- Pig开发和调试。
- oozie任务的开发、监控和工作流协调调度。
- Hbase数据查询和修改，数据展示。
- Hive的元数据（metastore）查询。
- MapReduce任务进度查看，日志追踪。
- 创建和提交MapReduce、Streaming、Javajob任务。
- Sqoop2的开发和调试。
- Zookeeper的浏览和编辑。
- 数据库（MySQL、PostGres、SQlite、Oracle）的查询和展示。

2. Oozie 介绍

Oozie是一个基于工作流引擎的开源框架，是由Cloudera公司贡献给Apache的，它能够提供对Hadoop MapReduce和Pig Jobs的任务调度与协调。

所谓工作流，是指数据导入进HDFS，然后用Hive分析，再将分析结果集导出，把不同的结果集合并成最终结果，将不同的业务进行编排。

所谓调度，是指对作业或任务的定时执行，或者事件的触发执行。触发执行的时机为在指定时间触发执行，或者当某目录下有数据集时触发执行。

Oozie集成了Hadoop的很多框架，如Java MapReduce、Streaming MapReduce、Pig、Hive、Sqoop、Distcp。一个Oozie Job也是一个MapReduce程序，只有map任务的程序是分布式可扩展的。针对不同类型的任务编写的workflow，可以写成模板来直接套用。

Oozie有3个主要概念，如图4.13所示。

- Workflow：工作流，定义工作流任务的执行，主要由一个个Action组成，每个Action都是一个任务，如一个Hive脚本也可看作一个任务。
- Coordinator：协作器，可以理解为工作流的协调器。它是一个在满足一组条件时触发操作（通常是工作流作业）的程序。条件可以是时间频率、其他外部事件等。
- Bundle：捆，束。多个Coordinator的抽象，可以通过Bundle将多个Coordinator进行组装集合，形成一个Bundle。

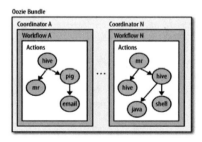

图4.13　Oozie的3个概念

通过Hue集成Oozie引擎后，就能通过可视化的手段创建数据开发任务的工作流（Workflow），如图4.14所示。再通过协作器（Coordinator）设置工作流的运行条件，如图4.15所示。最后，通过Bundle组装多个工作流，如图4.16所示。

图4.14　Oozie Workflow示意图

图4.15　Oozie Coordinator示意图

图4.16　Oozie Bundle示意图

3. Impala 介绍

MapReduce（MR）作为计算引擎，是非常好的分布式并行计算框架，但MR引擎更多的是面向批处理模式，而不是面向交互式的SQL执行。

Impala是Cloudera提供的一款开源的针对HDFS和HBASE等存储中PB级别数据进行交互式实时查询的引擎。与Hive相比，Impala把整个查询任务转为一棵执行计划树，而不是一连串的MR任务，在分发执行计划后，Impala使用拉取的方式获取上个阶段的执行结果，把结果数据按执行计划树流式传递汇集，减少了把中间结果写入磁盘，再从磁盘读取数据的开销。Impala使用服务的方式避免了每次执行查询都需要启动进程的开销，即相比Hive没有了MR启动时间。

Impala架构如图4.17所示。

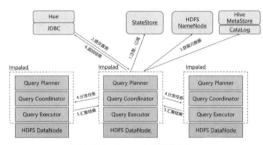

图4.17　Impala架构图

（1）用户提交查询前，Impala先创建一个负责协调客户端提交的查询的Impalad进程，该进程会向Impala State Store提交注册订阅信息，State Store会创建一个statestored进程，statestored进程通过创建多个线程来处理Impalad的注册订阅信息。

（2）用户通过Hue客户端提交一个查询的Impalad进程，Impalad的Query Planner对SQL语句进行解析，生成解析树；然后Query Planner把这个查询的解析树变成若干个执行计划，发送到Query Coordinator。

（3）Impala还设计了一个Catalog Daemon以管理元数据，把Hive的元数据库转换成Impala能理解的元数据信息。Coordinator通过从Hive元数据库中获取元数据，从HDFS的名称节点中获取数据地址，以得到存储这个查询相关数据的所有数据节点。

（4）Coordinator初始化相应Impalad上的执行任务，即把任务分配给所有存储了与当前查询数据相关的HDFS DataNode。

（5）Query Executor通过流式交换输出中间结果，并由Query Coordinator汇聚来自各个Impalad的结果。

（6）Coordinator把汇总后的结果返回给Hue客户端。

如果有交互式查询的需求，可以通过Cloudera Manager快速安装Impala。首先，打开Cloudera Manager Web页面，选择"添加服务"选项，如图4.18所示。

第 4 章 数据仓库设计

图4.18　Cloudera Manager添加服务

因为在本地存储库中使用了Parcel包，所以CDH配套的软件安装文件都已打包在其中。现在只需要在CDH服务列表中选择Impala服务，如图4.19所示。

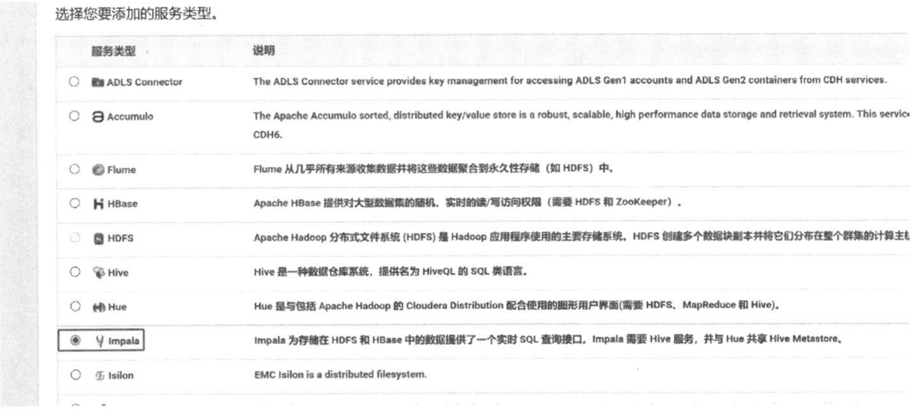

图4.19　选择Impala服务

在自定义角色分配页面，需要配置Impala的Impalad、Catalog Server、StateStore三类角色具体安装在哪些主机上。建议将Catalog Server与StateStore安装在相同主机上，如图4.20所示。

图4.20　自定义角色分配

根据安装向导完成Impala的安装后，在Cloudera Manager Web页面中可以看到集群已安装服务列表中出现了Impala服务，如图4.21所示。

图4.21　完成Impala安装

为了能在Hue中使用Impala服务，需要单击Hue服务，在Hue服务的配置页面中选择Impala服务范围，单击保存更改完成配置，如图4.22所示。

图4.22　在Hue中配置Impala服务范围

配置完成后，一定要回到首页服务列表选择Hue服务，进行重启操作，如图4.23所示。

图4.23　重启Hue

Hue重启完成后，重新打开Hue的页面，在查询编辑器中选择Impala，执行SQL查询，可以比Hive编辑器更加快速地返回查询结果，比较适用于数据分析场景下的交互式查询，如图4.24所示。当然，相比Hive，使用Impala也存在一些限制或劣势，如不支持用户自定义函数、对查询器提交的SQL容错性较低、对主机的内存要求较高等。大家需要根据自己的实际情况，选择使用Hive还是Impala。

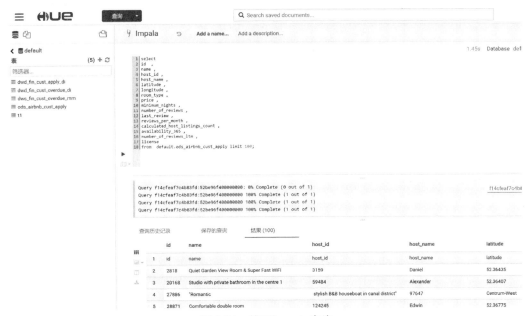

图4.24　使用Impala查询

4.2 数据采集

数据采集又称数据集成，是指将来自多个数据源的数据，如数据库、数据立方、普通文件等，结合在一起并形成一个统一的数据集合，是基于大数据平台进行数仓建设的第一个环节。

数据采集是一项琐碎而繁重的工作。在互联网时代，企业的数据源越来越多，有业务系统的数据库，有文件，有各种API，甚至还有Web页面。它们有的来自企业内部系统，有的来自第三方外部数据源，还有的是从互联网上爬取得到的。

经过梳理，产业链金融平台涉及的数据源主要有以下几个。

- 业务系统的交易数据，如采购、销售等记录，主要存储在MySQL/Oracle等关系型数据库中。
- 企业业务人员的现场尽调数据，主要存储在MySQL/Oracle等关系型数据库中。
- 客户在产业链金融App前端的行为数据，如注册、登录、申请、浏览等行为，主要通过埋点技术实时采集。
- 第三方征信数据，如通过同盾、有数等公司合法获取的个人征信数据、公司征信数据。

数据采集主要通过ETL工具进行。图4.25所示为ETL实现数据抽取、转换、加载的过程。

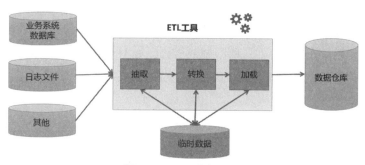

图4.25　ETL流程图

开源的主流ETL软件有Kettle、Talend、DataX、Sqoop、Flume等；商业付费的主流ETL软件有Ascential公司的Datastage、Informatica公司的Powercenter、NCR Teradata公司的ETL Automation、Oracle公司的goldengate等。

4.2.1 业务系统数据的实时采集

传统企业大多使用sqoop甚至ftp文件的方式完成数据的离线采集，这种方式一方面抽取时间长，无法满足时效性要求；另一方面抽取过程会影响业务系统的性能。产融链金融场景中对业务数据的时效性要求更高，因此采用实时采集方式。MySQL数据库主要使用Canal+Kafka技术，而Oracle数据库主要使用goldengate+Kafka技术。本节仅针对MySQL场景介绍实施方案。

Canal是阿里巴巴旗下的一款开源项目，仅由Java开发，主要用途是基于MySQL数据库增量日志解析，提供MySQL的增量数据同步功能。当前的Canal支持源端后MySQL版本包括5.1.x、5.5.x、5.6.x、5.7.x、8.0.x。

Canal的工作原理是把自己伪装成MySQL Slave，模拟MySQL Slave的交互协议向MySQL Mater发送dump协议，MySQL Mater收到Canal发送过来的dump请求后，开始向Canal推送binary log，然后Canal解析binary log，再发送到存储目的地，如MySQL、Kafka、Elastic Search等，如图4.26所示。

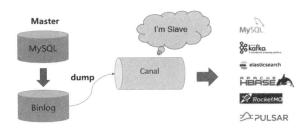

图4.26　Canal采数流程

接下来介绍如何实现MySQL的实时增量同步。本例先通过Canal采集数据至消息队列Kafka，再通过Flume从Kafka中读取数据并写入HDFS，流程如图4.27所示，软件清单如表4.5所示。本节重点介绍Canal的安装。

图4.27　实时增量同步流程

表4.5　实时采集的软件清单

软件名称	版本	描述
Canal	1.1.4	MySQL增量同步工具
MySQL	5.7	业务系统的数据库
Kafka	2.13	接收Canal的数据
Zookeeper	3.6.0	Canal和Kafka集群都依赖于Zookeeper做服务协调
Flume	1.9.0	将Kafka数据写入HDFS

1. MySQL 配置

MySQL复用4.1节中安装的MySQL。

（1）修改MySQL的配置文件（vim/etc/my.cnf），先开启Binlog写入功能，配置binlog-format为ROW模式，设置server_id。

```
[mysqld]
# 打开 MySQL binlog
log-bin=mysql-bin
# 选择 ROW（行）模式，Binlog 的格式有三种，分别是 STATEMENT、ROW、MIXED
binlog-format=ROW
# 配置 MySQL replaction
server_id=1
```

（2）在数据库新建一个Canal账号并赋予其数据库同步的权限。

```
-- 使用命令登录: mysql -u root -p
-- 创建用户 用户名: canal密码: canal@123
create user 'canal'@'%' identified by 'canal@123';
-- 创建测试数据库
CREATE DATABASE canal DEFAULT CHARACTER SET utf8 DEFAULT COLLATE utf8_general_ci;
-- 授权 *.* 表示所有库
grant SELECT, REPLICATION SLAVE, REPLICATION CLIENT on *.* to 'canal'@'%' identified by ' canal@123';
-- 接下来重启 MySQL
systemctl restart mysqld
```

（3）创建用于测试的数据表order。

```
use canal;
create table test
(
id bigint,
item varchar(32),
price int,
primary key(id)
);
```

2. Kafka 安装配置

Kafka与Zoopkeeper的安装，可参考4.1节中Impala的安装过程，使用Cloudera Manager进行安装。本案例将使用Kafka实时接收MySQL的Bin_Log日志。

Kakfa起初是由LinkedIn公司开发的一个分布式消息队列，后成为Apache的一部分，它使用Scala编写，因高水平扩展和高吞吐率而被广泛使用。目前越来越多的开源分布式处理系统，如Cloudera、Flink、Spark等，支持与Kafka集成。Kafka用于高性能数据管道、流分析、数据集成和任务关键型应用程序，其架构如图4.28所示。

- Producer（生产者）：向Kafka Broker发消息的客户端。
- Consumer（消费者）：从Kafka Broker获取消息的客户端。
- Consumer Group（消费者组）：消费者组内的每个消费者负责消费不同分区的数据，提高消费能力。一个分区只能由组内的一个消费者消费，消费者组之间互不影响。所有的消费者都属于某个消费者组，即消费者组是逻辑上的一个订阅者。
- Broker（代理）：一台Kafka机器就是一个Broker，一个集群由多个Broker组成，一个Broker可以容纳多个Topic。
- Topic（主题）：Kafka中的消息以主题为单位进行归类，生产者负责将消息发送到特定的主题（发送到Kafka集群中的每一条消息都要指定一个主题），而消费者负责订阅主题并进行消费。
- Partition（分区）：为了实现扩展性，提高并发能力，一个非常大的Topic可以分布到多个Broker上，一个Topic可以分为多个Partition，每个Partition是一个有序的队列。
- Replica（副本）：为实现备份的功能，保证集群中的某个节点发生故障时，该节点上的Partition数据不丢失，且Kafka仍然能够继续工作，Kafka提供了副本机制，一个Topic的每个分区都有若干个副本、一个Leader和若干个Follower。
- Partition Leader：每个分区多个副本的"主"副本，生产者发送数据的对象及消费者消费数据的对象都是Leader。
- Partition Follower：每个分区多个副本的"从"副本，实时从Leader中同步数据，保持和Leader数据的同步。Leader发生故障时，某个Follower会成为新的Leader。

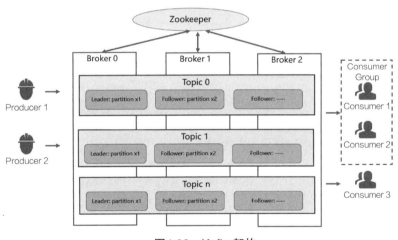

图4.28　Kafka架构

Zookeeper是一个成熟的分布式协调服务，它可以为分布式服务提供分布式配置服务、同步服务和命名注册等能力。Kafka是使用ZooKeeper构建的分布式系统。Kafka将Broker、Topic和Partition的元数据信息存储在Zookeeper上，在Zookeeper上建立相应的数据节点，如图4.29所示，并监听节点的变化，Kafka使用Zookeeper可以完成以下主要功能。
- Broker注册：每个Broker在启动时，都会到Zookeeper上进行注册，即到/brokers/ids下创建属于自己的节点，如/brokers/ids/[0...N]。Kafka使用了全局唯一的数字来指代每个Broker服务器，不同的Broker必须使用不同的Broker ID进行注册，创建完节点后，每个Broker就会将自己的IP地址和端口信息记录到该节点中。其中，Broker创建的节点类型是临时节点，一旦Broker宕机，对应的临时节点也会被自动删除。

- Topic注册：在Kafka中，同一个Topic的消息会被分成多个分区并分布在多个Broker上，这些分区信息及与Broker的对应关系也都由Zookeeper维护，由专门的节点记录。
- 生产者负载均衡：由于同一个Topic消息会被分区并分布在多个Broker上，生产者需要将消息合理地发送到这些分布式的Broker上。使用Zookeeper进行负载均衡，由于每个Broker启动时都会完成Broker注册，生产者可以通过该节点的变化来动态地感知到Broker服务器列表的变更，从而实现动态的负载均衡机制。
- 消费者负载均衡：与Kafka中的消费者一样需要进行负载均衡，实现多个消费者合理地从对应的Broker服务器上接收消息，每个消费者组包含若干个消费者，每条消息都只会发送给组中的一个消费者，不同的消费者组消费自己特定的Topic下面的消息，互不干扰。
- Kafka Controller Leader选举：当Broker启动时，会创建Kafka Controller对象，但是集群中只能有一个Leader对外提供服务，这些节点上的Kafka Controller会在指定的Zookeeper路径下创建临时节点，只有第一个成功创建的节点的Kafka Controller才可以成为Leader，其余的都是Follower。当Leader故障时，所有Follower会收到通知，再次竞争在该路径下创建节点，从而选举新的Leader。

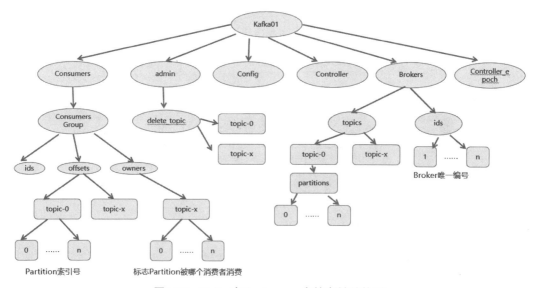

图4.29　Kafka在Zookeeper中的存储结构图

3. Canal 安装配置

Canal内部的架构如图4.30所示。

- Server：代表一个Canal的运行实例，对应一个JVM，可能包含多个Instance。
- Instance：代表一个数据队列，一般一个数据库对应一个Instance。

- Instance-EventParser：数据源接入，伪装成MySQL Slave与MySQL Master进行交互。
- Instance-EventSink：Parser与Store的连接器，进行数据过滤、加工与分发。
- Instance-Store：数据存储。
- Instance-MetaManager：订阅与消费信息的管理器。

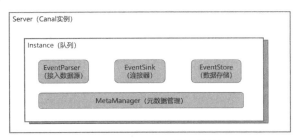

图4.30　Canal内部架构图

接下来安装Canal，先从GitHub下载Canal，然后解压安装包。解压后，目录如图4.31所示。

```
wget https://github.com/alibaba/canal/releases/download/canal-1.1.4/canal.deployer-1.1.4.tar.gz
tar -zxvf canal.deployer-1.1.4.tar.gz
```

图4.31　Canal解压后的目录

```
- bin       # 运维脚本文件
- conf      # 配置文件目录
  canal_local.properties    # Canal 本地配置
  canal.properties          # Canal 服务配置
  logback.xml               # logback 日志配置
  metrics                   # 度量统计配置
  spring                    # spring- 实例配置，主要和binlog 位置计算、一些策
                            # 略配置相关，可以在 canal.properties 选用其中的任
                            # 意一个配置文件
  example                   # 实例配置文件夹，一般单个数据库对应一个独立的实例配
                            # 置文件夹
    instance.properties     # 实例配置，一般指单个数据库的配置
- lib       # 服务依赖包
- logs      # 日志文件输出目录
```

首先修改Canal Server的配置文件，进入conf目录下，打开canal.properties文件（vim conf /canal.properties），配置模式为Kafka，并配置Kafka的节点地址。如果Kafka节点是集群，还需要配置多

个IP和端口信息,用逗号分隔。

```
canal.serverMode = kafka
canal.destinations = example
#Kafka 地址
canal.mq.servers = 192.168.21.103:9092
```

同时,一个Canal可以有多个Instance,conf目录下的每一个example都是一个Instance,每个Instance下面都有独立的配置文件。默认只有一个名为example的Instance。如果需要处理不同的MySQL数据库,可以拷贝example创建多个Instance,并对其重命名,然后修改canal.properties中的canal.destinations参数。

本案例中,我们仅以默认的Instance:example来演示配置过程,进入conf/example目录下,打开instance.properties文件(vim conf/example/instance.properties)。

- 配置slaveId为10,与MySQL配置文件中的servier_id不一致即可。
- 配置数据库IP和端口。
- 配置数据库账户、密码。
- 配置Kafka的topic与partition。如果涉及多个分区,需要再指定数据库表的主键,由Canal根据Hash结果来决定写入哪个Partition。

```
canal.instance.mysql.slaveId=10
# 数据库地址
canal.instance.master.address=127.0.0.1:3306
# 数据库账户/密码
canal.instance.dbUsername=canal
canal.instance.dbPassword=canal@123
# 消息队列的 topic 与 partition
canal.mq.topic=example
canal.mq.partition=0
# hash partition config
#canal.mq.partitionsNum=3
#canal.mq.partitionHash=test.table:id^name,.*\\..*
```

执行命令,启动Canal。

```
sh bin/startup.sh
```

4. 验证 bin_log

首先查看bin_log的路径,在MySQL中查询。

```
mysql> show variables like 'log_bin_basename';
+-------------------+-------------------------+
```

```
| Variable_name     | Value                   |
+-------------------+-------------------------+
| log_bin_basename  | /var/lib/mysql/mysql-bin |
+-------------------+-------------------------+
1 row in set (0.00 sec)
```

进入/var/lib/mysql目录，查询当前bin_log。

```
[root@localhost mysql]# ll mysql-bin*
-rw-r-----. 1 mysql mysql 1151 Jan 14 03:43 mysql-bin.000001
-rw-r-----. 1 mysql mysql   19 Jan 14 03:21 mysql-bin.index
```

在MySQL中执行数据插入操作。

```
mysql> INSERT INTO canal.test(id,item,price) VALUES(4, 'canal4',100);
Query OK, 1 row affected (0.00 sec)
```

再次查询bin_log信息，可以看到日志增加。

```
[root@localhost mysql]# ll mysql-bin*
-rw-r-----. 1 mysql mysql 1422 Jan 14 03:59 mysql-bin.000001
-rw-r-----. 1 mysql mysql   19 Jan 14 03:21 mysql-bin.index
```

5. 验证 Kafka 接收消息

若MySQL的数据成功发送到Kafka，可以通过kafka-console-consumer进行验证，如下所示，成功收到了上文中通过Insert语句插入的信息，内容格式是JSON。

```
[root@localhost bin]# ./kafka-console-consumer.sh --bootstrap-server
192.168.21.103:9092 --topic example
{ "data":[{ "id":"4","item":"canal4","price":"100"}],"database":"canal",
"es":1642397967000,"id":1,"isDdl":false,"mysqlType":{ "id":"bigint",
"item":"varchar(32)","price":"int"},"old":null,"pkNames":[ "id"],"sql":
"","sqlType":{ "id":-5,"item":12,"price":4},"table":"test","ts":1642398
431789,"type":"INSERT"}
```

6. 同步数据至 HDFS

本案例使用Flume将数据从Kafka同步至HDFS。Flume的安装可参考4.1节中Impala的安装过程，使用Cloudera Manager进行安装。

Flume是一个分布式的、可靠的、可用的服务，用于有效地收集、聚合和移动大量的日志数据。它具有基于数据流的简单而灵活的体系结构，具有可调的可靠性机制及许多故障转移和恢复机制。它使用一个简单的可扩展数据模型，支持在线分析应用程序。

Flume的架构如图4.32所示，Agent本身是一个java进程，运行在日志收集节点，即服务器节点。Agent中包含3个核心的组件,分别是Source、Channel、Sink,类似于生产者、仓库、消费者的架构。

Flume的核心是把数据从数据源(Source)中收集过来,再将收集到的数据送到指定的目的地(Sink)。为了保证输送的过程一定成功,在送到目的地之前,Flume会先缓存数据(Channel),待数据真正到达目的地后,Flume再删除自己缓存的数据。

在整个数据传输过程中,流动的是Event,即事务保证是在Event级别进行的。Event对传输的数据进行封装,是Flume传输数据的基本单位。Event从Source流向Channel,再到Sink。

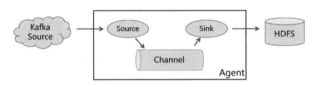

图4.32　Flume架构图

接下来配置Flume,将Kafka数据同步至HDFS。

打开Cloudera Manager的页面,进入Flume的配置页面,如图4.33所示。

Kafka 服务	Flume(服务范围) ↵ ⦿ Kafka ○ none
Solr 服务	Flume(服务范围) ⦿ none
系统用户	Flume(服务范围) flume
系统组	Flume(服务范围) flume
代理名称	Agent Default Group tier1

配置文件	Agent Default Group ↵
	# For Data Flow
	tier1.sources=source1
	tier1.channels=channel1
	tier1.sinks=sink1
	
	# Source
	tier1.sources.source1.type=org.apache.flume.source.kafka.KafkaSource
	tier1.sources.source1.channels = channel1
	tier1.sources.source1.batchSize = 15000
	tier1.sources.source1.batchDurationMillis = 2000
	tier1.sources.source1.kafka.bootstrap.servers = 192.168.21.105:9092
	tier1.sources.source1.kafka.topics = example
	tier1.sources.source1.kafka.consumer.group.id = dw
	
	# Channel
	tier1.channels.channel1.type=memory
	tier1.channels.channel1.capacity=15000

图4.33　Flume配置页面

在"配置文件"选项中,填入如下配置信息,配置数据源为Kafka,使用的Channel为Memory Channel,使用的Sink为HDFS,然后单击"保存修改",再通过Web管理页面重启Flume。

```
# For Data Flow
tier1.sources=source1
tier1.channels=channel1
tier1.sinks=sink1

# Source
tier1.sources.source1.type=org.apache.flume.source.kafka.KafkaSource
tier1.sources.source1.channels = channel1
tier1.sources.source1.batchSize = 15000
tier1.sources.source1.batchDurationMillis = 2000
tier1.sources.source1.kafka.bootstrap.servers = 192.168.21.103:9092
tier1.sources.source1.kafka.topics = example
tier1.sources.source1.kafka.consumer.group.id = dw

# Channel
tier1.channels.channel1.type=memory
tier1.channels.channel1.capacity=15000
tier1.channels.channel1.transactionCapacity=15000

# Sink
tier1.sinks.sink1.type = hdfs
tier1.sinks.sink1.channel = channel1
tier1.sinks.sink1.hdfs.path = /tmp/flume/%y-%m-%d/%H%M/%S
tier1.sinks.sink1.hdfs.filePrefix = events-
tier1.sinks.sink1.hdfs.round = true
tier1.sinks.sink1.hdfs.roundValue = 10
tier1.sinks.sink1.hdfs.roundUnit = minute
```

重新执行MySQL插入操作后,HDFS指定路径下会生成新文件,如图4.34所示。接下来将HDFS加载到HIVE表,完成整个ETL过程。

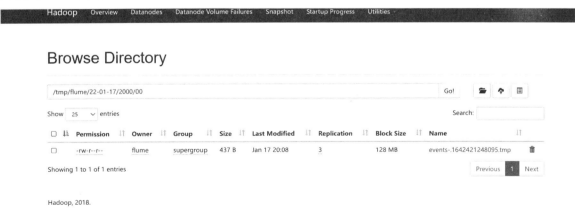

图4.34 Flume同步数据成功

7. Canal 的 HA 介绍

在做实时数仓时，数据量往往比较大，如果使用Canal来监听MySQL的状态，当Canal是单节服务时，服务器宕机时就会造成数据丢失。这时Canal恰好可以配置HA，这样就能解决单点问题，但是Canal的HA依赖于Zookeeper，下面介绍Canal的HA。

Canal的HA分为两部分，Canal Server和Canal Client分别有对应的HA实现。Canal Server：为了减少对MySQL dump的请求，不同Server上的Instance要求同一时间只能有一个处于Running状态，其他的处于Standby状态。Canal Client：为了保证有序性，一份Instance同一时间只能由一个Canal client进行get/ack/rollback操作，否则客户端接收数据无法保证有序。Canal HA架构如图4.35所示。

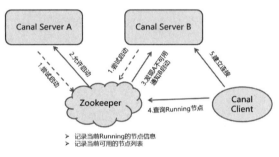

图4.35　Canal HA架构示意图

（1）Canal Server要启动某个Canal instance时先向Zookeeper进行一次尝试启动判断（创建Zookeeper临时节点，谁创建成功就允许谁启动）。

（2）成功创建Zookeeper节点后，对应的Canal Server启动对应的Canal Instance，没有创建成功的Canal Instance会处于Standby状态。

（3）一旦Zookeeper发现Canal Server A创建的节点消失，就会立即通知Canal Server B再次进行步骤（1）的操作，重新选出一个Canal Server启动Instance。

（4）Canal Client每次进行连接时，会先向Zookeeper询问当前运行的Canal Server信息，获取谁创建了Canal Instance。

（5）在获取了当前运行的Canal Server信息后，Canal Client与该Canal Server创建的Canal Instance建立连接。

4.2.2　客户行为数据的实时采集

客户行为数据主要指用户通过类似PC系统、PC Web、H5、小程序、App等载体发生的操作行为数据。我们通过埋点技术，也就是事件追踪技术（Event Tracking），针对特定客户行为或事件进行捕获与保存记录。数据埋点是数据分析师、数据产品经理和数据运营人员基于业务需求或产品需求，对客户行为的每一个事件对应位置开发埋点，并通过SDK上报埋点数据结果的过程。通过对埋点采集的数据进行分析，可以推动产品优化和指导运营。在产业链金融平台中，客户行为数据除了用于产品优化与运营，还可用于风控。埋点流程如图4.36所示。

埋点的目标是采集捕获事件，而事件是指客户在应用程序内执行的任何操作，如点击、浏览、购买等。关于事件，主要包含以下5方面的信息。

- Who：参与此事件的用户信息。
- When：事件发生的实际时间。
- Where：事件发生的地点。
- How：用户进行事件的方式。
- What：描述用户所进行事件的具体内容。

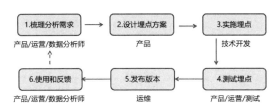

图4.36　埋点流程

埋点在采集类型上，主要分为客户端埋点与服务端埋点等方式。

1. 客户端埋点

客户端埋点指在客户操作界面中，当客户产生动作时对客户行为进行记录，这些行为只会在客户端中发生。客户端埋点主要通过在客户端中集成SDK，通过SDK采集客户的行为数据并上传至采集服务端。常见的客户端埋点方式有三种：全埋点、可视化埋点和代码埋点。

（1）全埋点，又称为无埋点，只需要对SDK做简单的初始化与配置，就可以收集用户的所有行为数据，然后再分析实际需求，从中提取行为数据。

全埋点适合客户端（App、H5、小程序和Web）设计标准化且代码相对规范的情形。全埋点会自动采集非常多的数据，而且在未来使用数据的时候可以从数据库中直接查询，很大程度上避免了"因为没有埋点采集而获取不到"的情况，是非常受分析师喜爱的方式，满足了分析师"能采集就尽量采集，后续分析总能用得到"的诉求。传统的代码埋点是比较耗时的工作，需要业务方提供方案，工程师进行埋点，测试团队进行测试。实际工作中埋点数量比较多，每次发布新功能或新活动都需要新的埋点，因此埋点不但费时，而且错误率也难以控制。尤其是移动App，每发布一次新版本工作量都非常大，还得引导所有用户完成升级，新埋点方案才会生效。有了全埋点，针对全量数据的自动采集，可以省去埋点的大量开发测试工作，也避免了业务人员想要A而工程师埋成B这种"乌龙"场景。

但全埋点的缺点也不少。

- 埋点的"全"以采集上报的数据量为代价，数据量上升导致客户端崩溃的概率也上升了。尤其是移动端，更大的数据量意味着更多的电量、流量和内存消耗。对服务端来说，更大的数据量也意味着更大的存储占用与计算消耗。

- 即使全部行为数据可以被接收回来，具体分析时的二次梳理和加工工作也无法避免。因为自动采集无法在采集时按照我们想要的方式对全部事件进行有意义的命名，甚至无法保证采集上来的事件都刚好是正确的，所以前期埋点时节省下来的人力成本，这个时候又会损失很多。
- 全埋点也"全"得有限。其技术原理无法获取业务字段，只能采集类似点击、浏览等信息，使用场景受限。例如，用户提交订单这个行为事件，全埋点只能采集用户在什么时间触发了这个动作，而无法获取"订单ID"这个业务字段信息。

总体来看，全埋点适合作为保底采集使用，可满足一些宏观统计需求，如开机率、PV、UV及转化率等。

（2）可视化埋点，指开发人员除集成采集SDK外，不需要额外写埋点代码，而是由业务人员（产品/运营/数据分析师）通过访问分析平台的圈选功能来"圈"出需要对客户行为进行捕捉的控件（页面上的每个组件都是有唯一路径的），并对事件命名。圈选完毕后，这些配置会同步到每个客户的终端上，由采集SDK按照圈选的配置自动进行客户行为数据的采集和发送。这种方式所见即所得，跳过代码部署、测试验证和发版过程，极大地提升了生产力。

下面以友盟的产品为例，介绍移动App可视化埋点接入流程与操作页面，如图4.37所示。

图4.37　友盟可视化埋点接入流程

- 选择要进行可视化埋点的应用。
- 下载可视化SDK。
- 按照集成文档，将下载的SDK集成到应用中。
- 打开应用，此时右下角出现一个提示框。
- 打开提示框，并将当前显示的投屏码输入应用中。

- 连接成功后，移动App页面就会映射到PC端的平台页面中。接下来就是定义事件、验证事件埋点是否正确，并最终发布到线上，如图4.38所示。
- 可视化SDK会在被监测的移动App被客户访问时，向服务器校验是否有新的埋点；如果发现更新的埋点，则会从服务器下载并立即生效。这样就能确保服务器收到最新的埋点后，所有客户端都能在下一次访问时得到部署。

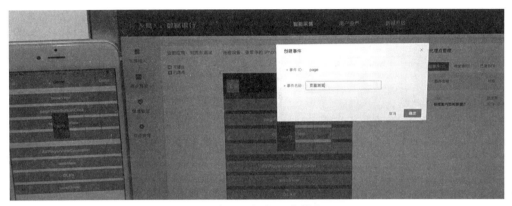

图4.38　友盟可视化埋点操作页面

各大厂商提供的可视化埋点的实现方案中，GrowingIO（简称"GIO"）的方案是一个特例。GIO的可视化埋点叫作可视化圈选，有以下几点特别之处。

- 对于移动App，无需再映射到PC端的平台页面中进行圈选，而是扫描平台指定二维码后，再打开移动App，直接在移动App页面中进行圈选，操作更便捷。
- 在可视化埋点中，圈选的过程实际上就是建立事件定义与页面组件（具有唯一路径作为标识）的关联的过程。完成圈选后，GIO会基于全埋点已采集回来的数据进行数据匹配与标记，而不是重新在移动App中采集。

以上内容介绍了可视化埋点的方案与应用，其实可视化埋点也存在一些局限性。

- 可视化埋点只能针对可见元素的行为埋点，其中最常见的就是点击行为，对于点击操作的埋点也是目前可视化埋点的主攻点。但从实际情况来看，复杂页面、不标准页面、动态页面都会给可视化埋点增加不可用的风险，如果遇到这些情况，还是只能选择代码埋点。
- 与全埋点的限制类似，可视化埋点采集的数据信息有限，对于点击操作附带的业务附带属性，基本上是无法获取的。

（3）代码埋点，是最经典的埋点方式，由开发人员开发代码进行人工埋点，理论上只要是客户端中的操作，无论多复杂都能采集到，如页面停留时间、页面浏览深度、视频播放时长、用户鼠标轨迹、表单项停留及终止等。尤其是一些非点击的、不可视的行为，只能采用代码埋点来实现。所以如果需要对埋点有更加精准的控制，那么代码埋点是最好的选择。

代码埋点的缺点体现在以下几方面。

- 每一次的数据分析需求，都对应一次版本迭代，包括设计、开发、测试和上线。埋点成本相对较高。

- 对于移动App来说，每一次发布版本，都需要引导用户重新下载最新的App，埋点才会生效，也就是说会存在一段相当长的并行期，广大用户会持有该App的不同版本，后续的数据采集、存储、计算与分析都需要兼容不同版本的埋点方案与数据格式。这就导致埋点成本很高，整个过程也非常容易出错。对于这个问题最简单的处理方式是，每发布一次移动App新版本，就强制所有用户进行升级。当然，这也是一种伤害用户的方式，一般情况下不建议采用。
- 由于侵入了业务代码，对业务代码产生了污染，导致客户端代码逻辑更加复杂，一不小心就会从埋点变成"埋雷"。从长期来看，增加了测试与维护成本。

2. 服务端埋点

服务端埋点类似于代码埋点，只不过通常是在服务端程序和数据库交互的逻辑中进行埋点，这里的埋点会更准确地记录数据的改变，同时也会减小由网络传输等因素带来的不确定性风险。因为网络问题、用户长时间不启动App等因素，客户端埋点通常会有5%~10%的采集数据丢失。通常会定制一些服务端的SDK，用于提供标准化采数接口的封装，降低采数难度。

服务端埋点的优点有很多。第一，避免了在多个客户端（移动App、H5、小程序等）埋点；第二，可以准确地采集业务操作，并确保数据的完整性；第三，不存在移动App版本发布的痛点与难题。

服务端埋点的缺点，除了类似代码埋点的开发、测试与维护成本高，还有无法采集用户在前端的一些交互行为。例如，客户可能登录了5次才登录成功，点击了3次才成功提交订单等。

综合前面对客户端埋点、服务端埋点的介绍，考虑到技术复杂度及客户端兼容性等，对于一般公司更建议直接采购成熟的埋点技术，如国内的友盟、易观、神策及GrowingIO等公司提供的从数据采集到数据分析的一站式平台，基本支持公有云与私有云两种部署方式。

对于客户端埋点方案和服务端埋点方案，通常建议组合使用，如图4.39所示。客户端埋点重在采集用户在前端的交互行为数据，适用于运营分析、产品优化、风控等场景。而服务端埋点更适合采集用户资产数据、用户账户体系相关数据、风控辅助数据等重要业务数据，如用户身份证件信息、手机号码、充值账户、银行卡号等数据。服务端埋点更适合支撑经营分析、财务报表等场景。

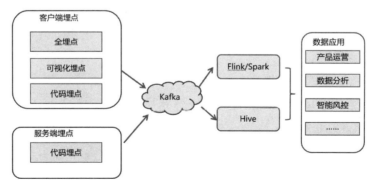

图4.39　组合使用埋点方案

4.3 数据仓库

数据仓库是一个更好地支持企业决策的、面向主题的、稳定的数据集合。在产业链金融平台中，高质量的数据仓库是做好风控、营销运营的决定因素之一。很多没有接触过数据仓库的人并不清楚数据仓库与数据库的区别，下面先进行简单的介绍。

- 业务系统数据库的数据组织面向事务处理任务，以支撑业务运作；而数据仓库是一个独立于业务系统数据库、面向数据分析的数据库。为了进行区分，数据仓库理论专门定义了两个特别的名称：OLTP（On-Line Transaction Processing）和OLAP（On-Line Analytical Processing）。业务系统数据库被称为OLTP，数据仓库被称为OLAP。
- 数据仓库中的数据会进行分层建模，下层数据为上层数据提供支撑。每一层数据都是数据仓库处理流程中的某个阶段性结果。

数据仓库的目标是建设一套覆盖全域、全历史的数据体系，采用与业务数据库完全不同的建模方式，如经典的维度建模。本节将基于主流的维度模型，介绍数据仓库的一些基本概念，如图4.40所示。

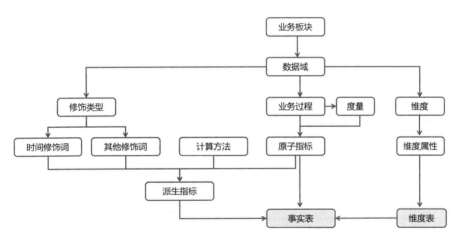

图4.40 维度模型的基本概念

- 业务板块：根据业务属性划分出的相对独立的业务分块，是一种比数据域更高维度的大块划分，如地产板块、金融板块等。
- 数据域：数据域是数据仓库的顶层划分，是对企业业务过程进行抽象、提炼后的组合集合，面向业务分析，一个数据域对应一个分析领域，如采购域、交易域等。数据域是有效归纳、组织业务过程的方式，同时方便设计指标/度量。
- 业务过程：是对业务活动流程的描述。例如，在电商领域，加购、下单、支付等都可以是一个业务过程。
- 维度：维度是观察事物的角度，提供某一业务过程所涉及的用于过滤及分析事实的描述性属性，如时间、地点等。
- 维度基数：维度的基数指该数据集中出现的不同值的个数。例如，"国家"是一个地理维度，如果有300个值对应不同的国家，那么此维度的基数就是300。
- 属性（维度属性）：维度所包含的表示维度的列称为维度属性。维度属性是查询约束条件、分组和报表标签生成的基本来源，是数据易用性的关键。
- 度量：基于数据计算出来的度量值，如金额、用户数等。数据分析师通常要从多个维度分析度量值，查找数据规律。
- 指标：指标分为原子指标和派生指标。原子指标是基于某一业务事件行为的度量，是业务定义中不可再拆分的指标，是具有明确业务含义的名词，体现明确的业务统计口径和计算逻辑。

（1）原子指标=业务过程+度量，如销售金额。原子指标是基本业务事实，没有业务限定，没有维度。

（2）派生指标=计算方法+修饰词+原子指标，派生指标可以理解为对原子指标业务统计范围的圈定，如最近7天的销售金额汇总。

- 维度表与事实表：事实表指存储事实记录的表，如一次购买行为就可以认为是一个事实。维度表（简称"维表"）是与事实表相对应的一种表，保存了维度的属性值，可以与事实表关联，相当于从事实表中将经常出现的属性抽取出来形成的一张表。

图4.41为对上述概念的举例说明。

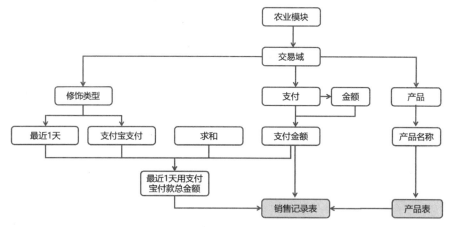

图4.41 数据仓库概念的举例说明

4.3.1 建模模型

维度建模理论中有两个常见的数据模型：星型模型（Star Schema）、雪花模型（Snowflake Schema）。

1. 星型模型

星型模型由事实表和维度表组成，一个星型模型中可以有一个或多个事实表，每个事实表引用任意数量的维度表。星型模型的物理模型像一颗星星的形状，中心是一个事实表，围绕在事实表周围的维度表是星星的放射状分支，由此得名，如图4.42所示。

图4.42　星型模型示意图

2. 雪花模型

雪花模型是一种多维模型中的表逻辑布局，实体关系图类似雪花的形状。雪花模型也由事实表和维度表组成，"雪花化"就是对星型模型中的维度表进一步规范化处理。具体做法是把低基数的属性进一步拆分，抽取成更细的维度表，然后将这些细粒度的维度表相互关联，形成雪花模型，如图4.43所示。

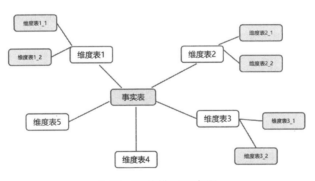

4.43　雪花模型示意图

3. 模型分析

雪花模型采用3NF设计，维度之间相互关联，更符合人们的思维模式，同时还可以有效减少数据冗余。但是，由于其在使用过程中需要拼接更多的维度表，必然会影响整体的查询性能。此外，过度"雪花化"会使数据的逻辑变复杂，增加业务人员与开发人员的学习成本，偏离了维度模型"简单易用"的设计初衷。

相比之下，星型模型反规范化，维度表之间也不会直接关联，虽然造成了维度数据冗余，但却通过"以空间换时间"的方式提升了整体性能。同时，这种"扁平"的维度模型，无论是对于数据开发人员还是业务人员,都更加简单易用。

除了维度表之间的冗余,还可以考虑维度表适度退化、冗余到事实表,以减少数据访问的Join开销。可参考以下原则,在事实表中冗余维度属性。

- 冗余字段与表中其他字段高频率同时访问。
- 冗余字段的引入不应造成事实表本身的刷新完成时间产生过多后延。

4.3.2 数据仓库架构

区别于传统的关系型数据库设计,数据仓库通常使用分层建设的框架,如图4.44所示。

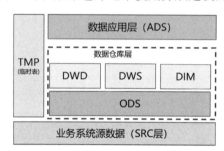

图4.44 数据仓库架构

数据仓库的最底层是ODS(Operational Data Source)层,这是一个面向数据源建立的引入层,也叫"贴源层"。通过数据采集技术,将业务系统中的源数据采集至ODS层,作为数据仓库的数据准备区。考虑到后续可能需要追溯数据问题,对于这一层不建议做过多的数据清洗工作,ODS层的数据结构通常会和源数据保持基本一致。

在ODS层之上是数据仓库经典的三类表:DWD、DWS、DIM。

- DWD是明细事实表,它在ODS层数据中经过校验、清洗与转化,然后以一种符合数据仓库规范的标准格式存储,作为后续其他各层的基础数据。实际操作过程中,可以结合企业的数据使用特点,将明细事实表的某些重要维度属性字段进行适当冗余,即宽表化处理。
- DIM是基于维度建模的理念定义的维度表,通常也是从ODS层清洗转化而来,分为高基数维度表与低基数维度表。高基数维度表一般是类似用户资料表、商品资料表的资料表,数据量可能是千万级或上亿级。低基数维度表一般是配置表,如枚举值对应的中文含义表,或者日期维度表,数据量可能是个位数或几千、几万。
- DWS是汇总层事实表。我们基于上层数据分析可能的场景与指标,驱动汇总层事实表的建设。这一层的数据与明细数据层有较大的差异,会按照维度模型进行组织封装,是数据仓库开发过程中的一项核心内容。

最上层是ADS层,也就是数据应用层。在数据仓库中,我们通常期望数据结构相对稳定与通用,然而业务需求是千变万化的。为了满足业务需求,我们提出了数据应用层的概念,面向特定应用提供一个专有数据层,以满足应用需求为出发点,加工个性化、定制化的指示。数据应用层类似于传统概念中的数据集市,能灵活响应业务需求。

最后是TMP层,即临时数据层,或者叫中间数据层。在大量数据处理过程中,我们使用临时表来缓存一些中间结果数据,提升公共数据的复用性,减少重复加工。在实际计算中,如果直接从DWD或ODS计算出DWS的统计指标,会存在计算量太大且计算逻辑过于复杂的问题,因此一般的做法是,在TMP层先计算出多个小的中间表,然后再拼接成一张DWS的宽表。

4.3.3 数据仓库规范

好的数据仓库开发团队,往往在一开始就建立统一的建库标准与规范。尽管业界的一些商业大数据平台已引入数据治理的概念,针对数据开发过程中的标准与规范,推出了自动化的提醒与校正功能,但为了帮助读者学习了解,本节仍会从表命名规范、编码规范及其他注意事项等方面进行介绍说明。

1. 表命名规范

表名在很大程度上是对元数据描述的一种体现,表命名规范越完善,我们能从表名中获取的信息就越多。通常表名会包含以下几个部分。

- 分层:表的使用范围。
- 部门:生产该表或该数据的团队。
- 业务线:表明该数据与哪个产品或业务线相关。
- 主题域:该表所属的分析主题域。
- 自定义:一般会尽可能多地描述该表的信息,如活跃表、留存表等。
- 更新周期:如天级还是月级更新。

接下来详细定义ODS、DWD、DWS、DIM、ADS各层的表命名规范。为简化规范说明,本案例中暂不考虑将部门与业务线信息加入表命名规范中。

(1)ODS层。

```
命名规则:
    ods_[业务系统名]_[业务库原始表名]_[更新周期]
规则说明:
    [业务系统名]         如sap、crm等系统
    [业务库原始表名]     一般情况下,必须跟源表名一致
    [更新周期]           是全量表还是增量表,以及更新周期信息
举例: ods_erp_t_order_hi
其中,更新周期可参考如下定义
di: 按天增量表
df: 按天全量表
hi: 小时增量表
```

```
hf： 小时全量表
mi： 分钟增量表
mf： 分钟全量表
ri： 准实时明细表，流计算专用
```

（2）DWD层。

```
命名规则：
    dwd_[数据域]_[业务过程]_[标签]_[更新周期]
规则说明：
    [数据域]      填写数据域的缩写
    [业务过程]    填写业务过程的缩写
    [标签]        填写自定义标签的缩写，可以有多级，用下划线分隔
    [更新周期]    是全量表还是增量表，以及更新周期信息
举例： dwd_sales_payment_detail_hi
其中， 更新周期可参考如下定义
di： 按天增量表
df： 按天全量表
hi： 小时增量表
hf： 小时全量表
mi： 分钟增量表
mf： 分钟全量表
ri： 准实时明细表，流计算专用
```

（3）DWS层。

```
命名规则：
    dws_[数据域]_[业务过程]_[标签]_[数据颗粒度]
规则说明：
    [数据域]      填写数据域的缩写
    [业务过程]    填写业务过程的缩写
    [标签]        填写自定义标签的缩写，可以有多级，用下划线分隔
    [数据颗粒度]  指统计周期的说明
举例： dws_sales_payment_arpu_mtd
其中， 数据颗粒度可参考如下定义
1d     代表是昨天的数据
nd     代表是最近1天/7天/30天/90天/180天等的汇总数据
td     代表截止到昨天的数据，可以包含1d、nd的聚合数据
std    历史以来截止到当天的数据，跟td有区别，td一般为2年以内的数据
cm     自然月
cnm    最近N个自然月
mtd    月初截止到当前
rnm    滚动N月
mtw    月初截止到当周
tr     代表截止到当前
htr    当日截止到当前小时
mtr    当日截止到当前分钟
```

```
mm      分钟内统计
hh      小时内统计
```

（4）DIM层。

```
命名规则：
    dim_[标签]
规则说明：
    [标签]    填写自定义标签缩写，可以有多级，用下划线分隔
举例：dim_bank
```

（5）TMP层。

```
命名规则：
    tmp_[数据域]_[标签]
规则说明：
    [数据域]      填写数据域的缩写
    [标签]        填写自定义标签缩写，可以有多级，用下划线分隔
```

（6）ADS层。

```
命名规则：
    ads_[数据域]_[业务过程]_[标签]_[数据颗粒度]
规则说明：
    [数据域]       填写数据域的缩写
    [业务过程]     填写业务过程的缩写
    [标签]         填写自定义标签的缩写，可以有多级，用下划线分隔
    [数据颗粒度]   指统计周期的说明
举例：dws_sales_payment_arpu_mtd
其中，数据颗粒度可参考如下定义
1d      代表是昨天的数据
nd      代表是最近1天/7天/30天/90天/180天等的汇总数据
td      代表截止到昨天的数据，可以包含1d、nd的聚合数据
std     历史以来截止到当天的数据，跟td有区别，td一般指2年以内的数据
cm      自然月
cnm     最近N个自然月
mtd     月初截止到当前
rnm     滚动N月
mtw     月初截止到当周
tr      代表截止到当前
htr     当日截止到当前小时
mtr     当日截止到当前分钟
mm      分钟内统计
hh      小时内统计
```

2. 编码规范

本案例中使用Hive SQL进行数据仓库开发。建议进行Hive SQL开发时，保证代码行清晰、整

齐，具有一定的可观赏性；代码编写要充分考虑执行速度最优的原则；代码行应整体层次分明、结构性强；代码中应有必要的注释以增强代码的可读性；代码要做到整个节点可以多次重跑，结果不变；编码规范并非强制性约束，代码开发人员的代码编写行为在不违反常规要求的前提下，允许存在可理解的偏差。下面将举例进行说明。

（1）代码注释。

代码头部添加主题、功能描述、作者、日期等信息，并预留修改日志及标题栏，以便后续修改时添加修改记录。注意每一行代码不超过80个字符，参考如下模板。

```
################################################################
#
# 程    序：dwd_sales_payment_detail_hi.sh
# 创建时间：2021 年 01 月 01 日
# 创 建 者：张三
# 参数：
#     参数1：日期 [yyyymmdd]
# 补充说明：
# 功    能：清洗转化，生成支付的明细数据
# 修改说明：
################################################################
```

除了代码头部，SQL语句均应添加注释说明，参考如下原则。

- 每条SQL语句的注释单独成行，放在语句前面。
- 字段注释紧跟在字段后面。
- 应对不易理解的分支条件表达式加上注释。
- 对重要的计算应说明其功能。
- 过长的函数实现，应将其语句按实现的功能分段进行概括性说明。
- 对常量及变量进行注释时，应注释被保存值的含义（必须）和合法取值的范围（可选）。

（2）字段排列。

在SELECT语句中，不建议使用select *操作，所有操作必须明确指定列名，并且每个字段单独用一行展示，对每一行的字段进行缩进、垂直对齐。若使用AS语句，建议与相应的字段在同一行，且多个AS字段也尽量垂直对齐，如图4.45所示。

```
select  channel_id            as channel_id
       ,trade_channel_desc    as trade_channel_desc
       ,trade_channel_edesc   as trade_channel_edesc
       ,inst_date             as inst_date
       ,trade_iswap           as trade_iswap
       ,channel_type          as channel_type
       ,channel_second_desc   as channel_second_desc
  from (
```

图4.45　字段排列示意图

(3) SQL语句排列。

SELECT语句中用到的FROM、WHERE、GROUP BY、HAVING、ORDER BY、JOIN、UNION等子句，需要参照如下要求，具体如图4.46所示。

- 换行编写。
- 与相应的SELECT语句左对齐编排。
- 子句后续的代码距离子句首字母两个缩进量开始编写。
- WHERE子句下的逻辑判断符AND、OR等与WHERE左对齐编排。
- 长度超过两个缩进量的子句加一个空格后编写后续代码，如ORDER BY、GROUP BY等。
- 算术运算符、逻辑运算符的前后要保留一个空格。

```
select    trim(channel)  channel
         ,min(id)   id
from      ods_trd_trade_base_dd
where     channel is not null
and       dt = ${tmp_yyyymmdd}
and       trim(channel) <> ''
group by trim(channel)
order by trim(channel)
```

图4.46　SQL语句排列

此外，在Hive SQL中不可避免地会使用SQL子查询语句。为了代码的易读性，建议参考图4.47进行排列对齐。

```
select   p.channel
        ,rownumber() order_id
from    (
         select s1.channel
               ,s1.id
         from   (
                 select trim(channel)      as channel
                       ,min(id)            as id
                 from   ods_trd_trade_base_dd
                 where  channel is not null
                 and    dt = ${tmp_yyyymmdd}
                 and    trim(channel) <> ''
                 group by trim(channel)
                ) s1
         left outer join
                 dim_trade_channel s2
         on     s1.channel = s2.trade_channel_edesc
         where  s2.trade_channel_edesc is null
         order by id
        ) p
;
```

图4.47　SQL子查询排列

3. 其他注意事项

（1）层次调用约定。

ODS层数据不能直接被应用层（ADS层）任务引用。如果数据仓库层没有沉淀相应数据，可考虑通过视图访问。视图必须使用调度程序进行封装，保持视图的可维护性与可管理性。

（2）存储规范。

ODS层：建议在增量同步业务系统数据的基础上，再增加一个每日全量数据的同步。全量数据始终保留一份当前最新的，增量数据可保留过去14天的。保证当上层数据受损时，可以从ODS恢复数据。在存储格式上，一般ODS建议采用TEXT文本格式进行存储，按天进行分区存储。

DWD/DWS/ADS层：表存储格式建议采用parquet格式，压缩采用GZIP算法，提升压缩比和查询效率。按天进行分区存储（建议按事件发生时间，使用动态分区技术存储）。数据留存时间建议参考如下原则。

- 3个月内最大访问跨度≤4天时，建议保留最近7天分区。
- 3个月内最大访问跨度≤12天时，建议保留最近15天分区。
- 3个月内最大访问跨度≤30天时，建议保留最近33天分区。
- 3个月内最大访问跨度≤90天时，建议保留最近120天分区。
- 3个月内最大访问跨度≤180天时，建议保留最近240天分区。
- 3个月内最大访问跨度≤300天时，建议保留最近400天分区。

DIM层：建议数据永久保留。

4.3.4 数据仓库设计

数据仓库的建设以维度建模为理论基础，在划定的业务板块内进行数据调研后梳理出业务过程，再划分数据域、构建总线矩阵、设计统计指标。之后进行维度表、事实表、汇总表的设计、开发及最后验证，如图4.48所示。下面将以产业链金融平台为例介绍数据仓库的建设过程。

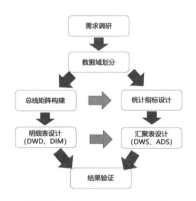

图4.48　数据仓库设计流程

1. 需求调研

在建设数据仓库之前，首先需要明确建仓的目的及应用场景。通常一个企业要集中数据、打破孤岛来建设数据仓库，是为了满足各部门、各板块的数据需求。但本案例中仅从产业链金融平台本身的诉求出发，梳理建仓的数据需求，如下所示。

- 风控：通过历史交易数据及三方征信数据构建风控模型，实现贷前审批与贷后监控。
- 营销：通过历史交易数据、借贷数据及业务员现场调研数据，分析客户的融资需求与偏好，开发用户画像，实现千人千面的精准营销及营销效果分析。
- 产品优化：通过客户端（App/小程序等）的客户行为数据，实现漏斗分析、用户路径分析，发现问题、促进产品优化。通过A/B测试选择最佳优化方案。

（1）业务调研。

充分的业务调研和需求分析是数据仓库建设的基石，直接决定数据仓库能否建设成功。在数仓建设项目启动前，需要请相关的业务人员介绍具体的业务，梳理出主要业务流程、业务边界、专业术语等，整理出相关文档。下面基于业务的调研给出简化版本的业务数据流图，如图4.49所示。

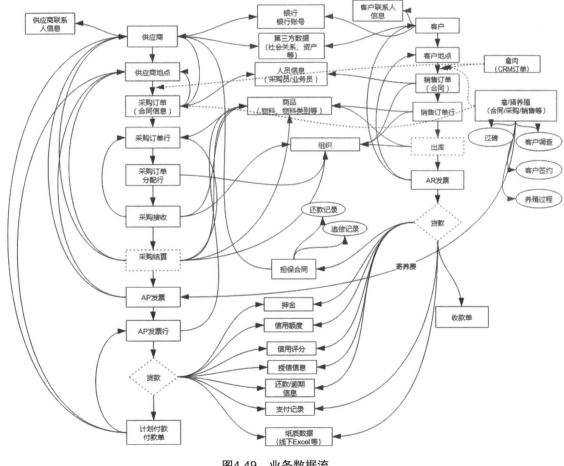

图4.49　业务数据流

为进一步厘清数据之间的逻辑关系和流向，需要先理解用户的业务过程，了解过程中涉及的数据系统。业务过程可以理解为一个个不可拆分的行为事件的组合。这里以销售下单场景为例，如图4.50所示，有登记订单、发货、发货确认、开票、收款、核销几个核心业务步骤。

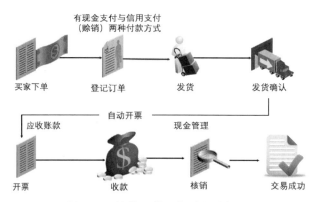

图4.50 销售下单业务过程分析

（2）数据调研。

在分析了业务过程后，我们需要将整个业务过程涉及的每个环节列清楚。首先需要调研每一个业务系统有哪些数据源、数据源有哪些表、数据源的数据量有多大。数据源的访问地址及账密等信息如表4.6所示。

表4.6 数据源调研

序号	业务系统中文名称	业务系统英文名称	数据源类型	是否有备库（只读库）	空闲时段	数据源访问地址	数据库清单	总数据量	每日数据增量	表数量	访问账号/密	备注
1	ERP系统	XXXX	MySQL	是	0-8	10.10.10.1:3306	xx_db1（中文说明）、……	500GB	1GB	200	user1/passwd	
2	CRM系统	XXXX	Oracle	是	0-8	10.10.10.2:1521	xx dbi（中文说明）、……	300GB	0.5GB	150	user1/passwd	

其次需要针对每个数据源，调研其中的数据表信息，包含表名称、数据操作类型、是否有物理删除、表总记录数、日增记录数、表时间戳字段等信息，如表4.7所示。

表4.7 数据表调研

序号	业务系统	数据库名称	数据表英文名	数据表中文名	时间戳字段	数据操作类型	是否有物理删除	表记录变化标志字段	表总行数	日增量
1	ERP	xx_db1	xx_table1	订单主表	create_time	insert/update/del	否	flag	10w	100
2	ERP	xx_db2	xx_table2	订单明细表	create_time	insert/update/del	否	flag	100w	1000
3	……	……	……	……	……	……	……	……	……	……

接着是每张数据表的数据字段的调研，这是一项烦琐但极其重要的工作。对于很多企业来说，随着业务系统的迭代、升级乃至变迁，很多数据字典文档已经过时，再加上设计人员、开发人员的流失，使得数据字段的调研工作难上加难。调研人员需要与业务系统的业务、产品、技术人员一起，结合现有的产品文档、技术方案与数据字典文档，进行反复推敲后，才能确定字段的具体含

义。除了字段含义,还需要调研字段与其他表的关联信息、字段的数据质量情况(空值、异常值、乱码等),如表4.8所示。

表4.8 数据字段调研

数据库名称						xx_db1		
表名称						xx_table1		
字段英文名称	数据类型	字段中文名称	是否主键	是否索引	关联的表字段	字段数据样例	数据质量说明	
ord_id	varchar(64)	订单id	是	是	无	无	有空值	
ord_code	varchar(100)	订单编号	否	否	无	无	存在乱码	
ord_time	Datetime	订单时间	否	否	无	无	存在1970-1-1这种日期	
ord_date	varchar(64)	订单日期	否	否	无	无	有缺失值,比例在1%左右	
booked_time	varchar(64)	订单登记时间	否	否	无	无	正常	
booked_date	varchar(300)	订单登记日期	否	否	无	无	正常	
ord_type	varchar(10)	订单类型	否	否	无	无	正常	
cust_id	int(11)	客户id	否	否	无	无	正常	
org_id	int(11)	销售机构id(6级)	否	否	无	无	正常	
contract_code	varchar(64)	合同编号	否	否	t_user.uid	无	正常	
contract_type	int(1)	合同类型	否	是	无	无	正常	
salerep_id	varchar(64)	销售员id	否	是	无	无	正常	

最后,还需要梳理业务过程与数据表的映射关系,了解每个业务过程会产生哪些数据、数据的内容是什么,如表4.9所示。

表4.9 业务过程与数据源映射

序号	业务系统	业务流程	业务过程	数据库名称	数据表名称
1	ERP	销售下单	登记订单	xx_db	xx_table_1,xx_table2
2	ERP	销售下单	发货	xx_db	xx_table_1,xx_table2
3	ERP	销售下单	发货确认	xx_db	xx_table_1,xx_table2
4	ERP	销售下单	开票	xx_db	xx_table_1,xx_table2
5	ERP	销售下单	收款	xx_db	xx_table_1,xx_table2
6	ERP	销售下单	核销	xx_db	xx_table_1,xx_table2
7	ERP	客户退货	……	xx_db	xx_table_1,xx_table2
8	ERP	额度审批	……	xx_db	xx_table_1,xx_table2

2. 数据域划分

数据域是指面向业务分析,将业务过程或维度进行抽象的集合。为保障整个体系的稳定性与扩展性,数据域需要抽象提炼,并长期维护更新。在划分数据域时,既要考虑当前的业务需求,又要让新业务进入时可以被纳入已有的数据域或扩展新的数据域。数据域可以按照业务过程或业务板块中的功能模块进行划分,如表4.10所示。

表4.10 数据域划分

数据域	业务过程
销售域	销售下单、发货、发货确认、应收开票、收款、核销、退货申请、退货入库验收、退款、退货开票
商品域	发布、上架、下架、修改……
采购域	采购签约、入库验收、应付开票、付款……
信贷域	申请信用（赊销）额度、审批信用额度、支用信用额度、担保授信、担保贷款、催收……
客户域	客户注册、登录、实名认证、维护联系方式……
养殖域	进苗、配料、饲喂、盘点……

3. 总线矩阵构建

总线矩阵是一个二维矩阵，描述数据域下的业务过程与维度信息的关联关系。定义总线矩阵前，需要结合业务过程分析有哪些维度。这里以销售数据域为例，梳理出客户、商品、地域、时间四个维度，进一步梳理出如表4.11所示的总线矩阵。

表4.11 总线矩阵

数据域/业务过程		维度					
		省份	城市	商品ID	商品类目	客户ID	时间
销售域	下单	Y	Y	Y	Y	Y	Y
	发货	Y	Y	Y	Y	Y	Y
	发货确认	Y	Y	Y	Y	Y	Y
	开票	Y	Y	Y	Y	Y	Y
	收款	Y	Y	Y	Y	Y	Y
	核销	Y	Y	Y	Y	Y	Y
	……	……	……	……	……	……	……

4. 指标设计

指标分为原子指标和派生指标。原子指标是基于某一业务事件行为的度量，是业务定义中不可再拆分的指标，是具有明确业务含义的名词，体现明确的业务统计口径和计算逻辑。而派生指标是在原子指标的基础上，加上修饰词与计算方法派生而成，如图4.51所示。

图4.51 派生指标

本案例在风控场景下，基于对业务风控人员与数据分析师的调研，对销售数据域的指标进行了部分梳理，如图4.52所示。

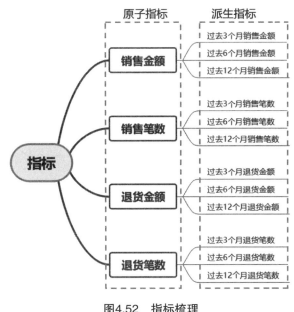

图4.52　指标梳理

为防止统计时产生歧义，我们需要统一指标的计算口径，通常由业务人员或数据分析师来提供计算口径，如表4.12所示。

表4.12　指标口径

序号	原子指标	计算口径	派生指标	计算口径
1	销售金额	销售订单状态为已关闭、有出库记录的订单金额总和	过去3个月销售金额	从T-1日计算，过去3个滚动月的销售金额总和
2			过去6个月销售金额	从T-1日计算，过去6个滚动月的销售金额总和
3			过去12个月销售金额	从T-1日计算，过去12个滚动月的销售金额总和
4	销售笔数	销售订单状态为已关闭、有出库记录的订单数量	过去3个月销售笔数	从T-1日计算，过去3个滚动月的销售笔数
5			过去6个月销售笔数	从T-1日计算，过去6个滚动月的销售笔数
6			过去12个月销售笔数	从T-1日计算，过去12个滚动月的销售笔数
7	退货金额	订单状态为已关闭的退货订单的金额总和	过去3个月退货金额	从T-1日计算，过去3个滚动月的退货金额
8			过去6个月退货金额	从T-1日计算，过去6个滚动月的退货金额
9			过去12个月退货金额	从T-1日计算，过去12个滚动月的退货金额
10	退货笔数	订单状态为已关闭的退货订单的数量	过去3个月退货笔数	从T-1日计算，过去3个滚动月的退货笔数
11			过去6个月退货笔数	从T-1日计算，过去6个滚动月的退货笔数
12			过去12个月退货笔数	从T-1日计算，过去12个滚动月的退货笔数

5. 维度表设计

DIM（Dimension）基于维度建模理念，建立整个企业的一致性维度。维度是逻辑概念，是衡量和观察业务的角度。维表是维度表结合业务的数据域的规划,提取出各业务数据域中进行数据分析时可能存在的维度,并将维度及其属性通过维度表的方式存储下来。结合前面的总线矩阵分析,设计客户、地域、商品、时间等几张维度表。

其中,客户分为企业客户与个人客户。考虑到个人客户与企业客户的维度属性差别较大,将客户维度表垂直拆分为三张表:客户维度主表(dim_cust_info)、个人客户扩展表(dim_cust_person_info)及企业客户扩展表(dim_cust_company_info),如图4.53所示。

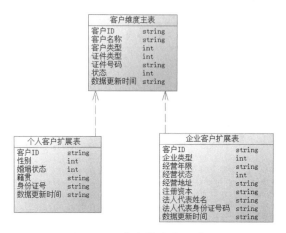

图4.53 客户维度表设计

商品维度分为商品信息与类目信息,考虑到后续的查询场景,拆分出两张维度关联表:商品维度表(dim_goods_info)与商品类目维度表(dim_goods_category_info)。地域维度信息虽然包含省份、城市、片区等,但基于后续查询的场景,更建议设计为扁平化的一张维度表(dim_region_info),如图4.54所示。

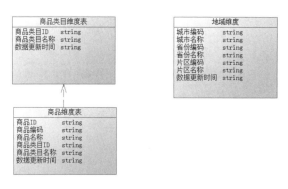

图4.54 商品与地域维度表设计

这里要重点一提的是日期维度表。尽管通过日期字段,可以在SQL中动态转换出第几周、第几月等信息,但在实际应用过程中发现,建立一张日期维度表不仅简化了大量涉及日期维度表的汇总计算逻辑,还明显减少了日期计算逻辑带来的BUG,尤其是在计算滚动月相关的汇总统计时。日期维度表（dim_date）如图4.55所示。

图4.55　日期维度表

6. 明细数据事实表设计

明细层（DWD）在数据仓库体系中有着承上启下的作用。一方面，它需要对贴源层数据（ODS）进行验证、清洗与转换等处理操作；另一方面，它为构建上层汇总层做了必要的准备。从数据的结构来看，明细层与贴源层通常不会有太大的区别。本案例中设计了4张明细表，分别是销售订单表（dwd_sales_order_di）、销售订单明细表（dwd_sales_order_detail_di）、退货订单表（dwd_sales_return_di）、退货订单明细表（dwd_sales_return_detail_di），如图4.56所示。

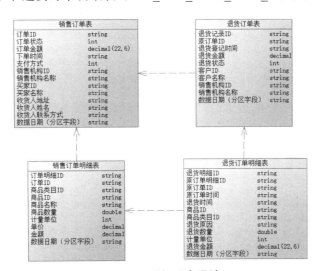

图4.56　明细层表设计

此外，尽管我们的数据采集可以做到小时级或分钟级，但考虑到数据仓库的稳定性及具体的应用场景，本案例中建议明细数据层的表都按天分区。若场景有更高的时效要求，也可以按小时分区。若有需要秒级/毫秒级实时分析的场景，建议基于Flink引擎从Kafka中获取数据进行分析。

7. 汇总事实表设计

汇总事实表是基于更上层的应用场景及分析指标构建公共粒度的汇总指标表，通常需要考虑以下设计原则。

- 数据公用性：汇总的粒度及具体指标尽量具有通用性，便于在应用层被多个部门或数据集市共用。
- 不跨数据域：数据域是在较高层次上对数据进行分类聚集的抽象，而一个汇总事实表则应尽量聚集在一个数据域内进行汇总。
- 区分时间周期：如4.4.3节所述，在表名后缀中加上时间周期，如_1d表示最近1天。

结合本案例中的指标需求，我们在汇总层进行轻度汇总（dws_sales_trade_1d），设计如图4.57所示。应用层就可以基于汇总表与维度表构建出来的维度模型，进行具体应用场景的不同粒度的指标计算。至于应用层的表设计，会在第5章中进行介绍。

交易汇总表	
数据日期（分区字段）	string
客户ID	string
销售机构ID	string
城市code	string
商品类目ID	string
当日销售金额	decimal(22,6)
当日销售笔数	bigint
当日退货金额	decimal(22,6)
当日退货笔数	bigint

图4.57　交易汇总表设计

4.3.5　数据开发的注意项

完成了数据仓库的设计，接下来进入数据开发环节。本书不对Hive开发的细节进行详细介绍，仅说明脚本管理与调度管理的注意项。

1. 脚本管理

在数据开发阶段，建议每张表的开发单独用一个脚本文件进行。脚本文件可以直接使用对应的表名来命名，方便脚本的索引与后续问题的定位分析。本案例中的脚本文件结构如下所示。

```
+---dim
|       dim_cust_company_info
|       dim_cust_info
|       dim_cust_person_info
|       dim_goods_category_info
|       dim_goods_info
|       dim_region_info
|
```

```
+---dwd
|   \---sales
|           dwd_sales_order_detail_di
|           dwd_sales_order_di
|           dwd_sales_return_detail_di
|           dwd_sales_return_di
|
+---dws
|   \---sales
|           dws_sales_trade_1d
|
\---ods
        ods_xxx_1
        ods_xxx_2
        ods_xxx_3
```

相关程序脚本的开发可以借助Hue来完成，但缺点是不能直接进行代码的协同开发、版本和分支管理；也可以结合GitLab来实现，但是过程会稍显烦琐，如图4.58所示。

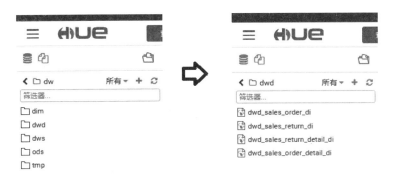

图4.58　Hue管理脚本

2. 调度管理

在开发测试完数据脚本后，我们可以借助Oozie这个工作流引擎完成任务的日常调度。首先建立4个子工作流和一个总工作流，如下所示。

ods_workflow：本书前面的案例中已经完成了从业务系统实时采集数据至HDFS，这里只需要定时从HDFS导入数据至ODS表中。

dim_workflow：从ODS层清洗转换数据到维度表。

dwd_workflow：从ODS层清洗转换数据到DWD层，如图4.59所示。

dws_workflow：从DWD层汇总计算数据到DWS层。

total_workflow：负责组装4个子工作流，如图4.60所示。

完成工作流的设置后，就可以通过Oozie引擎的Coordinator对工作流进行调度了，如图4.61所示。如果涉及多个Coordinator，可以进一步使用Oozie的Bundle进行管理。

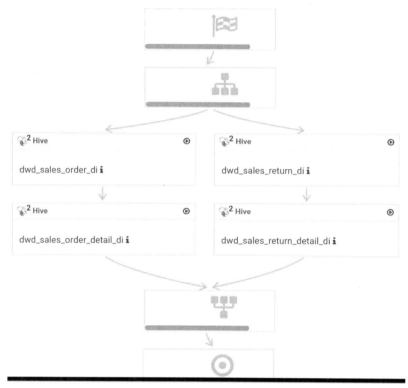

图4.59　dwd_workflow示意

图4.60　total_workflow示意

第 4 章 数据仓库设计

图4.61 Coordinator配置

4.3.6 对实时数仓的展望

通过Hive实现离线数仓这项技术已有很高的成熟度和稳定性，开发起来很快，同时监控工具也做得比较完善，出现问题能及时发现、及时处理。随着准实时性分析场景的出现，我们也可以通过小时级、分钟级的批处理任务调度，支撑准实时的分析需求。但随着互联网业务的发展及以Flink/Spark为代表的新一代实时计算框架的出现，很多公司已经不再满足于做离线数据开发或准实时的数据开发。面向实时数据流进行数仓设计与开发，成了很多公司继离线数仓之后的发展重点，如图4.62所示。

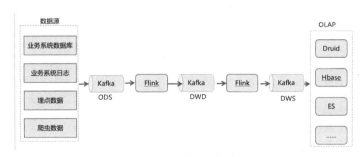

图4.62 第一代实时数仓架构

但随着实时数仓的推进，我们发现纯实时的数据仓库存在一些缺点。

- 实时数据的重复、乱序及丢失造成基于实时数仓统计出来的指标很难完全准确，相当于通过牺牲结果的准确度来换取低延迟。

- 对于一些复杂的计算场景，需要用到历史数据，但Kafka中很难存储大量的历史数据。

于是出现了经典的Lambda架构，双路生产，同时进行离线批处理计算与实时流处理计算，如图4.63所示。例如，计算最近7天的PV值，可以从离线计算中获取前6天的PV值，从实时计算中获取当天的PV值，那么这个结果中前6天的数据通过离线计算可以保证准确度，而当天的数据在牺牲一定的准确度的情况下，可以保证整个结果的时效性。

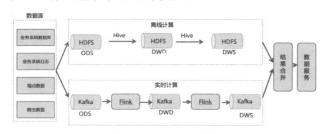

图4.63　Lambda架构

但是Lambda架构也有明显的缺点。

- 使用两套大数据引擎维护两个复杂的大数据系统，成本非常高。
- 一套代码需要维护两遍，不仅语法不通，处理数据的思路也不同，很容易出错，造成同一个指标有两个结果。

因此当前的实时数仓发展趋势是基于流批一体的架构实现实时离线数仓一体化，如阿里云基于Flink+Hologres方案。这种架构的核心是要实现离线与实时计算，统一元数据、统一计算引擎、统一数据存储，如图4.64所示。

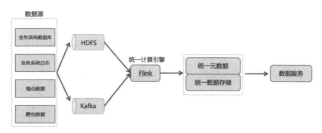

图4.64　流批一体

4.4　小结

本章介绍了如何通过开源技术搭建一个大数据平台，提供大数据计算引擎与工作流调度引擎；介绍了数据实时采集的两种经典技术方案及各自的优缺点；然后介绍了维度模型建模的概念、架构、规范，并以销售场景为例，演示了整个数据仓库的设计过程。最后跳出离线数仓，介绍了实时数据仓库技术，并回顾了业界实时数仓的发展与现状。

第 5 章
智能风控设计

产业链金融平台作为一个助贷平台,很大程度上是为银行等金融机构引流,贷款的审批本质上还是依赖金融机构的风控。那么,产业链金融平台是否还有必要建设自己的风控模型呢?笔者给出的答案是肯定的。

一方面,通过产业链金融平台的风控过滤、筛选,能够提升最终引流到金融机构的客户质量,降低金融机构的信贷风险;另一方面,金融机构对于传统行业的业务理解肯定无法与核心企业自己相比,通过产业链金融平台的风控建设,能在业务数据的特征化这一基础层面与金融机构共享经验,大幅减少金融机构的学习成本,提升风控模型的效率与效果。此外,核心企业本身沉淀了大量的业务数据与客户行为数据,通过自主研发打造智能风控的核心能力,可以帮助自身完成数字化转型,并将风控能力用于合作签约、应收应付管理等日常事务中,改变完全依靠一线业务人员定性判断的传统方式,提升日常运营的效率与效果。

本章将结合实际案例,讲解以下知识点。

- 风控的基本逻辑是什么。
- 如何进行风控的技术选型。
- 如何将原始数据转换为可供模型训练使用的特征变量。
- 如何实施产业链金融的模型开发。

5.1 风控概述

在实施风控之前,我们需要先了解风控的基本逻辑与流程,有针对性地进行技术选型与工具平台的搭建。

5.1.1 基本逻辑

在进行风控之前,我们需要对客户和业务有深刻的了解,甚至需要比客户自己还要了解客户。我们需要结合业务经验、交易数据分析及一线人员的现场尽调来全方位地认识并理解客户的借贷需求。

1. 客户为什么需要钱?

以下游销售场景为例,我们的客户分为两类:养殖生产型客户与经销商型客户。养殖生产型客户可能需要购买大量材料,也可能需要升级厂房设备;而经销商型客户可能需要在销售旺季到来之前大量存货。相关资金需求逻辑如图5.1所示。

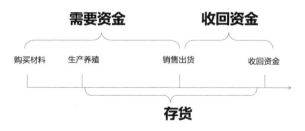

图5.1 资金需求逻辑

2. 客户什么时候需要钱?

对于养殖生产型客户,在一个养殖生产周期之初需要大量的资金,用于采购幼苗、饲料、药品等物资;而对于经销商型客户,在一个销售周期到来之前需要准备大量的周转资金,用于大量地采购货物、囤积货物。此外,对于不同商品,生产销售周期不一样,资金需求随时间的周期性变化也不一样,如图5.2所示。

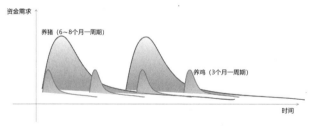

图5.2 资金需求变化举例

3. 客户什么时候能还钱？

不同于消费金融，产业链金融的核心企业知道客户的生产/销售周期，因此可以判断客户什么时候可以回收资金并用于偿还贷款，如图5.3所示。

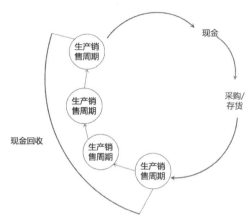

图5.3　客户资金使用流程示例

所以，核心企业在与金融机构共同设计金融产品时，可以做到既保证客户的生产/销售资金需求，又能制定合适的还款期限，降低金融风险，如图5.4所示。

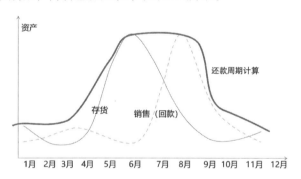

图5.4　客户还款周期计算示例

4. 客户怎么还钱？

一般来说，客户在生产/销售周期的后半段，资金回笼后就有本钱偿还贷款。而核心企业与金融机构要做的，就是监控客户的生产/销售情况。

对于经销商型客户，即使销售情况不理想，货物也还在。历史合作时间较长、信用较好的经销商型客户，风险相对较小。而对于历史合作时间较短，信用评估一般的客户，可结合仓储质押的方式，保证贷款的安全性。

对于养殖生产型客户，可能会存在禽疫、猪瘟之类的意外事件，导致客户损失惨重而无法偿还贷款。所以一般申请贷款时可以要求客户购买生物资产保险及个人人身意外险等保险。如果核心企业与保险公司有合作，也可以在客户在线申请融资服务时提供相关保险。

5.1.2 技术选型

在信贷领域进行风控，主要依靠两类模型：信用评分卡模型与反欺诈模型。信用评分卡模型会对借款人的还款能力和还款意愿进行评估，关注的是信用风险。而反欺诈模型会对借款人的目的是否正当进行判断，关注的是欺诈风险。考虑到产业链金融中的信贷客户都是核心企业上下游有交易往来的客户，进行欺诈的难度与成本相对于传统金融信贷领域来说会大很多，因此本书主要针对信用评分卡模型在产业链金融中的应用展开介绍。

智能风控区别于传统的人工信审，基于大数据场景下的机器学习，针对大量融资申请进行实时的自动授信。技术选型大致有基于公有云商业化产品、私有云商业化产品及开源项目三种思路。

阿里云PAI平台就是公有云AI平台的典型，它是集数据处理、特征工程、统计分析、模型开发等于一体的一站式机器学习平台。该平台集成了部分常用的机器学习算法，如GBDT、逻辑回归等算法，在使用时只需要拖曳相关组件即可，提供了可视化的建模体验，如图5.5所示。

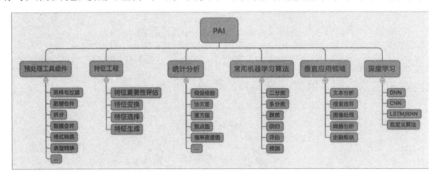

图5.5　阿里云PAI平台

而SAS公司新一代的Viya平台，则是私有云模式中的机器学习平台的典范。SAS Viya整个体系采用分布式架构，基于云部署的弹性配置、高性能计算能力和统一的开放能力，显著提升了对海量数据的分析性能。在SAS Viya上搭建的RM（Risk Modeling）、SID（SAS Intelligent Decision）和MM（Model Manager）分别是面向风险建模、决策引擎和模型管理的解决方案，整体上可以满足产业链金融平台数据管理、建模、策略管理、模型管理和监控报表的需求，如图5.6所示。

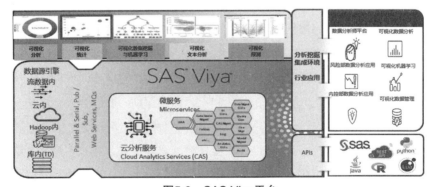

图5.6　SAS Viya平台

除了以上商业化的软件，还有许多开源的机器学习工具与平台，如Python、Spark与Flink都提供了机器学习算法库。本书基于介绍与演示的目的，采用Python的机器学习算法库Sklearn来进行信用模型的开发。Sklearn是基于Python语言的机器学习工具包，是目前做机器学习项目当之无愧的第一工具。Sklearn自带大量的数据集，可供我们练习各种机器学习算法。Sklearn集成了数据预处理、数据特征选择、数据特征降维、分类/回归/聚类模型、模型评估等非常全面的算法。

另外，在信用模型开发的过程中还会涉及策略的制订，所以规则引擎是必不可少的组件。在开源软件中，可以使用Drools作为规则引擎。Drools是一个基于Charles Forgy's的RETE算法的开源业务规则引擎，易于访问企业策略、调整及管理，符合行业标准，速度快、效率高。业务人员也可以利用它轻松查看业务规则，从而检验已编码的规则是否执行了所需的业务规则。

5.1.3 工具准备

1. Jupyter Notebook

说到Python，就不得不提Jupyter Notebook。Jupyter Notebook源自Fernando Perez发起的IPython项目，本质是一个Web应用程序，便于创建和共享程序文档，支持实时代码、数学方程、可视化和markdown。其用途包括数据清理和转换、数值模拟、统计建模、机器学习等，其架构如图5.7所示。

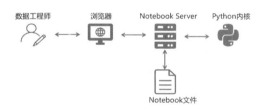

图5.7 Jupyter Notebook架构

接下来我们准备好一台Centos7的服务器，使用Anaconda3（一个开源的Python发行版本，包括numpy、pandas等安装好的Python工具包）来安装Jupyter Notebook及使用Python进行模型开发。

首先，从Anaconda官网下载Anaconda Linux 64Bit版本的命令行安装包，并进行安装。

```
wget https://repo.anaconda.com/archive/Anaconda3-2021.11-Linux-x86_64.sh
chmod +x Anaconda3-2020.02-Linux-x86_64.sh
sh Anaconda3-2021.11-Linux-x86_64.sh
```

安装开始前会出现终端用户许可协议及安装位置确认，在命令行中输入"yes"表示同意，并按Enter键确认安装位置，如图5.8、图5.9所示。

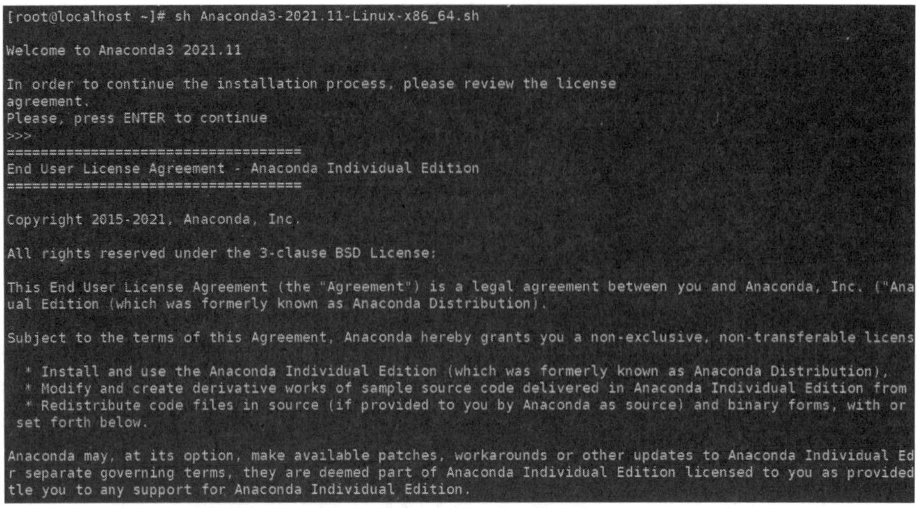

图5.8 终端用户许可协议确认

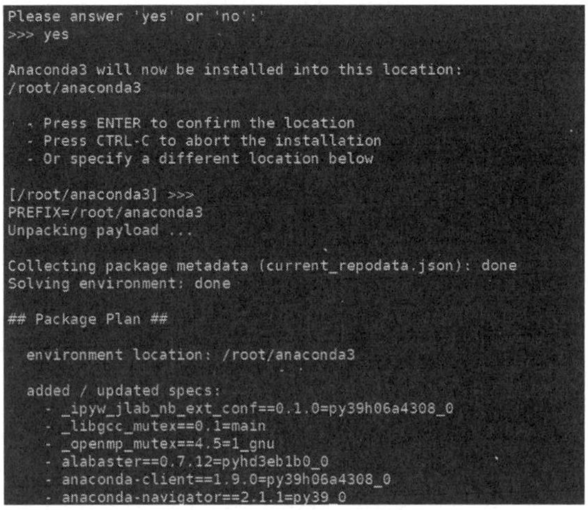

图5.9 安装位置确认

安装完成后，需要修改环境变量。

1. 打开环境变量配置文件： vim ~/.bashrc
2. 在配置文件中加入 export PATH="/root/anaconda3/bin:$PATH"，如下所示

```
# .bashrc
# User specific aliases and functions

alias rm='rm -i'
alias cp='cp -i'
alias mv='mv -i'

# Source global definitions
if [ -f /etc/bashrc ]; then
```

```
. /etc/bashrc
fi
export PATH="/root/anaconda3/bin:$PATH"

3.刷新配置: source  ~/.bashrc

4.验证安装配置成功
conda -V
conda 4.11.0
```

完成Anaconda3的安装后,可通过conda命令快速安装Jupyter Notebook及使用Python进行模型开发。

```
conda install numpy scipy pandas scikit-learn jupyter matplotlib sea-
born plotly notebook
conda install -c conda-forge imbalanced-learn scikit-learn
```

接下来需要设置Jupyter Notebook可远程访问。

```
1.生成配置文件
jupyter notebook --generate-config
2.编辑配置文件
vim ~/.jupyter/jupyter_notebook_config.py
3.在配置文件中加入如下配置
c.NotebookApp.open_browser = False   # 不需要自动打开火狐浏览器
c.NotebookApp.port = 8888
c.NotebookApp.ip = '*'   # 设置所有IP都可以访问
c.NotebookApp.notebook_dir = '/home/code/python_jupyter'   # 设置默认打开的
                                                             目录
c.NotebookApp.allow_remote_access = True
c.NotebookApp.token = ''    # 设置免密登录
```

配置完成后,在命令行中输入"jupyter notebook"命令即可启动Jupyter Notebook。通过计算机上的浏览器远程连接jupyter notebook: http://ip:8888,如图5.10所示。

图5.10 Jupyter Notebook访问页面

2. Drools

对于数据工程师，使用Drools前建议安装Drools Workbench。Workbench是KIE组件中的元素，也称为KIE-WB，是Drools-WB与JBPM-WB的结合体，它是一个可视化的规则编辑器。使用WorkBench可以在浏览器中创建数据对象、创建规则文件、创建测试场景并将规则部署到maven仓库供其他应用使用。

基于tomcat的war包安装较为麻烦，所以我们在Centos7中基于docker安装WorkBench。

首先通过docker search搜索Drools，如图5.11所示。

```
docker search drools
```

图5.11 搜索Drools镜像

图5.11中，排第一的就是drools-workbench-showcase，排第二的drools-workbench也是Drools官方发布的镜像。二者的不同之处在于，drools-workbench-showcase是官方配置好的drools-workbench，用户不用自己注册，直接使用配好的账号登录即可；而drools-workbench需要手动注册账号。接下来基于drools-workbench-showcase进行安装。

拉取镜像并创建、启动容器。

```
docker pull jboss/drools-workbench-showcase
docker run -p 8080:8080 -p 8001:8001 -d --name drools-workbench-showcase  docker.io/jboss/drools-workbench-showcase:latest
```

启动成功后，我们可以通过http://ip:8080/business-central访问Workbench，如图5.12所示。

图5.12 Workbench登录页面

默认的用户账号、密码与角色信息如下。

```
USER          PASSWORD       ROLE
******************************************
admin         admin          admin,analyst,kiemgmt
krisv         krisv          admin,analyst
john          john           analyst,Accounting,PM
sales-rep     sales-rep      analyst,sales
katy          katy           analyst,HR
jack          jack           analyst,IT
```

使用admin账号登录后进入Workbench主页面，如图5.13所示。

图5.13　Workbench主页面

5.1.4　风控流程

信用评分卡是常见的金融风控手段之一，它根据客户的各类基础信息与行为数据，利用信用卡评分模型，对客户进行信用评分，据此决定是否给予客户授信及授信的额度和利率，从而识别和减少金融交易中存在的交易风险。

根据贷款时间点的"前中后"，一般评分卡可以分为以下三类。

- A卡（Application score card）。应用于信贷领域的申请环节，目的在于对申请人进行量化评估，决定是否批准贷款。
- B卡（Behavior score card）。应用于信贷领域的贷后监控环节，目的在于预测在贷款周期结束之前的信用风险，评估未来一定时间内逾期的概率。
- C卡（Collection score card）。目的在于预测已经逾期并进入催收阶段后未来一定时间内客户还款的概率，主要包括回款预测模型（预测逾期后的未来还款数量）、响应率模型（预测客户在不同手段下的还款响应率）及失联率模型（预测客户最终失联的概率）。根据模型结果，实现差异化催收，降低损失。

以A卡为例，我们可以通过信用评分对授信申请实施不同的授信策略，如表5.1所示。根据信用评分对人群进行信用评级，对不同的人群实施不同的授信策略。对于最优质的客户，往往不限于通过授信申请，还会附带一些营销措施，增加客户的忠诚度。

表5.1　信用评分卡分段示例

信用评分	信用评级	人数占比	授信策略
<401	差	9%	拒绝
401~550	差	11.1%	拒绝
551~650	一般	9.5%	人工审核
651~700	一般	10.8%	人工审核
701~750	良	10%	通过
751~800	良	9.8%	通过
801~850	良	10.2%	通过
851~900	良	10.3%	通过
901~950	优	10%	通过+营销策略
>950	优+	9.4%	通过+营销策略

在传统的信贷领域，如信用卡申请，在授信申请时只有客户填写申报的信息，申请成功后才开始积累该客户的行为数据。而在产业链金融场景中，核心企业早已积累了客户的大量历史交易数据与行为数据，因此考虑把A卡与B卡的开发过程在一定程度上复用，用相同的数据特征及样本计算客户统一的信用分，如图5.14所示。当然，如果客户是分期还款，可以把还款的行为数据用于B卡的开发中。

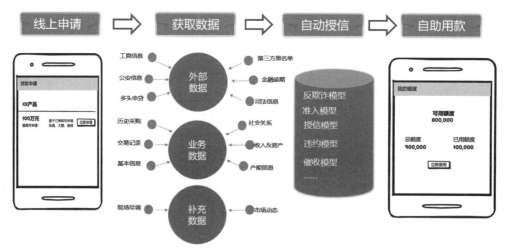

图5.14　产业链金融授信过程

产业链金融平台的风控开发流程如图5.15所示，主要包含以下几个阶段。

- 特征工程：包括特征数据的获取、清洗、处理，最后筛选出用于模型开发的特征。
- 模型开发：本案例中使用逻辑回归算法实现信用评分卡模型，然后再生成信用评分卡。
- 模型部署：通过Python实现的模型，最终也需要部署到生产系统中。

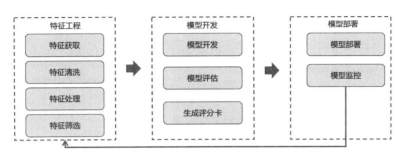

图5.15 风控开发流程

5.1.5 冷启动问题

在建设产业链金融平台之初，遇到的第一个问题是缺少好、坏样本客户。一方面，银行等金融机构出于对信息安全的考虑，不会向核心企业提供当前上下游客户在银行的逾期信息；另一方面，金融机构在农牧等传统行业的金融数据积累本身就比较少，其自身也同样面临样本不足的问题。巧妇难为无米之炊，如果没有足够的数据支撑，所有的模型、策略都只是空中楼阁，这种困境被人们称为风控系统的冷启动问题。

业界通常通过迁移学习算法来解决冷启动的问题。迁移学习的基本思路就是利用预训练模型，即已经通过现成的数据集训练好的模型，在其中找到能够输出可复用特征的层次，然后利用该层次的输出值作为输入特征来训练那些需要参数较少的、规模更小的神经网络。该模型是从其他数据源训练得到的模型，经过一定的修改和完善，在类似的领域进行复用，从而缓解数据源不足引起的问题。

就像一个人如果已经会打乒乓球，就可以类比着学习打网球；如果已经会下中国象棋，就可以类比着学习下国际象棋，因为这些活动之间往往有着极高的相似性。生活中常说的"举一反三""照猫画虎"就很好地体现了迁移学习的思想。

但是，在产业链金融场景中，迁移学习算法却存在一些问题。首先，大多传统企业刚谋求数字化转型不久，还不具备太多机器学习的成果与经验，很难有可参考借鉴的模型。其次，迁移学习算法本身有一定的门槛，如果团队本身没有类似的经验，很可能"画虎不成反类犬"。

那有没有简单实用的办法，来度过这一段缺少标注样本的阶段呢？当然有，这一点我们可以学习金融机构早期的信贷审批模式。如图5.16所示，依靠业务人员的经验，不依赖标注样本，构建一个简易版的信用评分卡，快速用于申请人1与申请人2的贷款审批。这样的实现方式不仅简单，还有极强的业务解释性，非常适合风控建设的早期作为过渡方案。产业链金融中，可从忠诚性、稳定性、可靠性、增长性、贡献性、客户经营能力6方面构建特征，进而实现简易版的信用评分卡模型。积累足够的标注样本后，就可以进一步通过机器学习建模，这里就不展开介绍了。

特征	特征的值区间	分值
年龄	年龄<18	0
年龄	18≤年龄≤25	120
年龄	25<年龄≤35	150
年龄	35<年龄≤50	180
年龄	年龄>50	150
收入（月）	收入<3000	120
收入（月）	3000≤收入<10000	200
收入（月）	10000≤收入<30000	220
收入（月）	收入≥30000	270
自有商品房	是	220
自有商品房	否	110

申请人1

特征	特征的值区间	分值
年龄	31	150
收入（月）	9000	200
自有商品房	是	220
总评分	570	
同意贷款申请		

申请人2

特征	特征的值区间	分值
年龄	25	120
收入（月）	12000	220
自有商品房	否	110
总评分	450	
拒绝贷款申请		

图5.16　金融机构早期的信用卡评分模型示例

5.2　特征工程

特征工程是指用一系列工程化的方式从原始数据中抽取关键信息，筛选出更好的数据特征，以提升模型的训练效果。特征工程是机器学习中不可或缺的一部分，在机器学习领域中占有非常重要的地位。业内有一句广为流传的话是：数据和特征决定了机器学习的上限，而模型和算法只是在逼近这个上限而已。多数算法最终结果的好坏很大程度上取决于特征工程的优劣。特征工程通常包括特征获取、特征清洗、特征处理、特征筛选等环节。

5.2.1　概念解释

在开始特征工程之前，我们需要先解释几个概念。

1. 观察期与表现期

金融领域中有一个时间窗口概念，一个用户的时间窗口分为观察期和表现期，如图5.17所示。所谓的观察期，即获取特征的历史期间。在观察期中提取客户历史数据，以便进行后续的建模操作。例如，有一个特征为"近12个月逾期一期以上（M1+）的次数"，其观察期即12个月。观察期设定太长，可能无法反映近期状况，设定太短则稳定性不高，因此通常设置为6~24个月，保证有充足的数据用于特征生成。表现期是对好坏标签进行监控的时间窗口，如果在该时间窗口内触发违约定义，就是坏样本，反之就是好样本。如果需要预测客户未来6个月内出现违约的概率，则表现期等于6个月。表现期需要充分暴露风险，其长短因模型和具体场景而异，通常设定为6~12个月。观察期与表现期分隔处是观测点，严格来说，观测点不是一个具体的时间点，而是一个时间段，表示的是客户申请贷款的那个短暂时间段。

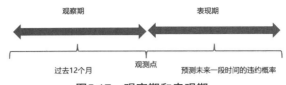

图5.17 观察期和表现期

2. 违约定义

评分模型的任务在于区分好坏客户（Good/Bad）。因此，在建模之前需要定义违约的条件，这些条件不一定只是指逾期。例如，未来一年内出现M3以上逾期、催收等，皆可作为评分模型中的违约条件。

在某些条件下的客户，其风险处于较为模糊的灰色地带，很难将其归类为好客户或坏客户。例如，"表现期内出现一次M0"，此类客户很难判断其好坏。为强化模型的区分能力，这部分处于灰色地带的客户不适合被纳入建模样本之中。不过在模型完成后可将这部分客户加入测试，观察其分数分布，理论上应是中等分数居多。

5.2.2 特征获取

产业链金融场景中的特征主要来自数据仓库的ADS层，包含以下几方面数据。

- 客户的基础档案信息，如姓名、年龄等，具体示例如表5.2所示。
- 该客户与核心企业的历史交易数据。理论上，产业链金融平台是不会向与核心企业无交易历史的客户提供融资服务的，获取的具体特征数据示例如表5.3所示。
- 客户的前端行为埋点数据，如客户页面操作点击数据、客户的终端信息等数据，这类数据对于反欺诈模型非常有用。获取的特征数据示例如表5.4所示。
- 现场尽调数据。产业链金融的核心优势之一，就是核心企业对行业渗透比较广、比较深，一线业务人员往往掌握着对风控极其重要的客户数据，如客户的社会关系、日常爱好、负债情况、经营能力等。获取的特征数据示例如表5.5所示。
- 三方征信数据。市场上有很多种征信数据，这些数据对于评估客户的信用风险比较有帮助，如客户的多头信息、金融逾期信息、司法信息、工商信息等数据。出于对信息安全的考虑，产业链金融平台仅会在客户授权后对此类数据进行查询。获取的特征数据示例如表5.6所示。
- 央行征信数据。在央行升级二代征信系统以后，数据的全面性、实时性都提升了很多，是信贷风控的一把利剑。查询央行征信需要相关金融资质，本书第1章提到的融资担保资质是可以申请接入央行征信系统的。但产业链金融平台每次查询客户征信信息需要特别慎重，一方面，央行对于查询客户的征信监管很重视，日常的审计与审查也很严格；另一方面，产业链金融平台预授信阶段查询了央行征信后，银行等金融机构最终授信时还会再查询一次，过多的查询次数会对客户本人的其他正常金融贷款（如房贷、车贷）造成不良影响。

表5.2 客户档案信息提取示例

序号	特征变量	字典
1	姓名	无
2	年龄	无
3	性别	1.男；2.女
4	婚姻	1.未婚；2.已婚；3.离异；4.丧偶
5	学历	1.博士；2.硕士；3.本科；4.高中；5.其他
6	证件类型	1.身份证；2.其他
7	证件号码	无
8	客户手机号	无
9	客户关联人手机号	无
10	与关联人的关系	1.配偶；2.子女；3.父母；4.其他
11	合作期限	无

表5.3 交易数据提取示例

序号	特征变量
1	过去3个月销售金额
2	过去3个月销售笔数
3	过去3个月退货金额
4	过去3个月退货笔数
5	过去3个月退货率
6	过去3个月销售金额环比
7	过去3个月销售笔数环比
8	过去3个月有交易月数
9	过去3个月每笔订单平均金额

表5.4 埋点数据提取示例

序号	特征变量
1	过去1天内同一设备登录的手机号数量
2	过去1天内同一手机号登录的设备数量
3	过去3天内同一IP登录的手机号数量
4	过去3天内同一IP登录的设备数量
5	用户前端操作的平均时间间隔
6	过去1天内登录失败次数
7	过去1天内人脸验证失败次数
……	……

表5.5 现场尽调信息提取示例

序号	特征变量
1	厂房面积
2	从业人数
3	年营业收入
4	同时合作的核心企业数量
……	……

表5.6 三方征信数据提取示例

序号	特征变量
1	是否命中第三方黑名单
2	是否命中近6个月逾期（M1及以上）
3	是否命中近6个月司法涉诉事件
4	是否命中近3个月多头
5	是否命中近12个月行政处罚（企业客户）
6	是否命中近12个月经营异常（企业客户）
7	是否命中近12个月股权冻结（企业客户）
……	……

产业链金融场景中，为了使用机器学习的相关模型，建议准备至少2000条客户样本数据。为了让机器学习的效果更好，一般要求好、坏客户的比例为1∶1。但信贷场景样本的不均衡问题非常严重，能找到比例为4∶1甚至5∶1的好坏客户样本就不错了。

观察期需要覆盖产业链中各业态的生产周期，通常定义为1年；而表现期通常定义为6个月。

本书根据演示需要，以Lending Club的公开数据集为例，介绍后续的特征工程与模型开发。下载数据后，我们将数据集所在的文件上传至Jupyter Notebook，如图5.18所示。为了缩短模型训练时间，我们仅从数据集中抽取部分数据，包含144个字段共计11567行数据。附带的Excel文件中记录了每个字段的英文释义，如表5.7所示，其中部分关键字段的中文描述如表5.8所示。

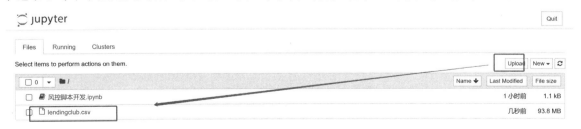

图5.18 数据集上传示例

表5.7 字段及其注释（英文版）

Field	Description
acc_now_delinq	The number of accounts on which the borrower is now delinquent
acc_open_past_24mths	Number of trades opened in past 24 months
addr_state	The state provided by the borrower in the loan application
all_util	Balance to credit limit on all trades
annual_inc	The self-reported annual income provided by the borrower during registration
annual_inc_joint	The combined self-reported annual income provided by the co-borrowers during registration
application_type	Indicates whether the loan is an individual application or a joint application with two cc-borrowers
avg_cur_bal	Average current balance of all accounts
bc_open_to_buy	Total open to buy on revolving bankcards
bc_util	Ratio of total current balance to high credit/credit limit for all bankcard accounts
chargeoff_within_12_mths	Number of charge-offs within 12 months
collection_recovery_fee	post charge off collection fee
collections_12_mths_ex_med	Number of collections in 12 months excluding medical collections
delinq_2yrs	The number of 30+ days past-due incidences of delinquency in the borrower's credit file for the past 2 years
delinq_amnt	The past-due amount owed for the accounts on which the borrower is now delinquent
desc	Loan description provided by the borrower
dti	A ratio calculated using the borrower's total monthly debt payments on the total debt obligations, excluding mortgage and the requested LC loan, divided by the borrower's self-reported monthly income.
dti_joint	A ratio calculated using the co-borrowers' total monthly payments on the total debt obligations, excluding mortgages and the requested LC loan, divided by the co-borrowers' combined self-reported monthly income
earliest_cr_line	The month the borrower's earliest reported credit line was opened
emp_length	Employment length in years. Possible values are between 0 and 10 where 0 means less than one year and 10 means ten or more years.
emp_title	The job title supplied by the Borrower when applying for the loan.
fico_range_high	The upper boundary range the borrower's FICO at loan origination belongs to.
fico_range_low	The lower boundary range the borrower's FICO at loan origination belongs to.
funded_amnt	The total amount committed to that loan at that point in time.
funded_amnt_inv	The total amount committed by investors for that loan at that point in time.
grade	LC assigned loan grade

表5.8 部分字段及其注释（中文版）

字段	类型	含义
loan_status	字符	目标变量：贷款状态。Current：正常还款；Fully Paid：结清；In Grace Period：处于逾期宽限期；Default：违约；Late（16~30 days）：逾期16~30天；Late（31~120 Days）：逾期31~120天；Chaged off：坏账
loan_amnt	数值	申请贷款金额
int_rate	字符	贷款利率
grade	字符	评级
emp_length	字符	工作年限
home_ownership	字符	住房状态。MORTGAGE：按揭；RENT：租赁；OWN：自有；OTHER：其他；NONE：没有；ANY：没有
annual_inc	数值	年收入（不确定是否核实）
verification_status	字符	年收入是否核实
purpose	字符	贷款目的
dti	数值	负债率
delinq_2yrs	数值	过去2年逾期30天以上次数
open_acc	字符	借款信用账户数
pub_rec	字符	公共事业负面记录次数
revol_bal	字符	尚未结清贷款
revol_util	数值	信用账户使用率
total_acc	数值	总账户数
open_il_12m	数值	过去12个月开分期账户数目
open_il_24m	数值	过去24个月开分期账户数目
mths_since_rcnt_il	数值	分期账户开户月份数
all_util	数值	总负债金额
inq_fi	数值	个人征信查询次数
inq_last_12m	数值	过去12个月征信查询次数
inq_last_6mths	数值	过去6个月征信查询次数
emp_title	数值	职务
acc_open_past_24mths	数值	过去24个月的交易次数
……	……	……

5.2.3 特征清洗

特征清洗主要是对数据进行重新审查、校验与规整化，删除重复信息，纠正现有错误并提供数据一致性，目的是得到一份适合机器学习的数据集。特征清洗主要涉及异常值、缺失值的清洗。

1. 异常值清洗

异常值是数据分布的常态，处于特定合理区域范围之外的数据通常被定义为异常值。异常分为两种，一种是"伪异常"，由真实的业务运营动作而产生，是业务运营状态的正常反映，而不是数据本身出了问题；另一种是"真异常"，是数据本身异常。异常值通常会前移到数据仓库建设阶段进行解决。

2. 缺失值清洗

一般情况下，我们获取的数据或多或少都存在缺失的情况，大部分机器学习模型并不能自动处理含有缺失值的数据。所以在开始训练模型前，对各特征的缺失值处理成了必不可少的步骤。常用的处理手段如下。

- 直接删除缺失特征。当该特征的缺失比例较大（如超过50%）时，可以考虑直接删除该特征列。当数据样本量比较大而缺失不太严重时，可以考虑直接删除含有缺失值的行。直接删除的好处是可以降低数据中的噪声，毕竟对一个缺失比例较大的特征很难有效地填充缺失值。

```
# 删除缺失严重的特征列
data_new=data.dropna(thresh=haf_count,axis=1)
# 删除含有缺失值的行
data_new=data.dropna(thresh=haf_count,axis=0)
```

- 固定值填充。这是一种很简单的方式，如直接用"0"填充缺失值。但当缺失比较严重时，用固定值填充会给数据带来很大的噪声，很容易造成模型过拟合。

```
# 固定值填充
data_new=data.fillna(0)
```

- 均值/中位数/众数填充。使用均值/中位数/众数填充是固定值填充的一种优化方案。相比固定值，特征的均值/中位数/众数可能更接近实际情况，因为大部分数据的分布是服从正态分布的，而缺失值也有较大的概率处于正态分布的中间部分。
- 相邻值填充。使用相邻值填充也是固定值填充的一种优化方案，如使用缺失值前或后的一个值进行填充。

```
# 使用前一个值填充缺失值
data_new=data.fillna(method='ffill')
# 使用后一个值填充缺失值
data_new=data.fillna(method='bfill')
```

- 预测填充。预测填充指通过机器学习来填充缺失值，比较典型的就是聚类填充与回归填充。聚类填充（KNN）是指先计算离缺失数据样本最近的K个样本，将这K个值加权平均来评估该样本的缺失数据。KNN既可以预测离散变量（K近邻中最常见的值），也可以预测连续变量（K近邻的均值）。回归填充是指基于完整的数据集，使用回归算法预测缺失值。对于包含空值的对象，将已知属性值代入回归模型来估计缺失值，当变量不是线性相关时，会导致估计有偏差。选择预测填充要慎重，其工作量较大，面对大量数据时效率非常低，还容易出现过拟合的情况。除非是特别重要、有价值的变量特征，否则不建议采取该方式填充。

当然，部分场景下，缺失值是有意义的，如申请信用卡时，超高收入群体往往不愿意填写收入数据。这时可以用固定值填充，后续再进行数据离散化，将缺失值单独归为一类。

3. 实例演示

接下来我们基于公开数据集Lending Club演示数据清洗过程。打开Jupyter Notebook，使用Python导入数据。如图5.19所示，数据中存在不少缺失值。

```
from sklearn.linear_model import LogisticRegression
from sklearn.model_selection import GridSearchCV
from sklearn.model_selection import train_test_split
from sklearn.model_selection import cross_val_score
from sklearn.metrics import roc_curve, auc,confusion_matrix,recall_score, precision_score,accuracy_score
import matplotlib.pyplot as plt
import pandas as pd
import numpy as np
import imblearn
from imblearn.over_sampling import SMOTE
import scipy
import seaborn as sns
from scipy import stats as ss
from sklearn.metrics import classification_report

data=pd.read_csv('lendingclub.csv', header=1, low_memory=False)
```

	id	member_id	loan_amnt	funded_amnt	funded_amnt_inv	term	int_rate	installment	grade	sub_grade	...	orig_projected_additional_accru...
0	NaN	NaN	20000.0	20000.0	20000.0	60 months	17.19%	499.10	C	C5	...	
1	NaN	NaN	21225.0	21225.0	21225.0	60 months	14.74%	502.05	C	C2	...	
2	NaN	NaN	5000.0	5000.0	5000.0	36 months	17.97%	180.69	D	D1	...	
3	NaN	NaN	20000.0	20000.0	20000.0	36 months	8.19%	628.49	A	A4	...	
4	NaN	NaN	13500.0	13500.0	13500.0	36 months	7.56%	420.31	A	A3	...	
...	...	...	...	...	...	...	...	...	...	...	...	
115672	NaN	NaN	16000.0	16000.0	16000.0	36 months	16.14%	563.62	C	C4	...	
115673	NaN	NaN	16000.0	16000.0	16000.0	60 months	11.31%	350.36	B	B3	...	
115674	NaN	NaN	29250.0	29250.0	29250.0	60 months	18.94%	757.80	D	D2	...	
115675	Total amount funded in policy code 1: 1928448350	NaN	NaN	NaN	NaN	NaN	NaN	NaN	NaN	NaN	...	
115676	Total amount funded in policy code 2: 745312860	NaN	NaN	NaN	NaN	NaN	NaN	NaN	NaN	NaN	...	

115677 rows × 144 columns

图5.19 导入数据概况

首先我们来看看目标变量loan_status的情况，如下所示。

```
data.loan_status.value_counts()
=================================
Current                  110918      # 正常还款
Fully Paid                 3608      # 结清
Late (31-120 days)          468      # 逾期31~120天
In Grace Period             327      # 处于逾期宽限期
Late (16-30 days)           256      # 逾期16~30天
Charged Off                  98      # 坏账
Name: loan_status, dtype: int64
```

基于以上数据分析，对好坏客户样本做如下定义。

- 好客户：loan_status中取值为Current、Fully Paid的样本。
- 坏客户：逾期15天以上的样本，即变量loan_status中取值为Late (16-30 days)、Late (31-120 days)、Charged Off的样本。
- 不确定样本，即截止到建模阶段逾期天数不足15天的样本。loan_status中取值为In Grace Period的样本。

```
# 好客户用0标注，坏客户用1标注，不确定样本用2标注
data.loan_status.replace(['Fully Paid', 'Charged Off','Current','Late 
(31-120 days)','Late (16-30 days)','In Grace Period'] ,[0,1,0,1,1,2],
inplace = True)

# 删除不确定样本
data=data.drop(data[data.loan_status==2].index)
data.loan_status.value_counts()
=================================
0    114526
1       822
Name: loan_status, dtype: int64
```

接下来删除与贷前审批无关的贷后数据，避免"提前泄密"，干扰模型训练，具体字段如表5.9所示。再删除缺失值超过50%的列与行，这类数据对模型训练没有用，反而会增加缺失值填充的工作量。删除完成后，还剩下115675行、84列数据。

```
#1.删除贷后信息的特征列
var_del = [ 'collection_recovery_fee','initial_list_status','last_cred-
it_pull_d','last_pymnt_amnt',         'last_pymnt_d','next_pymnt_d','out_
prncp','out_prncp_inv','recoveries','total_pymnt','total_pymnt_
inv','total_rec_int','total_rec_late_fee','total_rec_
prncp','grade','sub_grade','int_rate','issue_d']
data = data.drop(var_del, axis=1)

#2.删除超过一半记录缺失的特征列
haf_rows=data.shape[0]/2
```

```
data =data.dropna(thresh=haf_rows,axis=1)

#3.删除超过一半特征都是缺失值的行
haf_cols=data.shape[1]/2
data =data.dropna(thresh=haf_cols,axis=0)
```

表5.9 待删除的贷后数据

字段	含义
collection_recovery_fee	收取手续费
initial_list_status	贷款初始状态
last_credit_pull_d	撤回这笔贷款信用证的最近月份
last_pymnt_amnt	最近一次收到的还款
last_pymnt_d	上次还款日期
next_pymnt_d	下次还款日期
out_prncp	剩余未还本金
out_prncp_inv	剩余未还利息
recoveries	扣除费用后的总回收率
total_pymnt	已还金额
total_pymnt_inv	已还利息
total_rec_int	至今已收到的利息
total_rec_late_fee	至今已收到的逾期罚息
total_rec_prncp	已还本金
grade	已有的评级
sub_grade	已有的细分评级
int_rate	实际贷款利率
issue_d	贷款发放时间

对于一些明显与模型关系不大，或者无法用于模型训练的变量，我们也提前进行删除，如表5.10所示。

```
# 删除无关变量
var_del = ['earliest_cr_line','zip_code','addr_state','emp_title']
data = data.drop(var_del, axis=1)
```

表5.10 无意义特征变量

字段	含义
earliest_cr_line	借款人最早报出授信额度的月份，与模型关系不大
zip_code	邮政编码前3位，与模型关系不大
addr_state	地址信息，与模型关系不大
emp_title	工作职位，有超过3万个分类，无法应用于模型训练

然后删除唯一值特征变量，如果变量的取值只有一种，则该类变量对目标变量没有任何预测能力，需要删除该变量。执行如下代码后，还剩下73列数据。

```
import copy  # 数据复制
def unique_del(data,target):
    del_list = []
    df=copy.copy(data)
    cols_name = list(df.columns)
    for col in cols_name:
        if target==col:  # 直接略过目标变量
            continue;
        uniq_vals = list(df[col].unique())
        if pd.isnull(uniq_vals).any():
            if len(uniq_vals) == 2:
                del_list.append(col)
                print("{} 变量只有一种取值，已被删除 ".format(col))
        elif len(df[col].unique())==1:
            del_list.append(col)
            print("{} 变量只有一种取值，已被删除 ".format(col))
    df = df.drop(del_list, axis=1)
    return df, del_list

data, dele_list = unique_del(data, "loan_status")  # 调用函数，执行删除
===================================
pymnt_plan 变量只有一种取值，已被删除
policy_code 变量只有一种取值，已被删除
acc_now_delinq 变量只有一种取值，已被删除
num_tl_120dpd_2m 变量只有一种取值，已被删除
num_tl_30dpd 变量只有一种取值，已被删除
tax_liens 变量只有一种取值，已被删除
hardship_flag 变量只有一种取值，已被删除
```

还有一种情况是箱体比例超标变量，即单值占总数比例过高的特征变量。如果比例超过90%，就执行删除操作。操作结束后，还剩下68列数据。

```
def pctlimit_del(data,target,pctlimit):
    del_list = []
    df=copy.copy(data)
    cols_name = list(df.columns)
    for col in cols_name:
        if target==col:  # 直接略过目标变量
            continue;
        if df[col].value_counts(normalize = True).max() >= pctlimit:
            del_list.append(col)
            print("{} 变量值分布严重不均匀，已被删除 ".format(col))
    df = df.drop(del_list, axis=1)
    return df, del_list
data1, dele_list = pctlimit_del(data, "loan_status",0.9)  # 删除单值占比超过
90%的特征变量
```

```
====================================
collections_12_mths_ex_med 变量值分布严重不均匀，已被删除
chargeoff_within_12_mths 变量值分布严重不均匀，已被删除
delinq_amnt 变量值分布严重不均匀，已被删除
num_tl_90g_dpd_24m 变量值分布严重不均匀，已被删除
debt_settlement_flag 变量值分布严重不均匀，已被删除
```

经过常规的处理操作后，针对剩下的68列特征变量，计算缺失值比例，并从大到小进行排序，如下所示。有13个特征变量仍然存在缺失值，其中il_util与mths_since_recent_inq缺失值比例超过10%。

```
# 按缺失值比例从大到小排列
null_series=data.isnull().sum(axis=0).sort_values(ascending=False)
null_series[null_series>0]/float(len(data))
====================================
il_util                    0.149686
mths_since_recent_inq      0.124215
emp_length                 0.095918
mths_since_rcnt_il         0.030352
mo_sin_old_il_acct         0.030352
bc_util                    0.011868
percent_bc_gt_75           0.011444
bc_open_to_buy             0.011392
mths_since_recent_bc       0.010828
dti                        0.002219
revol_util                 0.001110
all_util                   0.000208
avg_cur_bal                0.000061
dtype: float64
```

对于以上缺失值，如果是字符变量，用众数填充；如果是数值变量，用平均数填充。

```
# 填充缺失值
for feature in null_series[null_series>0].index:
    # 字符串类型
    if data[feature].dtype=="object":
        data[feature].fillna(data[feature].describe().top,inplace=True)
        print(" 分类型特征，缺失值用众数填充：",feature,data[feature].describe().top)
    else:
        data[feature].fillna(data[feature].mean(),inplace=True)
        print(" 数值型特征，缺失值用均值填充：",feature,data[feature].mean())
====================================
数值型特征，缺失值用均值填充： il_util 67.92646968860934
数值型特征，缺失值用均值填充： mths_since_recent_inq 7.66634329835778
```

```
分类型特征，缺失值用众数填充：  emp_length 10+ years
数值型特征，缺失值用均值填充：  mo_sin_old_il_acct 125.11521095782628
数值型特征，缺失值用均值填充：  mths_since_rcnt_il 20.150169427880485
数值型特征，缺失值用均值填充：  bc_util 49.80418673615279
数值型特征，缺失值用均值填充：  percent_bc_gt_75 32.598026800434816
数值型特征，缺失值用均值填充：  bc_open_to_buy 16319.868013049105
数值型特征，缺失值用均值填充：  mths_since_recent_bc 26.162341475386093
数值型特征，缺失值用均值填充：  dti 20.448061029437007
分类型特征，缺失值用众数填充：  revol_util 0%
数值型特征，缺失值用均值填充：  all_util 54.204484755991835
数值型特征，缺失值用均值填充：  avg_cur_bal 14305.991061287832
```

接下来演示对数据不规范、不干净的变量进行清洗。首先查询字符串变量，再逐个查看数据情况，发现term、revol_util、emp_length需要进行处理。

```
# 查询字符串类型的特征变量
data.dtypes[data.dtypes==object]
================================
term                     object
emp_length               object
home_ownership           object
verification_status      object
purpose                  object
title                    object
revol_util               object
application_type         object
================================
# 去除term结尾的"months"，将其转换为数值型
data.term= data.term.str.replace('months',''). astype('float64')
# 去除revol_util结尾的"%"，将其转换为数值型
data.revol_util = data.revol_util.str.replace('%','').astype('float64')

# 去除emp_length结尾的"years"，将其转换为数值型
data.emp_length = data.emp_length.str.replace('< 1 year','0').re-
place('10+ years','11')
data.emp_length = data.emp_length.str.replace('years','').str.re-
place('year','')
data.emp_length = data.emp_length.astype('float64')
```

最后，将数据集分成3个dataframe进行后续的处理：目标变量、连续值变量、分类变量，方便后续的特征处理。

```
target=data.loan_status
data=data.drop("loan_status", axis=1)
cat_cols=['home_ownership','verification_status','purpose','title',
'application_type']
cat_data=data[cat_cols];
num_data=data.drop(cat_cols, axis=1)
```

5.2.4 特征处理

特征处理主要是指在已完成清洗的基础上对数据进行转换处理，使其达到可以直接被模型使用的程度。特征处理往往与探索性数据分析（Exploratory Data Analysis）相结合。探索性数据分析是利用各种技术手段（如数据可视化）探索数据内部规律的一种数据分析方法和理念。探索性数据分析的目的是尽可能地洞察数据、探索数据的分布与规律、检验基本假设、建立初步的模型。探索性数据分析注重数据的分布，强调数据的可视化，使分析者找到数据中隐藏的规律，从而得到启发，以找到适合数据的模型。

在探索性数据分析过程中，也需要理解与熟悉业务。如果业务人员与分析师协同工作，则效果更佳。例如，在产业链金融中，如果了解销售的淡季、旺季、生产运营周期，知晓客户生产流程及不同客户对应的采购特点，再做探索性数据分析，往往可以达到数据与业务交相印证的效果。

探索性数据分析通常分为以下三个步骤。

- 对数据分类。以单变量为例，通常分为三类：连续变量特征，如收入；无序分类特征，如性别；有序分类特征，如岗位级别。
- 数据可视化。分类变量常用频数图、饼图和条形图来分析；连续变量常用直方图和箱图来分析。此外，往往还会逐一将特征变量与目标变量进行关联分析，通常使用分组条形图、分组直方图等。
- 数据洞察。数据可视化可以帮助我们更好地洞察数据，让我们更直观地发现哪些数据更重要、不同数据之间可能存在的关系、哪些数据会相互影响。探索性数据分析没什么固定的套路，主要依靠对数据处理的经验与直觉。我们在数据清洗过程中查看缺失值的手段，本质上也是在做探索性数据分析。

经过探索性数据分析，对数据规律有一定的掌握后，接下来进行特征处理。特征处理包含单特征处理与多特征处理。

- 单特征处理：连续型（数值）特征变量主要使用归一化、标准化、离散化等方法进行处理，分类特征变量可以采用WOE计算、One-Hot编码等处理方式。
- 多特征处理：主要指特征衍生。

1. 归一化

归一化的目的是实现特征变量的无量纲化。无量纲化的定义是，将不同规格的数据转换为同一规格，或者将不同分布的数据转换为同一分布。如图5.20所示，可以看到"term"与"annual_inc"这两个特征的取值完全不在一个量级上。假设我们使用逻辑回归算法，会直接导致这两个特征的权重参数的量级也不一样，造成两个特征在模型中的重要性出现数量级的差异。如果不把"term"与"annual_inc"两个特征的量纲统一化（无量纲化），那么直接进行模型训练是完全没有意义的。

	loan_amnt	funded_amnt	funded_amnt_inv	term	installment	emp_length	annual_inc	dti	delinq_2yrs	inq_last_6mths	...	num_rev_tl_bal
0	20000.0	20000.0	20000.0	60.0	499.10	6.0	47000.0	14.02	0.0	1.0	...	
1	21225.0	21225.0	21225.0	60.0	502.05	11.0	225000.0	16.80	0.0	2.0	...	
2	5000.0	5000.0	5000.0	36.0	180.69	11.0	62000.0	19.82	1.0	0.0	...	
3	20000.0	20000.0	20000.0	36.0	628.49	1.0	200000.0	22.66	1.0	0.0	...	
4	13500.0	13500.0	13500.0	36.0	420.31	8.0	34860.0	10.91	0.0	1.0	...	
...	...	...	...	...	...	...	...	...	...	...	...	
115670	5000.0	5000.0	5000.0	36.0	169.83	11.0	48000.0	8.28	2.0	0.0	...	
115671	6000.0	6000.0	6000.0	36.0	183.79	0.0	96000.0	0.31	0.0	0.0	...	
115672	16000.0	16000.0	16000.0	36.0	563.62	11.0	32000.0	20.89	0.0	0.0	...	
115673	16000.0	16000.0	16000.0	60.0	350.36	5.0	72000.0	7.02	2.0	0.0	...	
115674	29250.0	29250.0	29250.0	60.0	757.80	7.0	65000.0	29.52	0.0	0.0	...	

图5.20 不同量级的特征取值

特征归一化的公式如下所示，其中x'表示归一化处理的结果，x表示某特征的原始值，x_{min}与x_{max}分别表示特征原始数据集中的最小取值与最大取值。

$$x' = \frac{x - x_{min}}{x_{max} - x_{min}}$$

将特征进行归一化以后，特征的所有取值都会被转换至[0,1]区间，实现无量纲化的效果，然后代入模型训练。

这里需要说明的是，不是所有的模型都需要提前将特征无量纲化，如决策树就不需要。此外，归一化会改变特征取值的分布，需谨慎使用。

```
from sklearn.preprocessing import MinMaxScaler
scaler = MinMaxScaler()
num_data = scaler.fit_transform(num_data)
```

2. 标准化

标准化是另一种无量纲化的手段，公式如下所示。其中x'表示标准化处理的结果，x表示某特征的原始值，μ是某特征的均值，而σ对应特征的标准差。

$$x' = \frac{x - \mu}{\sigma}$$

进行标准化后，特征的原始数据会转换为一个标准的正态分布，当然，前提是原始数据本身的取值分布也服从正态分布。

```
from sklearn.preprocessing import StandardScaler
scaler = StandardScaler()
num_data = scaler.fit_transform(num_data)
```

3. 离散化

离散化是一个很有统计学意味的叫法，在统计学中，离散化是指将连续的属性、特征或变量转换或划分为离散或分类值的过程，也称为分箱（Binning）。

例如，将收入分箱，我们可以把月收入3000元以下的群体定义为低收入群体，3000元至1万元的群体定义为中等收入群体，大于1万元的群体定义为高收入群体。

很多读者可能会问，为什么要把收入这个连续型变量（信息丰富）分箱成一个取值为"高/中/低收入"的分类变量（信息丢失）？分箱到底有什么好处？我们总结为如下几点。

- 提高模型的稳定性与鲁棒性。在损失信息的同时，也减少了噪声数据与异常数据对模型的干扰，数据会变得更加稳定。例如，如果年龄这个特征中突然出现了一个500岁的人，没分箱的话模型会受到极大影响；但分箱后，500岁的人会被放到"60岁以上"这个分类中，不会对模型有影响，所以模型的稳定性与鲁棒性也就提高了。
- 加快模型训练速度。对数据进行离散化后，模型的复杂性降低了，计算速度会比之前快，训练速度也会加快。所以对使用数据集规模大、对运行效率或响应速度有要求及需要部署上线的模型比较合适。
- 便于处理空值与缺失值。分箱的实际操作中，一般会将空值、缺失值单独处理，在分箱操作时将它们作为一个特殊类别，既能很好地处理空值，又能保证其存在被模型训练考虑在内。
- 增强逻辑回归的拟合力。把一个特征分箱后，可以进一步使用One-Hot编码将一个特征拆分成多个特征，每一个特征会产生一个单独的权重，相当于为模型引入非线性，进而提升模型表达能力，增强模型拟合能力。分箱后可以进行特征交叉，由$M+N$个变量变为$M \times N$个变量，进一步引入非线性，提升表达能力。

分箱的实现方式分为有监督分箱与无监督分箱。常用的无监督分箱方法有等频（等深）分箱、等距（等宽）分箱。有监督分箱主要有Best-KS分箱和卡方分箱。

等频分箱指将样本分成多个区间后，每个区间包含数量大致相等的实例。例如，$N=5$，每个区间应该包含大约20%的实例。

```
import pandas as pd
value_freq_bins = pd.qcut(value_list, q=5)
```

等距分箱是一种比较简单的方法，将样本从小到大均分为N等份。如果x_{min}与x_{max}为最小、最大值，则每个区间的长度为$W = \dfrac{x_{max} - x_{min}}{N}$，区间边界值为$x_{min}+W$，$x_{min}+2W$，…，$x_{min}+(N-1)W$。这里只考虑边界，每个区间拆分后的实例数量可能不等。

```
import pandas as pd
value_dis_bins = pd.cut(value_list, bins=5)
```

Best-KS分箱是一个逐步拆分的过程：①将特征值从小到大排序；②计算出KS（Kolmogorov-

Smirnov）最大的值，即为拆分点，然后把数据拆分成两部分；③对拆分点左右的数据分别重复步骤②，进行递归，直到KS的箱体数达到我们的预设阈值即可。KS指标衡量的是好坏样本累计部分之间的差距，常用于对模型风险区分能力进行评估。KS值越大，表示该变量越能将好坏客户区分出来。通常来说，KS>0.2即表示特征有较好的区分度。这里的KS值是变量的KS值，而不是模型的KS值。

卡方分箱是自底部向上的（即基于合并的）数据离散化方法，它依赖于卡方检验：具有最小卡方值的相邻区间合并在一起，直到满足确定的停止准则。卡方分箱的基本思想是精确地离散化，目标变量的频率在一个区间内应当完全一致。因此，如果两个相邻的区间具有非常相似的目标变量分布，则这两个区间可以合并；否则，它们应当保持分开。而低卡方值表明它们具有相似的类分布。

在使用以上具体方法进行分箱时，有以下注意事项。

- 分箱数不宜过多或过少，5~10个区间相对合适。
- 单一区间的占比不应太过极端，建议在5%~80%。
- 连续变量的分箱要考虑整个区间的覆盖。如年龄，可能样本中的最小值为18岁，但实际分箱时要考虑到0~18岁区间的覆盖。
- 相邻分箱区间的目标变量分布差异应该尽可能大。
- 结合目标变量，对分箱后的每个区间求WOE（后续会介绍具体含义）值后，WOE最好是单调变化的。当然，有一些场景中的WOE可能呈抛物线趋势。
- 分箱有时需要结合业务经验。还是以年龄为例，医学上年龄通常分为老年、中年、青年等几个区间，因为这几个区间的人有不同的发病特点与治疗方向。

这里给出卡方分箱的代码实现，如下所示。

```
def Feature_ChiMerge(dfname, feature, target, method = 'MaxNum', maxnum = 5, minchi = 3.84,
                    featuretype = 'N', exclude = [], returntype = 1, printLog = True):
    ''' 使用卡方分割法对变量分箱
    dfname
    feature：需要考虑分箱的自变量名称，允许存在缺失值（不做合并）
    target：分类预测算法的基本术语目标变量名称，且为 0、1 两分类
    method：使用的分箱方法，'MaxNum' 为最大分箱数；'minchi' 为最小卡方值
    maxnum：最大分箱数时希望拆分的箱体数
    minchi：最小卡方分箱时使用的卡方界值
    featuretype：变量类型，'N' 表示数值，'C' 表示类别
    exclude：不考虑进行合并的特殊取值列表
    returntype：返回结果，1 返回转换后的结果集，2 返回结果保留原始数据列
    printLog：是否要求打印输出分箱结果
    返回：数值替换对应df
    '''
    df = copy.copy(dfname[[feature, target]])
```

```python
    for item in exclude:
        if df[df[feature] == item][target].mean() in [0, 1]:
            print('WARN: ', feature, '的数值', item, '组坏样本率为0/1,
需进行合并。')
            exclude.remove(item)

    if len(exclude) > 0:  # 指定不进行合并的特殊取值
        print("WARN: ", feature, "下列取值将不进行合并", exclude)
        df = df[df[feature].apply(lambda x : x not in exclude)]  # 只保留
其余行

    if sum(df[feature].isna()) > 0:  # 变量中存在缺失值
        if df[df[feature].isna()][target].mean() in [0, 1]:
            print("WARN: ", feature, "缺失值组坏样本率为0/1,请手工进行合并
处理!")
            if returntype == 1:
                return []
            elif returntype == 2:
                return dfname[feature]  # 直接返回原始序列
        else:
            print("WARN: ", feature, "存在缺失值,将只对非缺失数据进行合并处
理!")
            exclude.append(np.nan)
            df = df[df[feature].notna()]  # 只保留变量无缺失值的行

    N_levels = len(set(df[feature]))

    if N_levels == 1 or (method == 'MaxNum' and N_levels <= maxnum):
        print(feature, "取值类别太少,无需分箱!")
        if returntype == 1:
            return []
        elif returntype == 2:
            return dfname[feature]  # 直接返回原始序列

    df['anacol'] = df[feature]

    needtrans = False  # 是否需要结果反向转换
    if N_levels > 100 and featuretype == 'N':  # 数值取值类别数大于100时进行
合并,以减少计算量
        colLevels = sorted(list(set(df[feature])))
        ind_x = [int(i / 100.0 * N_levels) for i in range(1, 100)]  # 定
位拆分点的序号
        split_x = [colLevels[i] for i in ind_x]  # 取出对应的拆分点数值
        split_x.insert(0, -np.Inf)
        split_x.append(max(df[feature]))  # 序列加入头尾两端的端点
        split_x = sorted(list(set(split_x)))
        df['anacol'] = pd.cut(df[feature], bins = split_x,
                              labels = split_x[1:]).astype('int')  # 替
```

换数值
```python
        N_levels = len(set(df['anacol']))
        needtrans = True

    # 生成计算所需的交叉表
    crosstab = pd.crosstab(df['anacol'], df[target])
    crosstab.reset_index(inplace = True)
    crosstab['badrate'] = crosstab[1] / (crosstab[0] + crosstab[1])

    if featuretype == 'C': # 分类变量应当只能和坏样本率最接近的合并,数据重排
        crosstab.sort_values('badrate', inplace = True)
        crosstab.reset_index(drop = True, inplace = True)
        print(crosstab) # 分类变量合并要慎重,因此输出数据备查

    df_res = pd.DataFrame({feature : crosstab['anacol'], 'trans' : crosstab['anacol']}) # 初始化结果表

    # 提前合并0%和100%坏样本率的组
    normalbinindex = crosstab.query("badrate > 0 and badrate < 1").index
    if len(normalbinindex) < N_levels: # 存在异常组,需要处理
        initpos = normalbinindex[0] # 定位第一个正常组的位置
        if initpos > 0 : # 处理在正常组之前的异常组
            df_res.loc[0 : initpos, 'trans'] = df_res.loc[initpos, 'trans']
        for i in range(initpos, N_levels): # 按顺序处理其他异常组
            if crosstab.loc[i, 'badrate'] == 0 or crosstab.loc[i, 'badrate'] == 1:
                df_res.loc[i, 'trans'] = df_res.loc[i - 1, 'trans']

        crosstab['anacol'] = df_res.trans
        crosstab = crosstab.groupby('anacol', as_index = False,
                        observed = True).agg('sum') # 合并对应的类别
        N_levels = len(set(crosstab['anacol'])) # 更新合并后的类别长度

        if featuretype == 'C': # 分类变量应当只能和坏样本率最接近的合并,数据重排
            crosstab['badrate'] = crosstab[1] / (crosstab[0] + crosstab[1])
            crosstab.sort_values('badrate', inplace = True)
            crosstab.reset_index(drop = True, inplace = True)

    for i in range(N_levels - 1): # 计算相邻单元格的卡方值,这里计算的是Yates校正后的卡方值
        crosstab.loc[i, 'chi2'] = ss.chi2_contingency(crosstab.loc[i : i + 1, [0, 1]])[0]

    while N_levels > 2: # 这里改为N_levels > 2是为了确保只有2类时自动停止
        # 需要时上面的停止条件可以直接改为 > MaxNum,使得MinChi2时两个条件同时
```

生效

```
        minindex = crosstab.index[crosstab.chi2 == min(crosstab.chi2)]
[0] # 结果表中最小卡方值的索引位置
        mincat = crosstab.loc[minindex, 'anacol'] # 最小卡方值对应的类别

        if method == 'MaxNum':
            if crosstab.shape[0] <= maxnum:
                break
        else:
            if crosstab.loc[minindex, 'chi2'] > minchi:
                break

        # 更新计算表和结果表中的相应信息
        newcat = crosstab.loc[minindex + 1, 'anacol'] # 计算表中的下一个类别就是新类别
        df_res.loc[df_res['trans'] == mincat, 'trans'] = newcat # 替换结果对应表
        crosstab.loc[minindex, 'anacol'] =  newcat # 替换原始表

        # 重新汇总计算表
        crosstab = crosstab.groupby('anacol', as_index = False,
                        observed = True).agg('sum') # 合并对应的类别

        if featuretype == 'C': # 将类别变量重新整理出正确顺序，以防万一
            crosstab['badrate'] = crosstab[1] / (crosstab[0] + crosstab[1])
            crosstab.sort_values('badrate', inplace = True)
            crosstab.reset_index(drop = True, inplace = True)
        crosstab.loc[crosstab.index[-1], 'chi2'] = np.NaN # 处理最后一行的卡方值为 NA
        if minindex == crosstab.shape[0] - 1: # 合并后已经是最后一行，则调整计算位置
            minindex -= 1
        crosstab.loc[minindex, 'chi2'] = ss.chi2_contingency(crosstab.loc[minindex : minindex + 1,
                                                                  [0,
1]])[0]
        N_levels = crosstab.shape[0] # 更新类别数，避免因类别数过少而出错

    if needtrans: # 需要将结果转换回原数值对应表
        df_res.columns = ['anacol', 'trans']
        df_res = pd.merge(df[[feature, 'anacol']].drop_duplicates(),
df_res,
                    how = 'left', on = 'anacol')
        df_res.drop(columns = 'anacol', inplace = True)

    df_res.trans = df_res.trans.astype('str') # bin 变量强制转换为字符串，保证后续分析不出错
    df_res.columns = [feature, feature + '_bin'] # 标准化输出列名
```

```
    if len(exclude) > 0:  # 将不进行合并的数值写回结果表
        df_res = df_res.append(pd.DataFrame({feature : exclude, feature
+ '_bin' : exclude}))

    if printLog:  # 针对不同的数据类型输出结果
        if featuretype == 'N':  # 给出每个最终类别的合并范围
            dfresg = df_res.groupby(feature + '_bin')
            dfout = dfresg.min()
            dfout.columns = ['[']
            dfout[']'] = dfresg.max()
            print(dfout)
        elif featuretype == 'C':  # 给出每个最终类别对应的合并列表
            dftmp = copy.copy(df_res)
            dftmp[feature] = dftmp[feature].astype('str') + ' '
            print(dftmp.groupby(feature + '_bin').sum())  # 这里是 sum 函数的巧用

    df_res = df_res.set_index(feature).sort_index()
    # 返回指定格式的结果 df
    if returntype == 1:
        return df_res
    elif returntype == 2:
        return dfname[feature].replace(df_res[feature + '_bin'].to_dict())
```

4. One-Hot 编码

对于分类变量，有些模型是无法处理的，如回归模型。回归模型的基本原理是赋予每个特征一个权重系数，即使用该特征的取值乘以对应权重系数得到的结果作为对模型的贡献值。显然，分类特征变量（如收入的高、中、低）是无法代入回归模型中的。这种情况下，可以使用One-Hot编码处理。

以对收入的高、中、低进行One-Hot编码为例，如图5.21所示。将收入特征拆分为"收入_高""收入_中""收入_低"三个特征，每个特征取值填入0或1。

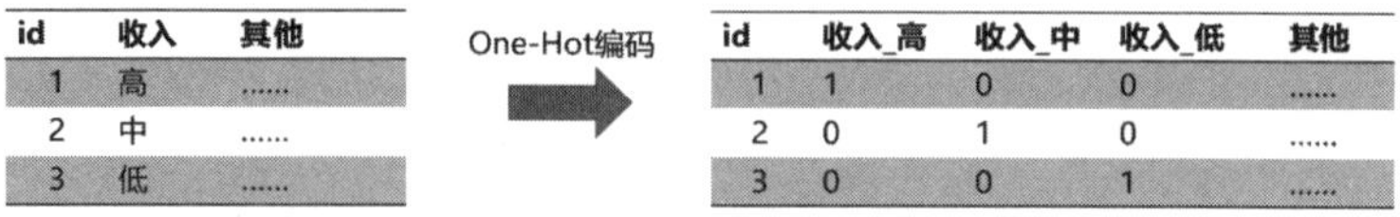

图5.21 One-Hot编码示例

5. WOE 值

WOE（Weight of Evidence，证据权重）是对于分类变量的某个值或连续变量的某个分段下的好坏客户的比例求自然对数，公式如下所示。好客户占比是指当前取值或分段下好客户数占总体好客户数的比例，坏客户占比是指当前取值或分段下坏客户数占总体坏客户数的比例。实际上，好客户占比与坏客户占比谁做分子谁做分母，效果都一样。

$$\text{WOE} = \ln \frac{\text{好客户占比}}{\text{坏客户占比}} \text{ 或 } \text{WOE} = \ln \frac{\text{坏客户占比}}{\text{好客户占比}}$$

接下来我们以年龄为例，看看WOE的计算结果，如表5.11所示。可以看出，WOE本质为好客户分布与坏客户分布的对数似然比。WOE越大，这个分组里的样本中含有风险客户的可能性就越小，风险也越小；WOE越小，这个分组里的样本中含有风险客户的可能性就越大，风险也越大。

表5.11 WOE计算示例

年龄	好客户数量	好客户占比	坏客户数量	坏客户占比	WOE ln(Good%/Bad%)
年龄<18	99	1.18%	16	0.99%	0.1813
18≤年龄<28	285	3.4%	79	4.87%	−0.3582
28≤年龄<38	1612	19.24%	355	21.87%	−0.1281
38≤年龄<48	3601	42.99%	718	44.24%	−0.0287
48≤年龄<55	1408	16.81%	245	15.10%	0.1075
年龄≥55	1372	16.38%	210	12.94%	0.2357
合计	8377	100%	1623	100%	—

将分类变量（或连续型变量离散化的分段变量）做WOE转换有以下好处。

- 分箱。量化不同分段区间对目标变量的作用强度，判断当前分箱的合理性。
- 无量纲化。做WOE转换后，实际上所有特征取值就处于统一量级了。
- 非线性。原始数据中可能蕴含着某些非线性的信息，如果没有对变量进行WOE转换，直接使用数据，会导致这些非线性的信息无法表达，从而降低准确性。
- 相比One-Hot编码，WOE有更好的数据表达能力。在特征的分类取值较多时，使用One-Hot编码会形成一个稀疏矩阵，特征空间会变得非常大，不利于模型训练。

这里给出WOE值计算的代码实现，如下所示。

```
def getWOE(feature, target, printLog = True):
    # 计算分箱后变量的 WOE
    # feature： 分箱变量列
    # target： 目标变量列
    # printLog： 是否打印输出描述结果
    # 返回： WOE
    
    # 缺失值处理
    crosstab = pd.crosstab(feature.fillna('NA'), target, normalize = 'columns')
    crosstab.columns = ['goodpct', 'badpct']
    crosstab['WOE'] = np.log(crosstab.goodpct / crosstab.badpct)
```

```
if printLog:
    crosstab['WOE'].plot.bar()
    plt.gca().set_xticklabels(crosstab.index, rotation = 'vertical')

return crosstab['WOE']
```

6. 特征衍生

在实际建模中，通常我们只拥有几个到几十个不等的基础特征，而此类特征在做一定的变换或组合后，往往对数据敏感性和机器学习实战能起到一定的帮助。数据衍生其实与数据仓库设计中的指标派生的思路是相似的，常用手段如下。

- 求和，如交易总次数、销售总收入等。
- 求平均，如每日平均交易额、ARPU值等。
- 相对强度。对有一定联系的两个指标进行比较的结果。如禽料销售额/鱼料销售额，在线支付金额/现金支付金额等。
- 购成比例，如在线支付金额占整体支付金额的比例，单笔金额超过100万元的订单占全部订单的比例。
- 基于时间的滞后类衍生，如交易环比、同比，过去7日平均值等。
- 基于时间的汇总类衍生，如每周交易额。
- 连续变量的波动情况，如标准差等。
- 分类变量的波动情况，如变动次数、变动方向等。

此外，特征组合（也叫特征交叉）也算是特征衍生的一种，即对多个（分类）特征进行交叉组合，或做交、并、补、笛卡尔集等运算，能够增加数据的非线性，从而提高模型训练效果。基于Sklearn实现特征交叉，代码如下所示。

```
sklearn.preprocessing.PolynomialFeatures(
degree: 多项式的阶数，一般默认为2
interaction_only: 如果值为true(默认为false)，则会产生相互影响的特征集
include_bias： 是否包含偏差列
)

# 示例
X = np.arange(6).reshape(3, 2)
===================================
array([[0, 1],
       [2, 3],
       [4, 5]])
===================================
from sklearn.preprocessing import PolynomialFeatures
poly = PolynomialFeatures(degree=2, interaction_only=True, include_bi-
as=False)
```

```
poly.fit_transform(X)
==================================
array([[  0.,   1.,   0.],
       [  2.,   3.,   6.],
       [  4.,   5.,  20.]])
```

7. 实例演示

接下来我们基于公开数据集Lending Club演示特征处理过程。首先，我们列举一些主要的特征进行探索性数据分析。如图5.22所示，我们对年收入、过去6个月征信查询次数绘制箱图。通过可视化图表可以看出，大部分人群是低收入群体，违约也集中发生在低收入群体中，高收入群体则基本没有违约情况；征信查询次数越多的人，违约概率越大。

```
# 基于年收入绘制箱图
sns.boxenplot(y = num_data.annual_inc, x = target)
# 基于过去 6 个月征信查询次数绘制箱图
sns.boxenplot(y = num_data.inq_last_6mths, x = target)
```

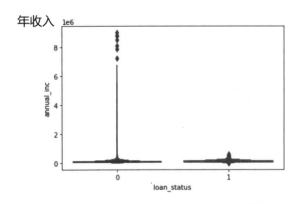
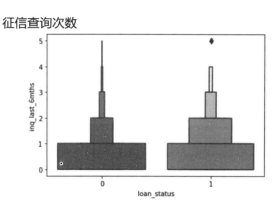

图5.22　箱图示例

针对分类变量，如住房状态，我们可以使用直方图来展示，如图5.23所示，但因为坏客户样本较少，无法直观地看出与违约率之间的关联关系。

```
# 根据住房状态绘制直方图
dfana = pd.DataFrame({'xvar' : cat_data.home_ownership, 'yvar' : target})
pvt=pd.pivot_table(dfana,index="xvar",columns="yvar",aggfunc=len)
pvt.plot(kind="bar")
```

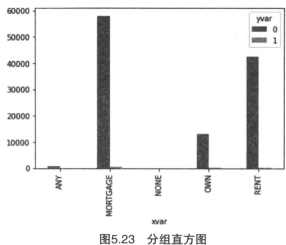

图5.23 分组直方图

通过探索性数据分析,可以很容易地了解特征本身的取值分布情况,以及特征与目标变量的相关性,为后续的特征处理奠定基础。接下来,我们根据探索性数据分析的摸底结果,演示特征衍生的过程。这里我们衍生出三个新特征:信用借款账户数与总账户数比、周转余额与所有账户余额比、银行卡状态较好的个数与总银行卡数比。

```
# 信用借款账户数与总账户数比
data["open_rate"] = data.open_acc/data.total_acc
# 周转余额与所有账户余额比
data['revol_rate'] = data.revol_bal/data.tot_cur_bal
# 银行卡状态较好的个数与总银行卡数比
data['bankcard_rate'] = data.num_bc_sats/data.num_bc_tl
```

接下来我们通过分箱的方法,对Lending Club数据集的特征进行处理。之所以不采用归一化或标准化的手段,是因为这两种方式受到样本本身的影响较大。以归一化为例,当有新的数据加入时,可能导致最小值和最大值的变化,需要重新定义。另外,最大值与最小值非常容易受到异常值、极端值的影响,所以这种方法的鲁棒性比较差,不太适合信用风控的场景。

首先我们以单个特征inq_last_6mths(过去6个月征信查询次数)为例演示分箱的过程。分箱结果如图5.24所示,我们将inq_last_6mths分成5个箱体,并对每个箱体计算WOE值。可以看出,分箱后的WOE值呈现出了非常好的单调性,是一个比较理想的特征。当然,也不是所有连续性特征变量分箱后的WOE值一定要呈现单调性,只要业务上能解释得通就行。

```
chiMerge=Feature_ChiMerge(data,"inq_last_6mths","loan_status", max-
num=5,returntype = 2)
getWOE(chiMerge,data.loan_status)
```

```
inq_last_6mths_bin
0.0                    0.0  0.0
1.0                    1.0  1.0
2.0                    2.0  2.0
4.0                    3.0  4.0
5.0                    5.0  5.0

inq_last_6mths
0.0     0.201127
1.0    -0.176528
2.0    -0.473290
4.0    -0.942994
5.0    -1.671057
Name: WOE, dtype: float64
```

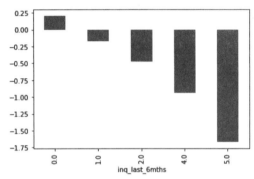

图5.24　分箱过程演示

接下来我们批量执行分箱操作。之前封装好的卡方分箱函数Feature_ChiMerge同时支持连续变量与分类变量的分箱操作。其中，对于分类变量，若原始分类取值本身就小于5，那么就不进一步操作；若原始分类取值较多，会根据箱体合并。对所有特征完成分箱后，我们将箱体的取值转换为WOE值，方便在后续的模型训练中使用，最后的结果如图5.25所示。

```
# 批量分箱
dfres=copy.copy(data)
for feature in dfres.columns:
    print (feature)
    if feature=="loan_status": # 目标变量直接略过
        continue;
    # 分类特征
    if dfres [feature].dtype=="object":
        dfres[feature]=Feature_ChiMerge(dfres,feature,"loan_status",
featuretype="C",maxnum=5,returntype =2,printLog=False)
        df_woe=getWOE(dfres[feature],dfres.loan_status,printLog=False)
        dfres[feature].replace(df_woe.to_dict(), inplace = True)

    # 数值特征
    else:
        dfres[feature]=Feature_ChiMerge(dfres,feature,"loan_status",
maxnum=5,returntype =2,printLog=False)
        df_woe=getWOE(dfres[feature],dfres.loan_status,printLog=False)
        dfres[feature].replace(df_woe.to_dict(), inplace = True)
data=dfres
```

	loan_amnt	funded_amnt	funded_amnt_inv	term	installment	emp_length	home_ownership	annual_inc	verification_status	loan_status	...	num_
0	0.067882	0.067882	0.049876	0.154688	0.579675	0.028941	-0.018639	0.171628	0.039253	0	...	
1	0.067882	0.067882	0.049876	0.154688	0.579675	0.028941	0.126830	-0.873164	0.064730	0	...	
2	-0.093563	-0.093563	-0.185986	-0.065952	-0.017711	0.028941	0.126830	0.171628	0.064730	0	...	
3	0.067882	0.067882	0.049876	-0.065952	-0.043123	0.394121	0.126830	-0.588631	0.064730	0	...	
4	0.067882	0.067882	0.049876	-0.065952	0.579675	0.028941	-0.018639	0.171628	0.064730	0	...	
...	...	...	...	...	...	...	...	...	...	...	...	
115670	-0.093563	-0.093563	-0.185986	-0.065952	-0.017711	0.028941	0.126830	0.171628	0.064730	0	...	
115671	-0.093563	-0.093563	0.005971	-0.065952	-0.017711	-0.212585	0.126830	0.063558	0.064730	0	...	
115672	0.067882	0.067882	0.049876	-0.065952	-0.043123	0.028941	0.126830	0.171628	0.039253	0	...	
115673	0.067882	0.067882	0.049876	0.154688	-0.017711	0.028941	0.126830	0.063558	-0.242726	0	...	
115674	0.067882	0.067882	0.000339	0.154688	-0.043123	0.028941	0.126830	0.171628	-0.242726	0	...	

图5.25　批量分箱并做WOE转换

5.2.5　特征筛选

在实际项目中，我们可能会有成千上万个特征可使用，有的特征携带的信息价值高，有的特征携带的信息有重叠，有的特征则属于无关特征，如果所有特征不经选择全部用于训练，经常会出现维度灾难，甚至会降低模型的准确性。因此，我们需要进行特征筛选，剔除不相关或冗余的特征，寻找最优特征子集，把有用的特征挑选出来作为模型的训练数据。通常特征筛选的思路是，通过IV值删除无关特征，降维，通过决策树做特征选择。

1. 通过IV值删除无关特征

IV即信息价值（Information Value），也称信息量，主要用来对输入变量进行编码和预测能力评估。IV值越大，表示该变量的预测能力越强，其计算公式如下。好客户占比是指当前取值或分段下好客户数占总体好客户数的比例，坏客户占比是指当前取值或分段下坏客户数占总体坏客户数的比例。

$$IV = \sum \left[(好客户占比 - 坏客户占比) \ln \frac{好客户占比}{坏客户占比} \right]$$

IV值可以用于筛选变量、简化模型，降低模型的开发使用成本。IV值的使用经验如表5.12所示。

表5.12　IV值使用经验

IV值	描述
IV<0.02	该特征对预测目标几乎没有帮助，直接舍弃
0.02≤IV<0.1	该特征对预测目标具有较弱帮助
0.1≤IV<0.3	该特征对预测目标具有一般帮助
0.3≤IV<0.5	该特征对预测目标具有较大帮助
IV≥0.5	预测能力过强，疑似有问题，需要审查

IV值计算的Python代码实现如下所示。

```
def getIV(feature, target,printLog = True):
    # 计算分箱后变量的 IV 值
    # feature：分箱变量列
    # target：目标变量列
    # printLog：是否打印输出描述结果
    # 返回：IV
    
    # 缺失值处理
    crosstab = pd.crosstab(feature.fillna('NA'), target, normalize = 'columns')
    crosstab.columns = ['goodpct', 'badpct']
    crosstab['WOE'] = np.log(crosstab.goodpct / crosstab.badpct)
    IV = sum((crosstab.goodpct - crosstab.badpct) * crosstab.WOE)
    
    if printLog:
        print("IV:%",IV)
    
    return IV
```

2. 降维

所谓的降维就是指采用某种映射方法，将原高维空间中的数据点映射到低维的空间中，以此使用较少的数据维度进行模型训练，同时保留较多的原数据点的特性。例如，对一张图像进行机器学习，数据集由100×100像素的图像组成，则具有10000个特征，每个像素对应一个特征。但是，其中某些特征是多余的，对模型没有太大帮助。降维就是识别并删除那些损害机器学习模型性能或对模型准确性没有帮助的特征。

主成分分析算法（PCA）是最常用的降维方法，在数据压缩消除冗余和数据噪声消除等领域都有广泛的应用，一般我们提到降维最容易想到的算法就是PCA。它的目标是通过某种线性投影映射，将高维的数据映射到低维的空间中，并期望在所投影的维度上数据的方差最大，以此达到降维效果。使用Sklearn实现PCA降维的代码如下所示。

```
sklearn.decomposition.PCA(
n_components：指定整数表示希望 PCA 降维后的特征维度数目，指定（0, 1]之间的小数表示
主成分的方差和所占的最小比例阈值。还可以将参数设置为 'mle'，此时 PCA 类会用 MLE 算法根
据特征的方差分布情况自己去选择一定数量的主成分特征来降维。也可以用默认值，即不输入
n_components，此时 n_components=min（样本数，特征数）
whiten ：判断是否进行白化。
svd_solver：即指定奇异值分解 SVD 的方法，有 4 个可以选择的值：{'auto', 'full',
'arpack', 'randomized'}。对于数据量大、数据维度多，同时主成分数目比例又较低的场景，
建议使用 'randomized'
)

# 示例
```

```
from sklearn.decomposition import PCA
pca = PCA(n_components=3,whiten=False,svd_solver='auto')
pca.fit(data)
result = pca.transform(data)
```

3. 通过决策树筛选模型

决策树是一种树状结构的有监督机器学习算法,可以进行分类与回归。图5.26所示为一个信贷的决策树示例。

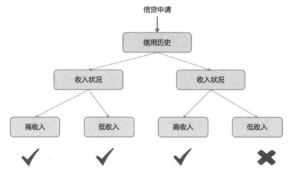

图5.26　决策树示例

一棵树往往不能产生有效的结果,于是产生了基于多棵树的集成学习算法,有两个流派:Bagging模型与Boosting模型。

Bagging模型的特点是基于同类别、彼此无关联的多棵树进行学习,然后用投票机制进行组合,产生最后的结果。Boosting模型则是基于彼此强关联的多棵树进行学习,即后面的树模型是建立在前面的树模型基础之上的。

本书中要使用的随机森林就是Bagging模型中大名鼎鼎的存在,其采用放回抽样的方式,针对每个抽样的数据集建立一个树模型,让每棵树模型都独立、相互无关联地尽情"生长"(不考虑剪枝),然后对整个森林进行汇总,得到最终结果,如图5.27所示。

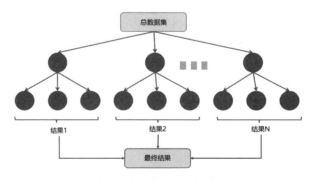

图5.27　随机森林示意

随机森林能够度量每个特征的重要性，我们可以依据这个重要性指标，选择最重要的特征。用随机森林进行特征重要性评估的思想比较简单，主要是看每个特征在随机森林中的每棵树上做了多大的贡献，然后取平均值，最后比较不同特征之间的贡献大小。贡献度的衡量指标包括基尼指数（gini）、袋外数据（OOB）错误率。

sklearn中实现的随机森林代码及主要参数如下所示。

```
class sklearn.ensemble.RandomForestClassifier (
n_estimators=10,    # 树的棵数
criterion='gini',             # 进行特征划分时采用的评价标准。分类模型通常使用 gini 系数
max_depth=None,  # 树的最大深度
min_samples_split=2, # 内部节点划分所需最小样本数，如果某节点的样本数小于 min_
samples_split，则不会继续分叉子树
min_samples_leaf=1, # 叶节点最小样本数
max_features='auto',  # 每次划分时的最大特征数
max_leaf_nodes=None, # 最大叶节树
oob_score=False,       # 是否采用袋外样本评估模型的好坏
 n_jobs=1,                 # 使用 CPU 的核数
……
)
```

训练完成后，我们可以通过模型的feature_importances_属性获取所有特征的重要程度。我们可以根据这个数据筛选出最后用于信用评分卡建模的特征。

4. 实例演示

下面依旧使用Lending Club的数据进行实例演示。首先基于之前写好的IV计算的函数，批量计算出所有特征的IV值。IV值特别适合用于特征筛选的第一阶段，即初筛阶段。

```
# 批量计算 IV 值
# 实际应用中，通常与分箱、计算 WOE 放在一起计算（避免重复计算），本书为做演示，拆成两阶段计算
dfres=copy.copy(data)
dfres.drop(["loan_status"],axis = 1)
for feature in dfres.columns:
    print (feature)
    
    # 分类特征
    if dfres[feature].dtype=="object":
        dfIV.loc[feature, 'IV']=getIV(dfres[feature],dfres.loan_status,printLog=True)
    # 数值特征
    else:
        dfIV.loc[feature, 'IV']=getIV(dfres[feature],dfres.loan_status,printLog=True)
# 可视化 IV 的分布
```

```
dfIV = dfIV.sort_values('IV', ascending = False)
dfIV.IV.plot()
```

IV值的分布如图5.28所示，我们剔除掉IV<0.02的这部分对模型没有帮助的特征。此时特征数量减少到45列，如图5.29所示。

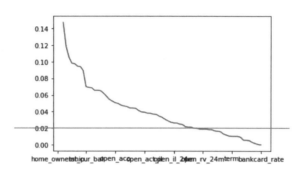

图5.28 IV值分布图

```
data=data[dfIV[dfIV.IV >= 0.02].index]
```

	dti	revol_util	mths_since_recent_inq	revol_bal	all_util	bc_util	annual_inc	inq_last_6mths	tot_cur_bal	total_bal_ex_mort	...	percent
0	0.169645	-0.379548	-0.239624	0.189342	0.004137	0.135370	0.171628	-0.176528	0.031342	0.106641	...	
1	0.169645	0.124417	-0.239624	-0.416620	0.046114	0.147391	-0.873164	-0.473290	0.040400	0.008094	...	
2	0.169645	0.124417	0.250550	0.189342	0.046114	0.147391	0.171628	0.201127	0.040400	0.106641	...	
3	0.169645	0.121672	0.252699	0.189342	0.245791	0.135370	-0.588631	0.201127	0.040400	0.008094	...	
4	0.169645	0.121672	-0.239624	0.189342	0.004137	0.135370	0.171628	-0.176528	0.031342	-0.334071	...	
...	...	...	...	...	...	...	...	...	...	...	...	
115670	-0.273655	-0.379548	0.250550	-0.080074	0.004137	0.135370	0.171628	0.201127	0.031342	-0.334071	...	
115671	-1.280202	-1.067149	0.250550	-0.931824	-1.138219	-0.559208	0.063558	0.201127	-1.178025	-1.406787	...	
115672	0.169645	0.498458	0.250550	0.189342	0.245791	0.446126	0.171628	0.201127	0.031342	0.106641	...	
115673	-0.273655	0.121672	-0.239624	0.189342	0.004137	0.135370	0.063558	0.201127	0.040400	0.008094	...	
115674	0.169645	0.124417	0.250550	0.189342	0.046114	0.147391	0.171628	0.201127	0.040400	0.106641	...	

115348 rows × 45 columns

图5.29 剔除IV值<0.02后的数据集

如果维度仍然比较多，还可以通过主成分分析（PCA）来降维。但目前只剩下45个特征，可以不用再通过PCA降维了。

最后再用随机森林算法，计算剩下的各个特征对预测目标变量的重要性。计算完成后，对特征重要性排序，并用柱形图展示出来，如图5.30所示。

```
# 随机森林筛选特征
from sklearn.ensemble import RandomForestClassifier
rfc = RandomForestClassifier(100)
# 从data删除loan_status，放入target
rfc.fit(data, target)

dfimp = pd.DataFrame({'imp' : rfc.feature_importances_},
```

```
                   index = dfana.columns)
dfimp = dfimp.sort_values('imp', ascending = False)
```

```
# 可视化特征重要性排序
fig1 = plt.figure(figsize = (10, 5))
dfimp.imp.plot.bar()
```

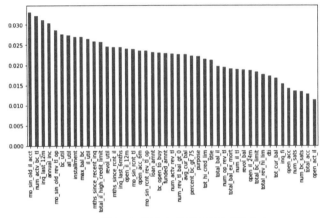

图5.30　随机森林输出的特征重要性分布

基于随机森林输出的各特征重要性，我们有以下三种思路筛选特征。

- 按重要性从高到低排序，简单地取前N个特征。
- 按重要性绝对值排序，取重要性大于某个阈值的特征。

```
features=list(dfimp[dfimp.imp >= 0.02].index)
data=data[features]
```

- 按重要性从高到低排序，再对重要性逐个累加后，取累计重要性前P%的特征。

```
dfimp['cumimp'] = dfimp.imp.cumsum()
features=list(dfimp[dfimp.cumimp <= 0.9].index)
data=data[features]
```

本例中采用第三种方式，筛选累计重要性前90%的特征，共计37个。

5.2.6　数据集拆分

在有监督的机器学习中，一般会将数据拆分成开发样本与验证样本，开发样本是已知结果的样本数据，验证样本是未知结果的样本数据，也就是我们需要使用训练好的模型预测结果的样本数据。通常我们会把开发样本再按比例（8∶2或7∶3）拆分成训练样本与测试样本。我们在训练样本上训练模型，并在测试样本上进行测试，最后把在测试集上表现最好的模型当作最终的模型。

在信用风控领域，更关注模型对未来样本的预测能力，以及模型的跨时间稳定性。所以我们的验证样本通常也叫时间外样本，也就是抽取自表现期的样本数据，如图5.31所示。本书中的案例主要基于训练样本与测试样本的处理展开介绍。

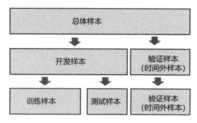

图5.31 样本划分

1. 样本不均衡问题

通常来讲，机器学习尤其是二分类算法，期望两种类别的样本是均衡的，即好、坏客户样本的总量接近。因为在机器学习求最优解的过程中，如果样本严重不均衡，就很难收敛到最优解。但在很多真实场景下，样本不均衡问题是非常常见的。尤其是在风控场景下，坏客户样本的占比要远远小于好客户样本的占比，通常坏客户与好客户的比例是1∶20，甚至还达不到这个比例。

样本不均衡问题通常有两种解决思路：过采样与欠采样。过采样是指通过增加分类中少数类样本的数量来实现样本均衡，最直接的方法是简单复制少数类的样本数据，缺点是容易导致过拟合的问题。欠采样通过减少分类中多数类样本的数量来实现样本均衡，最直接的方法是随机删除一些多数类样本来减小多数类的规模，缺点是会丢失多数类样本中的一些重要信息。

有一种改进的过采样算法SMOTE（Synthetic Minority Oversampling Technique），既不易过拟合，也能保留信息。基本思路是采用最邻近算法，计算出每个少数类样本的K个近邻值；从K个近邻值中随机挑选N个样本进行随机线性插值；构造新的少数类样本并将新样本与原数据合并，产生新的训练集。

SMOTE算法的缺点也很明显：无法改变非平衡数据集分布问题，容易产生分布边缘化。也就是说如果少数类样本在边缘，用SMOTE这种插值算法只会让更多的少数类样本趋向边缘，模糊了分类样本的边界，增大了分类算法做分类的难度。此外，这种算法不能对缺失值与类别变量进行处理，需要提前处理缺失值并把类别变量转化为哑变量。也可以考虑采用SMOTE的改进版本SMOTENC，可同时处理类别（离散）变量与数值（连续）变量。

```
imblearn.over_sampling.SMOTE(
sampling_strategy = 'auto', #该参数有4种类型的取值：float, str, dict or
callable；默认为 auto
float：处理后理想的主类／次类比例，仅适用于二分类
str：指定希望处理的类别，这些类别的样本量将被调整为相等。str 可能的取值为 'minority'
（只处理次类）、'not minority'（只不处理次类）、'not majority'（只不处理主类）、
'all'（全部处理）
dict：用字典方式指定各类样本量
```

```
random_state = None,    # 算法随机数种子
k_neighbors = 5,        # 用于构建合成样本的近邻数量
n_jobs = 1              # 使用的 CPU 核数
)
```

2．实例演示

下面仍旧使用Lending Club的数据进行实例演示。首先查看样本的不均衡问题有多严重。通过代码求比例，我们可以看出样本的好、坏客户比例为139∶1，属于极端不平衡的情况。

```
sum(target==0) / sum(target==1)
================================
139.32603406326035
```

接下来我们使用SMOTE算法进行过采样，如下所示。设置参数sampling_strategy为0.8，期望坏客户与好客户比例为0.8，反过来就是好坏客户比例为1.25∶1。转换完成后，结果如下所示。样本总数量从此前的11万多个变成现在的20万多个，且好坏客户样本比例约等于1.25∶1。

```
from imblearn.over_sampling import SMOTE
smo = SMOTE(sampling_strategy=2,random_state=42)
data_smo, target_smo = smo.fit_resample(data,target);

sum(target_smo==0) / sum(target_smo==1)
================================
1.250010914647457
================================
data_smo.shape
================================
(206146, 37)
```

解决样本的不平衡问题后，我们进行训练样本与测试样本的随机拆分（本案例不考虑时间外样本），如下所示。拆分后，训练样本有144302个，测试样本有61844个。

```
# 训练集拆分
from sklearn.model_selection import train_test_split
data_train, data_test, target_train, target_test = train_test_split(data_smo, target_smo, test_size=0.3, random_state=123)

data_train.shape
================================
(144302, 37)
================================
data_test.shape
================================
(61844, 37)
```

5.3 模型开发

经过特征工程的建设后，我们可以开始风控相关模型的开发。完整的模型开发流程如图5.32所示，包含反欺诈模型、业务准入模型、授信模型（申请评分卡）、违约模型（行为评分卡）与催收模型。本节主要就反欺诈模型、业务准入模型、授信模型展开介绍，至于违约模型与催收模型，可以参考授信模型的建设过程。

图5.32　模型开发流程

5.3.1 反欺诈模型

信贷领域的风险主要分为欺诈风险与信用风险。其中，欺诈风险是指借款人带着欺诈的目的来申请贷款，贷款成功后再难收回资金。这是信贷场景中危害较大的一类风险，占比较低，但是必须严格防范。另外，欺诈风险具有专业性、团体性、隐蔽性等特点，互联网金融行业的快速崛起，也催生了一大批"羊毛党"和"黑中介"，他们通常拥有专业的技术手段，不断攻击各个平台的风控漏洞，长期考验着风控人员的应对能力。

按照欺诈类型，欺诈通常分为第一方欺诈和第三方欺诈。
- 第一方欺诈，即利用不实信息欺诈，欺诈者故意提供虚假申请信息，以获得授信审批。
- 第三方欺诈，即冒用他人身份欺诈，欺诈者偷取他人信息，以他人名义申请。

针对第三方欺诈，产业链金融平台中，可以参考业界常用的实名认证手段，即身份四要素（姓名、身份证、手机号及银行卡号）与活体检测，有效地遏制第三方欺诈。所以欺诈的风险主要来自第一方欺诈。

对于欺诈通常的应对方法有如下三种。
- 基于有监督机器学习的反欺诈。基本思路是通过历史数据对欺诈样本进行标注，基于海量大数据，利用逻辑回归、决策树等机器学习算法，发现欺诈行为共有的客户行为特征，识别具有欺诈倾向的客户。但是，该思路实现起来比较困难，因为欺诈客户的样本比信用违约客户样本还要少，甚至没有，很难支撑有监督的机器学习。
- 相对于有监督机器学习，无监督机器学习的反欺诈方法不需要预先准备欺诈样本，而是通过对用户数据及标签进行聚类。基于图数据库的知识图谱技术本质上也算是一种聚类技术，在反欺诈领域的应用取得了快速发展，并成为反欺诈的一把利剑，如开源图数据库Neo4j及百度面对反欺诈场景专门打造的HugeGraph数据库。基于图数据库技术构建的关系图谱可用于深度数据挖掘，包括关系推理、关联度检测、集中度测量、语义分析、团伙发现、可视化展示等。其中，基于图数据库的社区发现算法非常有名，其通过在稀疏的客户关系网络中找到关系紧密的社区（团簇结构，如图5.33所示），进一步识别社区中的欺诈特征，最后找出欺诈团伙。
- 基于规则策略的反欺诈。基于数据特征，结合专家经验，通过规则引擎实现反欺诈。相对来说，这是一种简单、易上手且比较实用的手段。

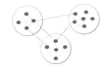

图5.33 社区概念示意图

产业链金融平台建设之初可以先基于第三种方法，即规则策略，来实现反欺诈。一方面，目前反欺诈在各行各业都是一个必须面对的场景，所以大至互联网巨头，小至一些中小型的第三方征信数据公司，都已有了相当多的反欺诈经验。产业链金融平台可以借助这些专业公司的模型与数据来实现反欺诈，在最短的时间内用最有效的手段，构建起反欺诈的堡垒。另一方面，产业链金融场景不同于一般的互联网金融产品，服务的客户基本都是核心企业上下游客户，对银行等金融机构来说，可能是有欺诈风险的客户，但对于核心企业来说，基本算得上是白名单客户。所以欺诈风险本身就比其他通用的金融场景低很多。这种场景之下，采用规则策略来进行反欺诈，性价比、实用性都极高。

通过第三方征信数据公司，除了可以获取客户的反欺诈判断结果（欺诈评分），还可以在客户授权的情况下获取一些标签数据，如法院执行人/失信被执行人，司法诉讼，行政违法，民间欠款，高危行为，欺诈名单，金融信贷类逾期、不良，其他关注名单等。

当然，核心企业本身也有一些内部数据可以用于反欺诈判断，如通过埋点采集的异常登录行为、暴力破解行为及批量操作行为。

图5.34所示为反欺诈的实施策略的简单示意。

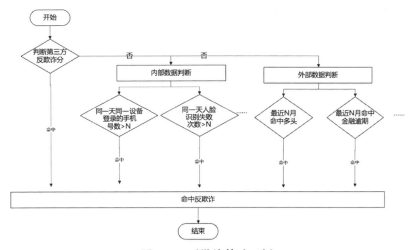

图5.34 反欺诈策略示例

制订了反欺诈策略后，我们可以通过开源的规则引擎Drools进行实施。首先介绍WorkBench中的几个相关概念。

- 项目（Project）：用来管理规则创建、测试、发布的单位，可以一个场景一个项目。
- 数据对象（DataObject）：简单直白的解释就是一个JavaBean，用来存储输入规则引擎的数据特征，也可以附带存储规则引擎最后的推理结果。
- 规则（Rule）：类似If-Then的逻辑，输入条件，设置逻辑。在Workbench中可以通过可视化的向导来创建管理规则；也可以直接创建一个DRL文件，以直接编写脚本的方式来创建规则。
- 测试场景（Test Scenario）：创建数据对象与规则后，可以通过测试场景来进行验证，类似于系统开发中的单元测试的概念。

打开前面已经安装好的Drools Workbench，创建一个名为RiskManage的项目，如图5.35所示。

图5.35　Workbench项目的创建

创建一个数据对象FraudObj，并在对象中创建相关的特征字段。其中，额外新建一个字段isFraud来记录规则引擎推理的结果，如图5.36所示。

图5.36　创建数据对象及字段

如图5.37所示，基于创建的数据对象创建一个规则，并通过可视化的方式开发规则的具体逻辑，规则的伪代码如下。

```
If (
${第三方反欺诈分} 小于 50
或 ${同一天同一台设备登录的手机号数} 大于 3 个
或 ${同一天人脸识别失败次数} 大于 3
或 ${最近 N 月命中多头} 等于 True
或 ${最近 N 月命中金融逾期} 等于 True )
Then
        设置 ${是否欺诈} 为 True
```

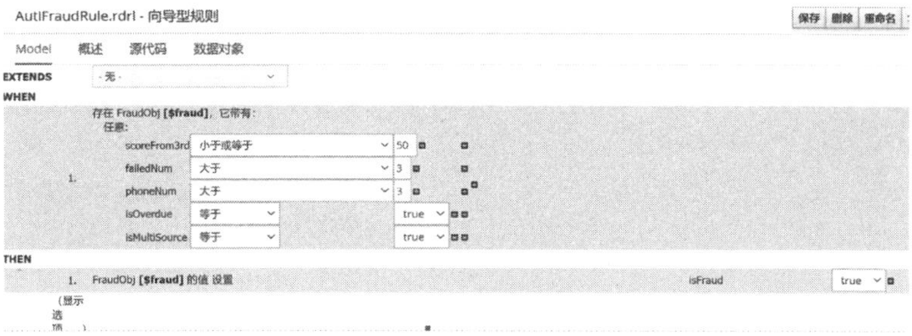

图5.37　创建规则

完成规则创建后，我们可以创建测试场景，定义输入值与预期输出值，测试规则是否有误，如图5.38所示。测试完成后，就可以发布规则了。规则的发布与部署会在后续章节中进行介绍。

图5.38　通过测试场景验证规则

5.3.2　业务准入模型

业务准入也叫贷前准入，是评估借款人是否能获得授信的一道门槛。严格意义上讲，反欺诈模型也是贷前准入的一部分。这里之所以拆开进行介绍，并定义为"业务准入"，是因为其在产业链金融中有一些特别之处。不同于消费互联网金融中很多时候对于客户资金的真实需求、实际用途很难追踪，在产业链金融中，核心企业对于以上两点有着牢牢的掌控，可以实现业务+风控的结合，因此叫"业务准入"。

此外，产业链金融中，每成交一笔融资授信，除了正常的平台运营成本，通常核心企业还存在一项隐性支出——银行对核心企业的授信额度。所以，核心企业自然会对申请贷款的客户进行筛选，建立一些业务准入规则。

一般业务准入模型如图5.39所示，主要包含以下三方面的规则。

- 银行的准入条件：如年龄为18~60岁，客户年营业收入在多少以上等。有一些银行的产品本身有约束，如专门提供给养猪的客户的贷款，就不能让养鸡的客户申请。
- 核心企业的准入条件：核心企业会根据客户的历史交易信息进行量化评估，基于忠诚性、稳定性、可靠性、增长性、贡献性等多个量化维度，进行规则策略的创建。
- 其他风控条件：通常指行业的一些情报，如某地区最近猪瘟严重，可能暂停接入养猪客户的相关贷款。

图5.39　业务准入模型

具体业务规则策略的创建管理可通过Drools Workbench来进行，可参考5.3.1节的介绍。

5.3.3　授信模型

授信是指基于机器学习预测客户的逾期概率，计算客户的信用分数，最后根据信用分数确定是否通过客户的授信申请，并制订授信的额度及利率。接下来分别介绍如何预测逾期概率、生成信用评分卡及计算额度。至于利率的计算，可参考额度的计算思路，本书不进行展开介绍。

1. 预测逾期概率

（1）逻辑回归。

逻辑回归模型是二分类机器学习模型，非常适合预测客户的好与坏（违约/不违约）。此方法具有易懂、非黑箱作业等优点。逻辑回归模型是开发评分卡最常使用的机器学习模型，其数学公式如下所示，其中P为客户的违约概率。

$$\text{Logit}(P) = \ln\frac{P}{1-P} = \alpha + \beta_1 X_1 + \cdots + \beta_n X_n$$

其Sklearn的代码实现如下所示。

```
sklearn.linear_model.LogisticRegression(
penalty='l2',
dual=False,
tol=0.0001,
C=1.0,
fit_intercept=True,
intercept_scaling=1,
class_weight=None,
random_state=None,
solver='liblinear',
max_iter=100,
multi_class='ovr',
verbose=0,
warm_start=False,
n_jobs=1)
```

其主要参数含义如下所示。

- penalty：正则化选择参数，参数可选值为l1和l2，分别对应l1正则化和l2正则化，默认为l2正则化。调整该参数的目的主要是防止过拟合，根据模型的复杂度实施惩罚。如果选择l2正则化发现依然过拟合，即预测效果还是很差，就可以考虑选择l1正则化。如果模型的特征非常多，也可以考虑选择l1正则化。
- C：指定正则化项的权重，是正则化惩罚项系数的倒数，C越小，正则化强度越大。
- solver：用来指定损失函数的优化算法，有newton-cg、lbfgs、liblinear、sag 4个取值，默认为liblinear算法，适合数据集较小的情况。当数据集较大时，可使用sag算法，即随机平均梯度下降法。此外，当penalty指定为l1时，只能选择liblinear算法。
- fit_intercept：是否计算回归方程中的偏置常数，默认为True。
- class_weight：指定目标变量分类的权重，用来调节正负样本比例，默认值为None，也就是正负样本的权重是一样的。可以通过dict的形式给模型传入合适的权重比，也可以直接指定一个值"balanced"，模型会根据正负样本的绝对数量比来设定模型最后结果的权重比。
- tol：残差收敛条件，默认为0.0001，也就是需要收敛的时候两步之差<0.0001就停止，可以设置为更大或更小。
- max_iter：算法收敛的最大迭代次数，即求取损失函数最小值的迭代次数，默认为100。
- multi_class：指定多分类的策略，有ovr和multinomial两个值可以选择，默认为ovr。如果是多分类情况，可以选择multinomial。
- warm_start：是否使用上次训练结果作为本次运行初始参数，默认为False，表示不使用。

- n_jobs：并行运算数量（核的数量），默认为1，如果设置为-1，则表示将电脑的CPU全部用上。

（2）参数自动调优。

模型选定后，一般还需要进行模型的参数调优工作。本案例中将采用网格搜索优化算法（GridSearchCV）进行自动调参，只要把参数输进去，就能得到最优的结果和参数。其Sklearn代码如下所示。

```
sklearn.model_selection.GridSearchCV(
estimator,
param_grid,
scoring=None,
n_jobs=None,
iid='warn',
refit=True,
cv='warn'
……)
```

其主要参数的含义如下所示。

- estimator：指定需要调优的分类器模型。
- param_grid：传入的值为字典或列表，优化参数的候选值范围。
- scoring：指定模型采用的评估标准，如scoring="roc_auc"表示寻优过程使用AUC值来评估。
- refit：默认为True，即在搜索参数结束后，用最佳参数结果再次fit一遍全部数据集。
- cv：交叉验证参数，默认为None，使用三折交叉验证。指定fold数量，默认为3。
- n_jobs：并行运算数量（核的数量），默认为1，如果设置为-1，则表示将电脑的CPU全部用上。

（3）实例演示。

下面仍旧使用Lending Club的数据进行实例演示。我们使用网络搜索算法，对逻辑回归模型的"C"和"class_weight"进行自动调优，然后基于最优的参数初始化回归模型。

```
# 设置待自动调优的参数
logit_param = {'C': [0.01, 0.1, 0.3, 0.5, 1, 1.5], 'class_weight': [{1: 1, 0: 1}, {1: 2, 0: 1}, {1: 3, 0: 1},]}
# 初始化网格搜索
logit_model=LogisticRegression(random_state=0, fit_intercept=True, penalty='l2', solver='saga')
logit_gsearch = GridSearchCV(
    estimator=logit_model,
    param_grid=logit_param,
    scoring='f1',
    n_jobs=-1)
# 执行模型
logit_gsearch.fit(data_train, target_train)
print(' 最好评分 {0}, 最优参数 is {1}'.format(logit_gsearch.best_score_,
```

```
logit_gsearch.best_params_))
====================================================
最好评分 0.6633176157907054, 最优参数 is {'C': 1, 'class_weight': {1: 3, 0: 1}}
====================================================
# 用最优参数，重新初始化logistic模型
logit_model = LogisticRegression(C=logit_gsearch.best_params_['C'], pen-
alty='l2', solver='saga',
                                 class_weight=logit_gsearch.best_params_
['class_weight'])
logit_model = logit_model.fit(data_train, target_train)

# 对测试样本进行预测
target_test_predict = logit_model.predict_proba(data_test)[:, 1]
```

2. 信用评分卡

为了方便风控模型在业务上的运用，通常需要将回归方程式形式的模型转换为信用评分。信用评分通常控制在0~1000分，取正整数。业界有一个通用的评分计算公式，如下所示。其中，Score表示最终的信用评分，Offset表示公式的偏置常数，Factor是一个调节系数，odds通常取好坏客户样本的比例值。

$$Score = Offset + Factor \times \ln(odds)$$

此外，还有一个变量PDO，表示使odds翻倍所增加的分值，通常为20~50分。那么基于PDO使odds翻倍的逻辑，我们可以推导出上面的Offset与Factor求解公式如下。

$$Factor = \frac{PDO}{\ln 2}$$

$$Offset = Score - Factor \times \ln(odds)$$

基于上面的求解逻辑，我们可以通过Python实现Score的计算。首先，从逻辑回归模型中提取出各特征的权重值及偏执常数项。

```
# 提取权重
weights = list(logit_model.coef_.flatten())

# 特征变量列
WoeFeatures=list(data_train.columns)

# 回归方程的常数项
intercept=logit_model.intercept_[0]

# 拼接成数据框
dfparams=pd.DataFrame({"WoeFeatures":WoeFeatures,"weights":weights})
```

我们将单条样本的信用评分转换为先计算该样本的各特征的箱体对应的信用分，再求各特征对应的信用分之和。接下来，我们先计算各特征的每一个箱体对应的评分，其结果如图5.40所示。

```python
# 计算各特征各个分箱的信用评分
def cardValueForBin(dfdata, WoeFeatures, dfparams,intercept ,
                basescore = 500, baseodds = 1, pdo = 50):
    '''
    dfdata：已做完 WOE 转换的样本数据
    WoeFeatures：WOE 特征列表
    dfparams：logistic 模型拟合出的权重列表
    intercept：回归方程的常量系数
    basescore、baseodds、pdo：计算信用评分时的基本设定
    '''

    n = len(WoeFeatures)
    dfres = pd.DataFrame()
    for feature in WoeFeatures:
        dftmp = pd.DataFrame({'Woe' : dfdata.groupby(feature)[feature].first()})
        dftmp['WoeFeatures'] = feature
        dfres = dfres.append(dftmp)

    dfres = pd.merge(dfres,dfparams,how = 'left', on = 'WoeFeatures')
    factor = pdo/np.log(2)
    offset = basescore - factor * np.log(baseodds)
    dfres['score'] = round(offset / n - factor * (intercept / n + dfres.weights * dfres.Woe))

return dfres[['WoeFeatures','Woe', 'score']]

# 计算各特征各个分箱的信用评分，假设当好坏客户比例为 60：1 时，信用分为 600 分，每增加 20 分，odds 增加 1 倍
dfCardValueForBin=cardValueForBin(data,data.columns,dfparams,intercept,basescore=600,baseodds=60,pdo=20)
```

	WoeFeatures	Woe	score
0	mo_sin_old_il_acct	-0.540628	7.0
1	mo_sin_old_il_acct	-0.185898	11.0
2	mo_sin_old_il_acct	0.091358	13.0
3	mo_sin_old_il_acct	0.170545	14.0
4	mo_sin_old_il_acct	0.396103	16.0
...	...	...	...
180	num_il_tl	-1.951135	-2.0
181	num_il_tl	-0.816039	7.0

图5.40　各特征的各箱体WOE值对应的评分

接下来，我们基于上述dfCardValueForBin函数，对每一个样本，基于其各特征对应的WOE值的信用评分求和，算出该样本的信用评分，如下所示。

```
# 计算各申请样本的最终评分卡分值
def FinalScore(dfdata, WoeFeatures, dfCardValueForBin):
    '''
    WoeFeatures：用于计算总评分的分箱变量名称列表
    dfscore：各变量分箱评分df
    '''
    dfres = copy.copy(dfdata)
    dfres['score'] = 0
    for feature in WoeFeatures:
        dftmp = pd.merge(dfres[[feature]],
                         dfCardValueForBin.loc[dfCardValueForBin['WoeFeatures'] == feature],
                         how = 'left', left_on = feature, right_on = "Woe")

        dfres.score += dftmp.score
return dfres
# 计算所有申请样本的最终评分卡分值
dffinalScore=FinalScore(data,data.columns,dfCardValueForBin)
```

这个信用评分最终会被信审人员或其他业务人员使用。但直接使用分值既无必要，也难以操作。通常我们会把人群按照分数划分为10个左右的分数段。最简单的方法就是按固定值间隔划分分数段，如每50分一个区间，如5.1.4节的表5.1所示。

这里给出一个基于卡方分箱，对分数进行分段的代码示例。最终的分箱结果如表5.13所示。

```
# 评分分段
dffinalScore=pd.concat([dffinalScore, target], axis=1)
dffinalScore['group'] = Feature_ChiMerge(dffinalScore,"score","loan_status",
method = "MinChi",returntype =2,printLog=True)
# 将评分的分箱后箱体与目标变量交叉，求坏样本比例
dftbl = pd.crosstab(dffinalScore.group, dffinalScore.loan_status, margins = True)
dftbl['badrate'] = dftbl[1] / dftbl['All']
# 打印出最终数据
dftbl=dftbl.sort_values(ascending=True,by="group")
```

表5.13　用卡方分箱对信用分数进行分段

信用分数	好客户数	坏客户数	坏客户比例
<280	0	0	0
280~403	1340	14	0.010340

续表

信用分数	好客户数	坏客户数	坏客户比例
404~460	46598	367	0.007814
461~583	66270	433	0.006491
>583	0	0	0

3. 模型验证与评估

完成开发后,需要确认模型的分析结果对实际的风控应用是有价值的,因此需要对模型进行验证与评估。通常我们会从人群区分度、模型准确性及模型稳定性三方面进行评估。

(1)模型准确性。

信用评分卡通过分数的高低来评估申请人信用的好坏,也就是说,逾期人群应该集中在低分段,非逾期人群主要集中在高分段。在完成模型开发后,需要衡量分数对于逾期客户的预测能力,通常使用时间外样本(Out of Date Test)数据进行验证,也就是用表现期的样本来验证模型准确性,这也是为了验证模型在时间上的效力。

验证模型的准确性通常使用ROC曲线(Receiver Operating Characteristic Curve)和AUC面积(Area Under Curve)两个指标。如图5.41所示,ROC曲线以可视化的方式评估模型,但若两条ROC曲线交叉,就很难评估两个模型的优劣了。因此产生了AUC面积,即根据ROC曲线下面的面积大小来进行量化的比较。AUC值的理论上限是1,如果大于0.6,那么模型就可以接受;如果大于0.8,那么模型就非常好。

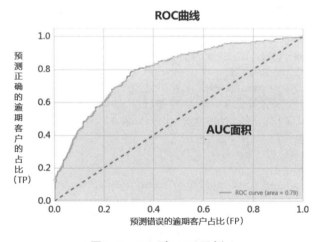

图5.41 ROC与AUC示例

本案例中,用Lending Club数据样本训练完模型后,计算了AUC值,代码如下所示。最终结果为0.7050965282072384,属于可以接受的范围。

```
from sklearn.metrics import roc_curve, auc
# 概率预测结果
target_test_predict = logit_model.predict_proba(data_test)[:, 1]

# 好、坏客户累计占比，KS，AUC 值
good_pct, bad_pct, thresholds = roc_curve(target_test, target_test_pre-
dict)
roc_auc = auc(good_pct, bad_pct)

print(roc_auc)
=======================================
0.7050965282072384
```

当然，还可以用机器学习评估的常用指标来评估模型的准确性，如精度、召回率、F_1值等。我们通过Sklearn提供的classification_report统计了模型的质量。从效果数据来看，模型对于坏客户的召回率还是不错的，但是精度差一些。

```
from sklearn.metrics import classification_report

# 对测试样本进行预测
target_test_predict = logit_model.predict_proba(data_test)[:, 1]

# 分析预测效果
print(classification_report(target_test, logit_model.predict(data_
test)))
=====================================================
              precision    recall  f1-score   support

           0       0.90      0.25      0.40     34349
           1       0.51      0.96      0.67     27495

    accuracy                           0.57     61844
   macro avg       0.70      0.61      0.53     61844
weighted avg       0.72      0.57      0.52     61844
```

（2）人群区分度。

信用评分卡的作用，就是通过分数的高低，尽可能地区分潜在逾期人群与非逾期人群。常用的手段就是KS（Kolmogorov-Smirnov）曲线，如图5.42所示，横轴表示信用评分，纵轴表示累计百分比，两条曲线分别表示坏客户累计占比与好客户累计占比。两条曲线相差的最大值就是KS值，KS值越大，说明模型区分度越好。KS值的理论上限是100%，但一般来说KS值为30%以上的模型就可以接受了，超过50%就算非常好的模型了。

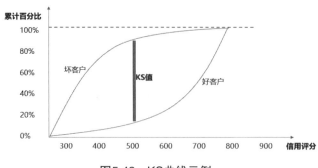

图5.42 KS曲线示例

结合前面的计算数据,我们计算出了KS值为0.28963328303133795,如下所示。KS值在0.3以下,说明人群区分度还不够,还需要继续调整优化建模过程,尤其是特征化阶段的工作。

```
ks = max(bad_pct - good_pct)
print(ks)
======================================
0.28963328303133795
```

(3)模型稳定性。

模型开发验证结束后,需要定期监控模型的稳定性。因为随着时间的推移,应用模型进行预测的人群可能会发生变化,如建模时的人群样本是70后人群,运营一段时间后人群主体变成80后人群了,这就会导致模型不能对新人群进行很好的预测。

评估模型稳定型使用PSI(Population Stability Index)指标。基本思路是按信用评分的分级,针对不同样本或不同时间的样本,观察、计算各个分数区间内人数占总人数的比例是否有明显变化,公式如下所示。

$$PSI = \sum \left[(Ac - Ex) \cdot \ln\left(\frac{Ac}{Ex}\right) \right]$$

其中,Ac表示当前分数区间的实际人数占比,Ex表示当前分数区间的预期人数占比。详细的计算示例如表5.14所示。PSI通常有以下使用经验。

- PSI<10%:无需更新模型。
- PSI∈[10%,25%]:通过其他度量方式再审查一下模型稳定性,如迁移矩阵。
- PSI>25%:需要更新模型。

表5.14 PSI计算示例

信用分数	实际人数占比（Actual）	预期人数占比（Expected）	Ac-Ex	ln（Ac/Ex）	指标
<401	4%	8%	−4%	−0.69	2.8%
401~550	7%	9%	−2%	−0.25	0.5%

续表

信用分数	实际人数占比（Actual）	预期人数占比（Expected）	Ac-Ex	ln（Ac/Ex）	指标
551~650	6%	10%	−4%	−0.51	2.0%
651~700	8%	13%	−5%	−0.49	2.4%
701~750	10%	12%	−2%	−0.18	0.4%
751~800	12%	11%	1%	0.09	0.1%
801~850	14%	10%	4%	0.34	1.3%
851~900	14%	9%	5%	0.44	2.2%
901~950	13%	9%	4%	0.37	1.5%
>950	9%	8%	1%	0.12	0.1%
		PSI			13.3%

4. 计算授信额度

产业链金融的额度计算也不同于传统信贷金融。传统信贷金融预先设定好基础额度base limit（B）、盖帽额度hat limit（H）与托底额度floor limit（F），然后对信用评分分级，评分最高的分组区间对应的预期违约率为P_{min}，评分最低的分组区间对应的预期违约率为P_{max}，占比最高的评分分组区间对应的预期违约率为P_0、P_{min}、P_{max}，P_0对应的授信额度分别是H、F与B。如果某客户对应的预期违约率是P_1，则授信额度为$B \times f$，f为调节因子，计算过程如图5.43所示。

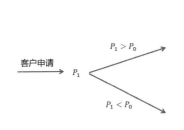

图5.43 传统信贷额度计算逻辑

在产业链金融场景中，授信额度的计算则是基于客户对应的生产经营周期内的资金需求和客户经营情况进行综合考虑。因为掌握着客户的历史交易数据，核心企业很容易通过数据计算出客户的实际资金需求，而信用分数会被转化为一个调节因子，让客户的授信额度在实际资金需求的基础上有所增加或减少。我们先来看几个指标，如下所示。

- 客户的年预估交易金额，通过交易流水统计最近12个月的交易总额：月均交易额 × 12。

- 年周转次数，根据客户的生产经营周期计算年周转次数。如生产经营周期是3个月，则一年周转4次。不同类型的客户，生产经营周期不同。
- 融资比例，客户基于生产经营需求进行融资，也不可能"空手套白狼"，将所有的资金需求全部通过融资解决。我们需要根据核心企业与不同类型客户的合作情况，分别设计可融资的比例。
- 信用调节系数，是根据客户的信用评分卡计算出的评分转换而成的。简单来说，我们会把信用分进行分级，每一级设定一个调节系数。当前客户的信用分落在哪个评级，就采用对应的系数。
- 人工干预系数，当客户所在细分领域或所在地区存在较高风险时，可以通过人工干预的方式，调低这个系数值。

信用额度的计算公式如下所示。为避免极端情况的发生，还需要对计算出来的授信额度进行盖帽与托底操作，得到最终的授信额度。

$$授信额度 = \frac{年预估交易金额}{年周转次数} \times 融资比例 \times 信用调节系数 \times 人工干预系数$$

5.3.4 模型部署

在完成规则策略及信用评分模型的开发并验证后，下一步就是上线部署。下面将介绍Drools的规则部署与Sklearn的模型上线部署。

1. 规则部署

前面已经介绍了使用Workbench创建、管理规则，而发布部署规则需要KIE-Server，它负责执行规则，并对业务系统提供服务，如图5.44所示。

图5.44　Drools的部署架构

规则发布前，需要先配置KieBase与KieSession，也就是配置kmodule.xml文件，该文件在Workbench里面，kmodule.xml文件也是通过界面配置，然后自动生成。单击项目主页的"设置"按钮，选择"KIE bases"，配置KIE bases及KIE session后，单击"Build"与"Deploy"按钮，完成发布，如图5.45所示。

图5.45　KIE bases及session设置

接下来使用docker快速搭建一个KIE-Server，其与Workbench的安装方式一样，需要先从仓库拉取最新镜像文件。拉取完成后，创建并启动KIE-Server容器，并链接到一个已经启动的Workbench上。

```
docker pull jboss/kie-server-showcase
docker run -p 8180:8080 -d --name kie-server --link drools-work-
bench-showcase:kie_wb jboss/kie-server-showcase:latest
```

启动完成后，单击Workbench首页中"Deploy"菜单下的"servers"链接，即可看到刚刚发布的规则与注册好的KIE-Server。此时只需要选择规则，在右侧页面的"进程配置"中设置"Kie基础名称"和"Kie会话名称"，就可以将规则与KIE-Server服务器关联起来，如图5.46所示。操作完成后，通过url（http://192.168.21.106:8180/kie-server/services/rest/server/containers）就可以看到发布的规则信息，如图5.47所示。接下来就可以在Java项目调用Restful接口，输入参数进行规则的推理，本案例中不展开介绍。

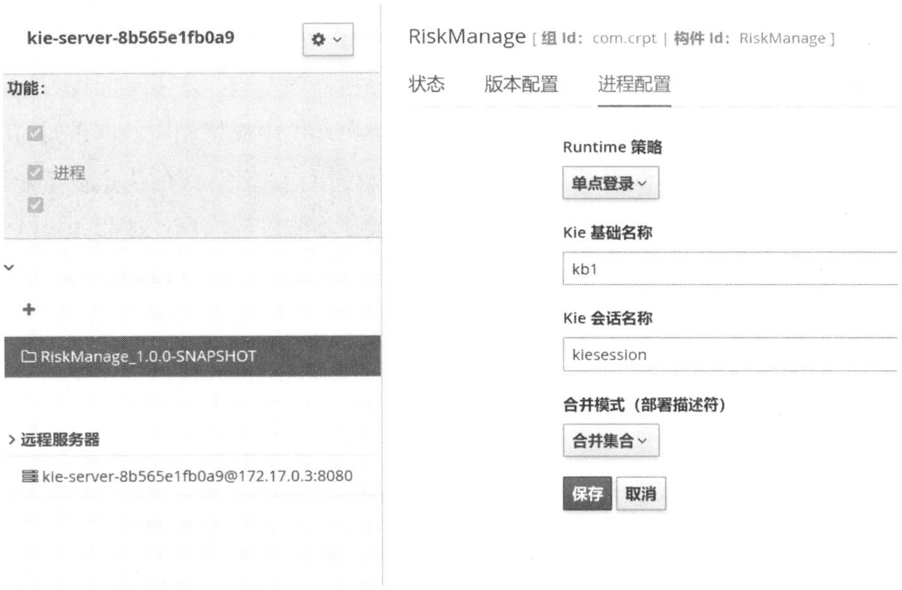

图5.46　配置规则关联的远程服务器

```
This XML file does not appear to have any style information associated with it. The document tree is shown below.

▼<response type="SUCCESS" msg="List of created containers">
  ▼<kie-containers>
    ▼<kie-container container-alias="RiskManage" container-id="RiskManage_1.0.0-SNAPSHOT" status="STARTED">
      ▼<config-items>
          <itemName>KBase</itemName>
          <itemValue/>
          <itemType>BPM</itemType>
        </config-items>
      ▼<config-items>
          <itemName>KSession</itemName>
          <itemValue/>
          <itemType>BPM</itemType>
        </config-items>
      ▼<config-items>
          <itemName>MergeMode</itemName>
          <itemValue>MERGE_COLLECTIONS</itemValue>
          <itemType>BPM</itemType>
        </config-items>
      ▼<config-items>
          <itemName>RuntimeStrategy</itemName>
          <itemValue>SINGLETON</itemValue>
          <itemType>BPM</itemType>
        </config-items>
      ▼<messages>
          <content>Release id successfully updated for container RiskManage_1.0.0-SNAPSHOT</content>
          <severity>INFO</severity>
          <timestamp>2022-02-14T01:39:20.113Z</timestamp>
        </messages>
      ▼<release-id>
          <artifact-id>RiskManage</artifact-id>
          <group-id>com.crpt</group-id>
          <version>1.0.0-SNAPSHOT</version>
        </release-id>
      ▼<resolved-release-id>
          <artifact-id>RiskManage</artifact-id>
          <group-id>com.crpt</group-id>
          <version>1.0.0-SNAPSHOT</version>
        </resolved-release-id>
        <scanner status="DISPOSED"/>
      </kie-container>
    </kie-containers>
  </response>
```

图5.47 验证规则部署成功

2. 授信模型部署

基于Sklearn的机器学习模型上线部署主要有两种方式，一种是基于HTTP服务方式，这种方式需要在生产环境中部署相应的Python环境及相应的Python机器学习包，优点是能将数据预处理部分和模型部分一起部署在HTTP服务中，缺点则是需要在生产环境中部署相应的Python环境。另一种方式则是通过PMML方式将机器学习模型打包给java环境使用，这种方式的优点在于能使生产环境脱离Python环境，只需要有java环境即可，但最大的缺点是不能将数据预处理部分自己编写的数据处理函数打包成PMML文件，因为PMML文件是用sklearn2pmml导出的，只能识别Sklearn家族中的函数和模型算法。

接下来通过Python的轻量级Web应用框架Flask，演示如何将Sklearn机器学习模型上线。首先导出模型为pkl文件。

```
logit_model = LogisticRegression()
from sklearn.externals import joblib
joblib.dump(logit_model, 'logit_model.pkl')
```

然后在Flask中加载pkl文件，并发布Web应用。

```python
from flask import Flask,request,jsonify
from sklearn.externals import joblib
app = Flask(__name__)

# /invocation 是路由地址,使用 http 的 post 方法
@app.route('/invocation',methods=["POST"])
def invocation():
    # 获得 post 传过来的数据
    data = request.get_json(force=True)
    # 加载模型
    model = joblib.load('logit_model.pkl')
    # 数据预测
    pro = model.predict_proba(sc_data)
    res = {'result': str(pro)}
    # 返回结果
    return jsonify(res)

if __name__ == '__main__':
    app.run(host='0.0.0.0', port=9000)
```

模型部署上线后,需要定期对模型的表现进行监控,以保证模型的各项性能不会恶化。根据场景不同,可以选择每月监控、每周监控甚至每天监控。主要从人群区分度、模型准确性、模型稳定性等方面进行监控,具体可参考前面介绍模型验证与评估的内容。当某项指标持续恶化时,应按需对模型进行调整甚至重新开发。

5.4 小结

本章阐释了在产业链金融场景中客户为什么需要钱、什么时候需要钱、什么时候还钱及怎么还钱的基本逻辑,介绍了基于公有云、私有云及开源技术进行机器学习与智能风控的选型过程,演示了对数据进行清洗、特征处理、特征筛选的过程。通过开源的规则引擎及机器学习算法库,展示了准入模型、授信模型的开发、验证及部署过程。

第 6 章
信息安全

2021年8月20日,第十三届全国人大常委会第三十次会议表决通过《中华人民共和国个人信息保护法》(以下简称《个人信息保护法》),并于2021年11月1日起施行。

《个人信息保护法》在现行有关法律法规的基础上,进一步细化、完善了个人信息保护应遵循的原则和个人信息处理规则,明确了各主体在个人信息处理活动中的权利义务边界,补齐了信息安全领域立法的重要一环。《个人信息保护法》与《网络安全法》《数据安全法》共同构成了信息安全领域的三大支柱。

产业链金融平台作为一个为核心企业上下游客户提供一站式贷款服务的平台,其运营过程中必然会涉及客户的经济行为、生物特征、地理位置等个人隐私数据的使用。产业链金融平台在利用个人信息提供金融服务的同时,也承担着保护个人信息的重要责任。保护个人信息也给产业链金融平台带来了巨大的挑战,如何在助力产业链融资服务的同时做好个人信息保护是一个重要课题。

本章将结合《个人信息保护法》,介绍以下知识点。

- 解析《个人信息保护法》的关键点。
- 介绍产业链金融平台应对个人信息保护的相关措施。
- 介绍核心企业内部的数据安全机制。

6.1 《个人信息保护法》解析

《个人信息保护法》将分散于各法律法规及金融行业相关标准中的关于个人信息保护的规定进行了系统性的整合，厘清了个人信息、敏感个人信息、自动化决策、去标识化、匿名化的基本概念，从适用范围、个人信息处理的基本原则、处理规则、跨境传输规则等多个方面对个人信息保护进行了全面规定，个人信息保护领域各主体的行为从此也有了更明确的法律依据。

6.1.1 个人信息定义

何谓"个人信息"？《个人信息保护法》第四条给出了如下定义："个人信息是以电子或者其他方式记录的与已识别或者可识别的自然人有关的各种信息，不包括匿名化处理后的信息。" 而敏感个人信息是个人信息中被特殊保护的部分，《个人信息保护法》第二十八条给出了如下定义："敏感个人信息是一旦泄露或者非法使用，容易导致自然人的人格尊严受到侵害或者人身、财产安全受到危害的个人信息，包括生物识别、宗教信仰、特定身份、医疗健康、金融账户、行踪轨迹等信息，以及不满十四周岁未成年人的个人信息。"

个人信息和敏感个人信息呈包含关系，敏感个人信息属于个人信息。敏感个人信息与个人信息的划分标准是信息的敏感度，强调的是对信息主体造成不良影响的可能性，因此法律对敏感个人信息的保护标准更为严格，保护程度更高。

在确定个人信息的定义和范围时，"匿名化"是非常重要的概念。《个人信息保护法》第七十三条给出了如下定义："匿名化，是指个人信息经过处理无法识别特定自然人且不能复原的过程。" 匿名化处理后的信息无法识别特定自然人且不能复原，故匿名化后的信息不属于个人信息，这类匿名化信息不受《个人信息保护法》保护。

6.1.2 正当性与必要性原则

《个人信息保护法》第六条明确规定："处理个人信息应当具有明确、合理的目的，并应当与处理目的直接相关，采取对个人权益影响最小的方式。收集个人信息，应当限于实现处理目的的最小范围，不得过度收集个人信息。"两个"最小原则"，是个人信息处理应遵循的核心原则，尤其是处理目的的"最小范围"，这是禁止"过度收集个人信息"的关键要点，因为个人信息处理者只有在严格遵守处理目的的"最小范围"原则的前提下，即"非必要不收集"的情况下，才能确保采取对个人权益影响最小的方式处理信息。"最小影响、最小范围、最短时间"规则是《个人信息保护法》中正当性与必要性原则的具体化。

6.1.3　告知—同意原则

"告知—同意"原则,是指任何组织或个人在处理个人信息时都应当对信息主体,即其个人信息被处理的自然人进行告知,在取得同意后方可进行相应的个人信息处理活动,否则该处理行为即属违法,除非法律另有规定。《个人信息保护法》第十四条明确规定:"基于个人同意处理个人信息的,该同意应当由个人在充分知情的前提下自愿、明确作出。法律、行政法规规定处理个人信息应当取得个人单独同意或者书面同意的,从其规定。"

"告知—同意"这一处理原则,在《网络安全法》《消费者权益保护法》及《民法典》等法律中均有规定。《个人信息保护法》不仅确立了"告知—同意"的个人信息处理原则,而且构建了以"告知—知情—同意"为核心的个人信息处理规则体系。

6.1.4　撤回同意原则

撤回同意,指个人信息主体基于"告知—同意"原则,取消自己已经作出的"同意"。个人信息主体行使撤回同意权利的时间不应局限于信息的收集阶段,因为在同意收集个人信息的初始阶段,个人信息主体往往很难理解、判断作出该同意将面临何种后果。

根据《个人信息保护法》第十五条、第十六条规定:"基于个人同意处理个人信息的,个人有权撤回其同意。个人信息处理者应当提供便捷的撤回同意的方式。个人撤回同意,不影响撤回前基于个人同意已进行的个人信息处理活动的效力。""个人信息处理者不得以个人不同意处理其个人信息或者撤回同意为由,拒绝提供产品或者服务;处理个人信息属于提供产品或者服务所必需的除外。"

个人信息主体所撤回的个人同意,虽然对于已经发生的个人信息处理行为没有溯及力,但是个人信息处理者应立即停止数据处理行为,并主动删除内部所存储的个人信息。由于数据的可复制性,处理个人信息的过程中,可能涉及向其他第三方共享、提供、委托处理等,在这些情况下,应保证在个人信息主体撤回同意后,这些第三方个人信息接收方能够按照《个人信息保护法》的要求进行删除。

6.1.5　单独同意原则

"单独同意"是指通过"增强式告知"或"即时提示"等方式,单独向个人信息主体告知处理个人信息的目的、方式和范围,以及存储时间、安全措施等规则,并由个人信息主体明示同意(主动做出确认性动作),不应与其他不相关的目的或业务功能捆绑或混同在其他同意事项中,不应通过"同意个人信息保护政策"等方式一揽子获得同意。

《个人信息保护法》首次提出了"单独同意"的概念,并规定了多个需要取得单独同意的场景,如表6.1所示。

表6.1 "单独同意"相关规定

具体场景	相关规定
向第三方提供其处理的个人信息	第二十三条 个人信息处理者向其他个人信息处理者提供其处理的个人信息的，应当向个人告知接收方的名称或者姓名、联系方式、处理目的、处理方式和个人信息的种类，并取得个人的单独同意。接收方应当在上述处理目的、处理方式和个人信息的种类等范围内处理个人信息。接收方变更原先的处理目的、处理方式的，应当依照本法规定重新取得个人同意
公开其处理的个人信息	第二十五条 个人信息处理者不得公开其处理的个人信息，取得个人单独同意的除外
用于维护公共安全目的以外的目的	第二十六条 在公共场所安装图像采集、个人身份识别设备，应当为维护公共安全所必需，遵守国家有关规定，并设置显著的提示标识。所收集的个人图像、身份识别信息只能用于维护公共安全的目的，不得用于其他目的；取得个人单独同意的除外
处理敏感个人信息	第二十九条 处理敏感个人信息应当取得个人的单独同意；法律、行政法规规定处理敏感个人信息应当取得书面同意的，从其规定
向境外提供个人信息	第三十九条 个人信息处理者向中华人民共和国境外提供个人信息的，应当向个人告知境外接收方的名称或者姓名、联系方式、处理目的、处理方式、个人信息的种类以及个人向境外接收方行使本法规定权利的方式和程序等事项，并取得个人的单独同意

6.1.6 自动化决策原则

在大数据时代，对数据进行更全面的处理及分析是获得业内竞争优势的关键。通过获取客户个人财产状况、信用情况、消费习惯、兴趣爱好、从业领域、对价格的敏感程度等信息，向客户推荐个性化的产品或服务，是快速掌握用户需求的捷径，可以减少了解市场需求的沟通成本，提高产品营销的成功率。

正因为这样的优势，许多个人信息处理者在肆意收集客户的各类信息的同时，为了快速实现高效益，通过大数据计算用户画像，进行自动化决策（或称"算法推荐"）。在消费者不知情的情况下，选择性展示部分产品、服务，隐藏部分交易条件，极大地影响了客户的交易决定，破坏了交易环境的公平性，即"大数据杀熟"。

针对"大数据杀熟""用户画像"和"算法推荐"等涉及个人信息自动化决策的热点问题，《个人信息保护法》第二十四条明确规定："个人信息处理者利用个人信息进行自动化决策，应当保证决策的透明度和结果公平、公正，不得对个人在交易价格等交易条件上实行不合理的差别待遇。通过自动化决策方式向个人进行信息推送、商业营销，应当同时提供不针对其个人特征的选项，或者向个人提供便捷的拒绝方式。通过自动化决策方式作出对个人权益有重大影响的决定，个人有权要求个人信息处理者予以说明，并有权拒绝个人信息处理者仅通过自动化决策的方式作出决定。"

6.1.7 其他要求

个人信息处理者负有配合个人信息主体行使权利的义务。《个人信息保护法》明确了个人信息主体享有的一系列权利，也对个人信息处理者的合规性提出了更高的要求。个人信息处理者应注意加强自身内部的合规建设。

根据《个人信息保护法》第五十一条的规定，个人信息处理者应建立内部合规制度，企业可以结合《个人信息保护法》及其他关联的法律法规、国家标准、指南等规定，结合自身业务特点进行补充调整，具体可以从以下几方面着手落实。

首先，个人信息处理者应制订关于个人信息保护的配套管理制度与操作流程。其次，对个人信息应分类分级管理、分别保护，尤其应对敏感个人信息、出境个人信息、未成年人个人信息等采取更严格的保护措施。再者，应对所处理的个人信息采取相应的加密操作，如加密传输、加密存储等，可参考《信息安全技术 信息系统密码应用基本要求》。最后，应确定个人信息处理的合理操作权限，参考《国家网络安全事件应急预案》的规定制订相关预案。

6.2 平台调研分析

近年来，移动互联网程序被广泛应用，在促进经济社会发展、提升民生服务等方面发挥了巨大的作用；同时，强制授权、过度索权、超范围收集个人信息等现象也引发关注，如表6.2所示。

表6.2 个人信息保护常见问题

主要问题	问题描述
未经授权擅自收集	指未明确告知收集使用个人信息的目的、方式和范围并获得用户同意前，就开始采集个人信息或打开可采集个人信息的权限
过度和非必要收集	指收集的个人信息类型或打开的可收集个人信息的权限与现有业务功能无关，并非其正常运行或实现相关功能所必需；或App收集个人信息的频度超出业务功能的实际需要
频繁索权和强制收集	指在用户明确不同意《隐私政策》或拒绝权限申请后，仍收集个人信息或打开可收集个人信息的权限，或频繁征求用户同意、干扰用户正常使用；甚至"不给权限不让用"，强制要求用户同意开放不必要的权限，若用户不同意，就拒绝提供任何服务
隐瞒第三方SDK收集行为	指App嵌入了收集用户个人信息的第三方SDK，但未通过《隐私政策》或其他显著方式向用户明示第三方SDK的个人信息收集行为
私自共享个人信息给第三方	指既未经用户同意，也未做匿名化处理，直接向第三方提供用户个人信息
未提供账号注销、个人信息查询、更正或删除途径	指未提供有效的更正、删除个人信息及注销用户账号功能；或App为更正、删除个人信息或注销用户账号设置不必要或不合理的条件
算法歧视或大数据杀熟	指利用生成合成类、个性化推送类、排序精选类、检索过滤类、调度决策类等算法技术，误导用户、伤害用户基本权利，甚至违背社会公共伦理的行为

所谓知己知彼，百战不殆，学习了《个人信息保护法》的相关规定，我们需要"端到端"地梳理产业链金融平台中涉及个人信息处理的全周期流程、具体的数据需求等，以便进一步设计个人信息保护的合规性措施。

产品的详细流程及场景请参考本书第2章，这里仅简要回顾主要流程节点，如图6.1所示。

图6.1　产品流程及场景梳理

- 进入App，主要包括注册、实名认证、登录等环节。虽然该过程看起来很简单，但涉及收集用户的身份信息、人脸信息、设备信息等数据。
- 产品开通，主要是指产业链金融平台向用户推荐融资产品及服务的过程，以及用户查看产品详情并开通产品的过程。该过程涉及大数据的应用、产品信息的展示及用户银行卡信息的收集。
- 贷款过程主要包括授信、支用、还款等过程，涉及用户的第三方数据收集，以及把用户数据共享给银行等第三方机构以完成授信、支用、还款等操作。
- 个人中心主要涉及用户个人信息及历史交易数据的存储与修改。

在完成了产品流程及场景的梳理后，需要针对每个场景的细化功能、操作步骤及产品页面，进一步梳理用户数据采集的详细情况。梳理模板如表6.3所示。

表6.3　数据收集情况汇总表

模块	功能	App页面	子功能	涉及数据信息	数据来源	收集目的	需要申请的终端权限	留存周期	是否可彻底删除	是否提供给第三方	提供给第三方的目的	典型第三方名称
注册	注册	注册	个人注册-手机校验									
			企业注册-企业名称校验									
			设置密码									
认证	个人认证	实名认证	个人身份证拍摄、上传									
			个人身份证信息核实									
		人脸认证	人脸识别									

续表

模块	功能	App页面	子功能	涉及数据信息	数据来源	收集目的	需要申请的终端权限	留存周期	是否可彻底删除	是否提供给第三方	提供给第三方的目的	典型第三方名称
认证	个人认证	补充基本信息	补充基本信息									
	企业认证	企业实名认证	确认企业信息									
			企业法人身份证拍摄、上传									
			企业法人身份证信息核实									
		法人代表人脸认证	人脸识别									
		基本信息补充	基本信息补充									

（1）需要采集个人信息的对应功能的描述，如注册、个人用户认证、授信等。

（2）收集的数据类型。

主要指平台所采集的个人数据。其中，个人数据指的是任何可以通过直接或间接方式识别用户主体的相关信息。

- 个人主体信息：包括手机号、姓名、身份证信息（身份证号、签发机关、有效期、民族及住址）、人脸信息、婚姻状况、子女情况、居住地址、直系亲属的姓名和手机号、其他联系人的姓名和手机号、户口本首页及本人页等。
- 设备相关信息：包括设备型号、操作系统版本、国际移动用户识别码、SIM卡序列号、应用包名、应用版本号、国际移动设备识别码、设备环境等软硬件特征信息、设备所在位置相关信息（如GPS位置及WLAN接入点、蓝牙等传感器信息）。
- 设备权限申请：若App及产品有"隐藏"的数据应用情景，如申请拨打电话、读取本机识别码、存储、相机、麦克风及位置信息等设备权限，也需要一并梳理。
- 网络日志信息：使用客户端提供的服务的过程中产生的网络日志信息，如本人使用的语言、访问日期和时间及本人访问的网页记录等。
- 支付信息：银行卡信息，包括开户行、账号等。
- 业务记录信息：使用核心企业ERP产生的订单信息，包括单号、下单时间、商品规格、价格、数量等；合同信息，包括签约主体、有效期、涉及金额等信息；通过产业链金融平台与第三方金融机构签订的协议相关信息，包括申请记录、成功贷款金额、放款时间及还款周期等信息。

（3）数据收集的目的。

根据"最小范围"原则，说明采集该项数据的用途、目的和必要性。若一类数据有多种用途，需要逐一列出。说明应尽量做到清楚、细致。产业链金融平台有通知用户收集、处理数据情况的义务，数据收集目的的相关内容将作为平台通知数据主体的文本参考。

（4）数据来源。例如，在注册账号时，需要用户手动输入手机号，此时手机号这项数据的来源为"用户主动填写"；账号注册成功后，App会抓取设备IMEI传输给平台系统，此时IMEI的来源为"平台自动收集"；授信时需要从第三方数据机构获取用户的第三方征信数据，来源为"第三方机构"。

（5）数据留存周期。根据"最短时间"原则，说明该份数据在产业链金融平台及相关系统中的留存时间。

（6）是否提供给第三方。需要说明在哪些环节会将哪些数据提供给第三方公司或机构，并说明输出数据的目的及必要性。

6.3　合规性措施

本节我们将基于前面梳理的场景与流程，以及具体的采集数据项，结合《个人信息保护法》的要求，举例说明产业链金融平台中的合规性保护措施。

6.3.1　注册阶段

建议在软件首次运行时，通过弹窗等明显方式提示用户阅读注册协议和隐私协议等文本，即当用户进入注册页面时，提供弹窗，提示用户查看文本内容，然后勾选同意。此外，需保证用户登录后，在产品内可以便捷地查看用户协议和隐私政策（即登录后经过不超过4个页面即可找到相关协议）。

1. 用户注册协议

在注册阶段，首先需要准备的是《用户注册协议》，用于明确产品和用户各自的权利和义务，明确哪些事情该做，哪些事情不该做，并明确指出出现问题之后的解决方案。《用户注册协议》作为一个广泛意义上的约定协议，在各行各业都有应用，因此有比较标准的写作规范和模板。本书附录1.1提供了类似产品的注册协议，供读者参考。通常《用户注册协议》主要包含以下几部分内容。

（1）术语说明。考虑到产品服务中有诸多专业术语，需要在协议开头对各类术语概念进行解释说明。

（2）协议说明。介绍协议适用的主体，提供本协议的写作原因与目的。

（3）服务说明。介绍产品和服务的基本内容，提供服务的具体形式（App/小程序等），以及服务的范围。此外，还需要对服务可能出现的变更、中断及终止场景进行说明。

（4）权利义务。介绍服务提供方与用户之间的权利和义务。明确双方能做什么，不能做什么。

（5）知识产权。说明产品和服务的知识产权，明确用户不得破解软件、盗用产品中提供的文本、图片、视频及其他信息。

（6）个人信息保护。通常会提供查看《隐私协议》的链接。

（7）责任条款。通常是服务提供方的免责说明，尤其是用户存在违法违规行为时的免责说明。

2. 用户隐私协议

从最广泛的意义上来说，隐私条款是服务提供方对其开展的收集、保存、使用、共享、转让等个人信息处理行为的说明，明示收集、使用个人信息的目的、方式和范围。本书附录1.2提供了参考模板。协议内容应包含但不限于以下几点。

（1）服务提供方的基本情况，包括主体身份、联系方式等。

（2）收集、使用个人信息的业务功能，以及各业务功能分别收集的个人信息类型。涉及敏感个人信息的，需明确标识或突出显示。收集个人信息的业务功能及每个业务功能所收集的个人信息类型应逐项列举，不应使用"等""例如"等方式概括说明。

（3）个人信息收集方式、存储期限、涉及数据出境情况等个人信息处理规则。

（4）对外共享、转让、公开披露个人信息的目的，涉及的个人信息类型，接收个人信息的第三方类型，以及各自的安全和法律责任。

（5）个人信息主体的权利和实现机制，如查询方法、更正方法、删除方法、注销账户的方法、撤回同意的方法、获取个人信息副本的方法、对信息系统自动决策结果进行投诉的方法等。

（6）提供个人信息后可能存在的安全风险，及不提供个人信息可能产生的影响。

（7）遵循的个人信息安全基本原则、具备的数据安全能力，以及采取的个人信息安全保护措施，必要时可公开数据安全和个人信息保护相关的合规证明。

（8）处理个人信息主体询问、投诉的渠道和机制，以及外部纠纷解决机构及联络方式。

3. 个人生物信息查询及使用授权

考虑到在注册之后的实名认证阶段，以及日常使用产品涉及的电子签约阶段，都涉及人脸生物信息的采集，还需要在注册阶段准备《个人生物信息查询及使用授权书》。具体参见本书附录1.3。

4. 其他产品功能要求

（1）涉及采集用户身份信息、生物识别信息等个人敏感信息，建议在App具体的功能页面中，同步告知采集的目的与使用范围。

（2）若产品涉及第三方人员信息的填写，如家庭成员、紧急联系人等信息，建议在产品页面中提示用户注册确认并提前告知第三方人员提供给平台这些信息是用于何种用途（如联系人信息，用于用户未能按期还款时请其督促还款），同时建议用户填写完第三方人员的手机号后，同步短信通知该第三方人员，请其确认是否知晓并同意作为该用户的联系人。若该第三方人员拒绝，请注意及时删除用户提供的第三方人员相关信息，并通过平台告知用户第三方人员已拒绝，请用户在申请产品前另行补充联系人信息。

6.3.2 第三方征信数据查询

在用户完成注册与实名认证后，平台会根据用户在核心企业的历史交易数据、第三方征信数据等信息进行内部授信。其中，第一次获取用户第三方征信时，需要用户授权并通过电子签约技术在线签订《个人信息风控查询授权书》。授权书样本请参见本书附录1.4。

此外，使用第三方数据供应商提供的服务，涉及向第三方传输用户的身份信息，需提前考察第三方公司的运营规模、服务报价及服务质量，并针对第三方提供的网络产品和服务进行数据安全和应用方面的合规性调查。

在与第三方数据供应商签约时，建议在合同中明确如下信息。

- 数据来源。
- 数据种类。
- 数据服务内容的具体描述。
- 数据服务传输及匿名化或去标识化的具体方式，对方承诺按公司给予的授权范围执行相关服务、对公司提供的数据保密及配合删除义务。
- 数据提供者须承诺并保证其数据来源的合规性，并保证其提供服务的行为符合相关法律法规的规定。

当然，在对第三方公司进行尽职调查时，也可以根据实际情况灵活调整调查方式、内容，如第三方公司是国有企业或某领域的标杆头部公司，可能受限于对方公司的政策要求，无法提供详尽的反馈。考虑到对方公司在行业中的公信力与影响力，可适当裁剪调查内容。

6.3.3 贷款申请

1. 产品列表

用户注册好账号并实名认证完毕后，进入平台初始主界面（未开通任何贷款产品），平台经过后端配置分析后在前端向用户展现对应的贷款产品。根据当前用户的类别和可开通的产品，平台会从以下几个方面考虑向用户展示的具体产品。

（1）客群划分，后台系统提供基于用户画像（客户类型、规模、交易活跃度、交易年限、年龄、地域、信用评级等维度）的客群划分功能，向划分出的客群推荐相关的产品。

（2）各产品的名单库，表示是否要向某个用户展示/不展示某个产品。

因平台会根据用户画像进行产品展示，涉及算法推荐，建议在产品页面中加入类似"根据您的背景情况建议关注产品列表"的标注，并设置通用型的产品列表展示方式（如根据产品首字母排序或新上产品排序），给用户提供非个性化产品展示的选项，以免被指"算法歧视"。

2. 产品介绍

产品介绍页面中会向客户展示当前产品可贷最高额度。建议在产品介绍中加入如下提示："最高额度"为押金贷产品的通用最高额度，可能与银行根据您的信用情况及监管要求决定的实际可贷款额度不一致，您的实际可贷款额度以银行最终审批为准。

该提示提醒用户最终实际贷款额度由银行根据授信决定，防止用户对可贷金额产生误解，以避免后期出现实际可贷金额小于此处显示金额的情况时，用户产生心理落差或疑问。

3. 产品申请

在产品申请阶段，会要求用户进行人脸识别，验证当前操作人员是用户本人。建议在人脸识别页面加入如下提示信息：基于与您签订的《个人生物信息查询及使用授权书》，我们不会与无关第三方共享您的人脸信息，但我们将通过照片、视频收集您的面部识别特征等生物信息，并提供给负责识别技术的第三方以完成活体检测，确认申请人系持卡人本人。同时我们还需将该信息提供给**银行，以便银行为您办理贷款。

提示的原因是，人脸信息是个人生物识别信息，属于敏感信息。平台应当在用户注册阶段与用户签署《个人生物信息查询及使用授权书》，向用户履行告知义务，并取得用户同意。此阶段建议再次进行提示，告知用户收集信息的范围、目的、使用方式及共享对象，并取得同意，以加强合法性基础。

4. 向银行传输数据

首先，作为助贷服务的提供者，平台按照银行的要求收集和传输大量金融数据。在此过程中，应当区分清楚哪些数据是银行要求收集的，在对接用户的过程中，通过弹窗或页面提示的方式，对银行要求收集的数据进行提示和说明，如在接入了银行SDK或H5的页面上提示"为申请贷款产品，银行要求提供"。

其次，我国现有的针对移动互联网应用App的信息收集的国家标准及相关草案，规定了金融借贷App的最少信息及基本信息表，即App应仅收集满足基本业务需求及法律风控要求的基本信息。虽然文件针对的金融机构通常是指有放贷资质的银行、消费金融公司、小贷公司等在网络上提供借贷服务的机构，并非针对助贷业务机构，但产业链金融平台作为帮助匹配资方和用户、帮助申请贷款的产品，最终对接的是金融借贷服务，涉及的信息收集和数据交互也以金融借贷服务为基础，因此建议对照表6.4，审查收集的信息（包括提供给银行的信息）是否属于国标要求的基本信息，是否超出了最小和必要的要求。

表6.4 金融类业务最小数据要求

类型	个人信息	使用要求
法律法规要求的个人信息	网络日志	《网络安全法》
	手机号码	《移动互联网应用程序信息服务管理规定》：仅用于用户注册，满足注册用户实名认证要求
	身份证信息 · 姓名 · 身份证种类 · 身份证号码 · 身份证有效期限 · 身份证复印件或影印件	《金融机构客户身份识别和客户身份资料及交易记录保存管理办法》 《互联网金融从业机构反洗钱和反恐怖融资管理办法（试行）》 仅用于对借贷用户进行身份识别和认证，满足相关法律法规要求
实现服务所需个人信息	账号信息 · 账号 · 口令	仅用于标识金融借贷用户和保障账号信息安全
	银行账户信息 · 开户行名称 · 银行卡卡号 · 银行卡有效期限 · 银行预留手机号码	仅用于实现银行卡和借贷账号绑卡、银行卡身份认证、借款、还款功能
	个人征信信息 · 中国人民银行个人信用报告 · 第三方个人信用评分	仅用于对借贷用户的个人信用进行评估，确定授信额度。个人征信信息须经用户授权查询
	紧急联系人信息 · 两位常用联系人的联系方式	仅用于金融机构在借贷人逾期不还款时进行催款。应允许用户在金融借贷应用中手动输入紧急联系人信息，而不应强制读取用户的通讯录
	借贷交易记录 · 订单号 · 还款方式 · 还款期数 · 还款金额 · 还款日期 · 借款本金 · 利息 · 订单状态	仅用于实现用户借贷历史查询和处理用户纠纷

产业链金融平台在用户申请融资服务流程中所收集的信息均为实现助贷业务功能的必需信息，具有合法性基础，满足最小必要原则。在向个人信息主体告知收集、使用个人信息的目的、方式和范围等规则，并获得个人信息主体的授权同意后，可以合法收集并向银行传输此类信息。

在金融数据收集、存储、传输、共享的各个方面，原则上应严格遵守银行方面提出的信息技术及安全制式要求，全力配合银行作为金融机构的合规要求，保障数据在收集、传输过程中的安全性，包括但不限于以下重点要求。

- 使用加密加签形式进行数据通信，接收方需对数据验签。保证数据传输的安全性及准确性，避免数据被泄露或篡改。
- 按照银行要求进行跳转链接、数据缓存、用户验证、随机初始化页面密码键盘等安全操作。

- 按照银行要求使用银行提供的SDK或H5页面进行人脸识别等环节，对用户进行核验。
- 对于经内部评估后认为明显超出最小必要信息范围、与业务内容和需求无关的信息，也应当及时通过书面形式请银行方面进行合理解释和确认，最大限度地保护用户的信息安全。

6.3.4　用户注销

第一，设置账号注销流程，且在收到用户注销请求后及时处理已留存的数据内容，并进行删除，如确需留存（如银行要求），则做匿名化处理。关于账户删除的条件，需要结合平台整体业务运行情况和银行给出的条件进行考量，如用户至少要还清贷款、与银行之间无未结费用、与平台之间无未结费用等。关于数据删除的执行，建议将注销用户的相关数据与未注销用户的数据实施隔离存储，使其保持不被检索查询状态至少三年。

第二，对于超出留存期限的用户数据，也需要进行删除或匿名化处理。

6.3.5　数据安全管理

为规范数据的安全管理工作，保护客户个人信息资料的安全性，安全合理地采集、维护、保存、使用客户信息，降低数据被非法生成、变更、泄露、丢失及破坏的风险，对风险进行预防和监督，保证数据的安全性、完整性和准确性，核心企业针对业务数据，应专门开展数据操作管理，并配套相应的管理制度。主要涉及以下几方面内容。

1. 个人信息安全保护

企业需要建立客户个人信息的安全合法收集、保存、使用相关的配套制度。个人信息的安全保护机制不仅需要包括信息的收集、存储、使用、注销删除，还应包括个人信息主体提出查询、更正、删除个人信息的要求，撤回授权同意，要求获取个人信息副本时的处理方式，对个人信息主体的请求响应流程、针对用户投诉的处理流程，对个人信息的委托处理、共享、转让、公开披露等处理规范和流程。

企业应对照上述内容完善相应的制度文本和操作流程，另外，建议设置专门章节确定包括生物信息、金融信息等在内的敏感个人信息的技术要求、管理方式、操作流程，并在实际操作过程中严格遵守个人信息安全保护制度，建立并留存相应的执行记录。

2. 终端安全管理

若平台主要以App形式向用户提供服务，需要配套终端（尤其是移动终端）管理制度。对于移动终端设备系统固有、用户存储及应用程序生成等各类个人信息数据，包括通信信息、日志信息、账户信息、金融支付信息、传感采集信息、设备信息和文件信息七大类信息，从移动终端对个人信息的收集、加工、转移和删除四个主要环节，提出具体的处理要求。

同时，还需要建立配套的安全架构和机制，包括硬件安全、系统软件安全、应用软件安全、接口安全、用户数据安全五个部分。以用户数据安全为例，需要建立数据的分类原则，设计文件的安全级别，针对不同级别采用不同的安全机制，如通讯录、短信、通话记录等数据应列为较高的安全级别。通过访问控制加密等手段阻止未经授权的访问。设置用户信息的加密存储、备份、彻底删除等功能，未经授权的任何实体不能从移动终端的加密存储区域的数据中还原出用户私密信息的真实内容等。

3. 账号安全与权限管理

企业需要构建与现有公司组织架构、人力资源管理流程和办公管理系统相匹配的权限管理制度，保障平台的账号安全。

权限管理的核心是集中和统一管理，应注意避免数据存储、交互和管理的分散性，避免权限的分散和僵化，通过统一管理系统实现对不同类型、不同来源数据权限的动态、灵活管理。

对于各账号的管理，需注意权限分类设置和管理。在数据分类管理的基础上，根据公司的组织架构和员工的岗位设置，对不同数据设置权限分配规则，为岗位自动分配对应权限。同时，对于由于业务需要而需临时获得数据的情况，建立权限审批流程，通过流程获得临时权限，并注意规范临时权限的管理，通过系统设置监督和失效、撤销等措施。

对于账号和权限运行的状态、各权限操作行为，应进行实时跟踪记录和监控，留存记录并做好备份，以备安全事件发生时可以排查问题所在，作为处理依据和解决争议的证据。

4. 网络安全管理

在系统功能方面，主要有安全目标管理、应急预案管理、信息安全事件监测、运行监测、数据交换、权限管理、备份与恢复、安全审计等。

在安全运维管理方面，企业需要制订安全运维策略，并发布、传达给安全运维团队和其他人员。信息系统安全运维策略主要关注来自业务安全战略、安全运维目标、法律法规和合同、当前和预期的信息系统安全威胁环境等方面的要求。运维策略包括但不限于资产管理、日志管理、访问控制、物理和环境安全、备份、信息传输、恶意软件防范、脆弱性管理、入侵管理、异常行为管理、密码控制、通信安全等。

5. 安全漏洞处理

信息安全漏洞处理指信息系统安全风险和漏洞的监测、处理、整改等，重在信息安全事故的事前预防。主要包括以下内容。

- 漏洞发现，应当规定漏洞发现者和漏洞报告者的处理流程。
- 漏洞接收，应当包含漏洞接收者的接收渠道、反馈方式、义务责任等，并根据原因和危害对漏洞分级分类。
- 漏洞验证，应当包含漏洞关联厂商、网络运营者各自的职责，对漏洞进行初步的评估，并向漏洞收录组织提交漏洞报告。
- 漏洞处置，应当包含漏洞关联厂商、网络运营者各自承担的职责，以及与漏洞应急组织和漏洞管理组织的工作协调。
- 漏洞发布，应当包含如何对漏洞的发现及处理结果进行公布。
- 督促核查，应当包含对漏洞优化的监督和全面收尾工作内容，配合漏洞管理组织的审核。

应根据上述制度内容完善相关制度文本和操作流程，在实际操作中严格遵守，建立并留存相应的执行记录。传统企业受限于自身IT能力，一般很难做到安全漏洞的及时发现处理，也可以考虑委托第三方公司来进行安全漏洞方面的处理工作。

6. 安全事件响应

企业需要建立健全安全响应流程，配套出现网络信息安全事故之后的处理办法和整改方案，重在梳理信息安全事故的事后解决路径。安全响应流程主要包含以下几个步骤。

首先，通过人工或自动手段发现信息安全事态的发生和信息安全脆弱性的存在，收集相关信息并报告。对信息安全事态发生的相关信息进行评估，并判断是否将事态归为信息安全事件。应急预案的制度文本中应当包含"吹哨人"的上报流程、汇报对象、负责人员、应急处理方式、评估标准。

其次，按照评估和决策阶段决定的行动立即、实时或接近实时地响应信息安全事件。响应内容包括：记录事件内容，评估事件可能造成的影响，采取必要措施来控制事态、消除隐患，对用户合法权益造成严重危害的需对用户进行安全事件告知。应急预案的制度文本中应当包含上述响应内容及其时限、人员、流程和责任。

最后，当安全事件得到解决之后，有固定的流程整理事件经过，并形成书面调查报告，从事件发生原因及如何进行处理中汲取经验教训。注意在实际操作中严格遵守上述应急预案流程及内容，建立并留存相应的执行记录。

7. 信息安全培训管理

建议企业建立与员工管理、信息安全培训和教育相关的配套制度。应当明确内部涉及个人信息处理的不同岗位人员的安全职责，建立安全事件责任人的处罚机制。应当要求个人信息处理岗位上的相关人员在调离岗位或终止劳动合同时，继续履行保密义务。同时建议至少每年一次或在个人信息保护政策发生重大变化时，对个人信息处理岗位上的相关人员开展个人信息安全专业培训和考核，确保相关人员熟练掌握个人信息保护政策和相关规程。

对于岗位职责安全、处罚机制、保密要求、考核标准及内容等制度，应当完善相关制度文本和操作流程，实际操作中严格遵守，建立并留存相应的执行记录。

6.4 未来展望

产业链金融平台参照助贷平台的运作方式，在国家引导"脱虚就实"的背景下，通过产业链金融，盘活一个产业链上下无数家中小微企业，对国家经济的高质量发展、社会就业的稳定性及发展低碳经济都有巨大的社会价值。目前助贷方面暂无明确统一的法律监管制度，虽然从现有规定来看，国家对助贷业务的监管政策趋严，但并不是要禁止助贷业务的开展，而是要督促助贷回归本源，助贷机构应仅为持牌金融机构、类金融机构提供引流服务。

附 录

1.1 用户注册协议样本

X产品由Y公司（以下条款称"公司"或"我们"）开发并提供相关服务。本协议为您与我们之间就您注册、登录、使用相关服务所订立的协议。为运营需要，我们可能会安排或指定关联公司或其他第三方公司提供本协议项下的某些服务，或继续运营X产品、承继本协议项下的公司的权利义务，您在此同意接受此种安排，我们无需就此向您另行获取授权或同意。

在您开始注册和使用X产品平台及相关服务（以下称"X"）之前，请您务必认真阅读并充分理解本协议，特别是涉及免除或限制责任的条款、权利许可和信息使用的条款等。您注册、登录、使用X，即视为您已阅读并同意接受本协议的全部内容。如果您对本协议的任何条款有异议，您需立即停止使用X。

1.1.1 定义

除本协议另有规定外，下列用语或术语应当具有以下定义。

（1）Y公司：（介绍X产品的服务主体）。

（2）服务介绍：通过自有系统或渠道筛选目标客群，在完成自有风控流程后，为用户介绍符合需求的金融产品，以将较为优质的用户输送给持牌金融机构、类金融机构，为用户提供金融产品申请资料代传递、资金划转指令传递等相关服务，经持牌金融机构、类金融机构风控终审后，完成发放贷款或提供其他金融支持。具体产品和服务内容以X产品当时提供给您的服务内容为准。

（3）贷款管理服务：通过平台为用户提供贷款相关的还款提醒、逾期提醒及还款记录服务。

（4）如未另行约定，本协议中所称"法律法规"均指中华人民共和国大陆地区法律法规，所有货币单位均指人民币，所有日期均指公历日。

1.1.2 服务说明

（1）X产品的App端、H5端和微信小程序端服务均适用本协议。

（2）X产品提供的是助贷和贷款管理服务，受众主要为Y公司的上下游产业链企业/个人，我们将使用您在选择主体类型时提供的主体名称和身份证号/企业信用代码进行身份核验，您提供的上述信息需在Y公司中存有记录。

（3）X产品中涉及的服务申请或/和确认行为，均视为由18周岁以上、有完全民事行为能力的人完成。

1.1.3 权利与义务

（1）您注册时，可以设置账号相应的密码，您需负责保管。以您账号所进行的所有行为将视为您的行为，由您自行承担全部法律责任。未经我们同意，您不得将账号出借、转让、出租、买卖予他人使用。若您发现您的账号遭他人非法使用，应立即通知我们。

（2）您须保证注册时所提供的信息真实、准确、完整、合法有效。注册资料若有变动，应及时更新。我们有权对您提供的信息进行审核。任何您经由X产品上传或以其他方式传送的文字、软件、视频、音频、照片、图片或其他信息、资料（以下称"内容"），均由您作为内容的提供者、上传者承担全部责任。

（3）必要时，我们会向您索取有关证件的原件、复印件、影印件等，以核实您提供的信息的真实性。一旦发现您提供的个人信息存在虚假、无效、不完整和/或不准确等情况，我们有权采取立即停止提供相关服务、注销账号等措施，您需自行承担由此而产生的一切法律责任。

（4）您注册X产品后，我们将结合您提供的信息，为您提供助贷服务，同时您也确认我们有权根据法律法规和业务规则，对X产品的特定内容的展示范围及服务的对象设置一些限制。

（5）我们有权对您使用X产品的情况进行审查和监督（包括但不限于对您上传、存储在X产品的内容进行审核）。若您在使用X产品时违反了中国法律法规、相关政策和公序良俗，或以任何非法目的使用X产品服务，我们有权要求您改正，我们也可直接采取一切必要的措施（包括但不限于在无需事先通知及/或征得您同意的情况下停止数据传输、暂停或终止您使用助贷服务或贷款管理服务的权利）以减轻您的不当行为造成的影响。

（6）您同意我们有权在提供网络服务过程中以各种方式投放各种商业性广告或其他任何类型的商业信息，且您同意接受我们通过程序应用或其他方式向您发送推广、促销活动或其他相关商业信息。您应当自行判断该广告或推广信息的真实性和可靠性并为自己的判断行为负责，除法律法规明确规定外，您因该广告或推广信息进行的交易或因前述内容遭受的损害或损失，您应自行承担，我们不予承担责任。

（7）对于您在X产品中提交或存储的内容、数据，我们仅在法律要求或您同意的范围内向除公司外的主体提供。

（8）我们会在X产品中集成由独立第三方提供的金融产品及服务、展示独立第三方服务的介绍内容和/或链接至独立第三方，我们提供该等集成、展示、链接的目的仅在于向您提供助贷服务，我们对独立第三方提供的相关内容不作任何保证，亦不代表我们对该等第三方及其产品和服务的任何保证、支持或授权，您应当自行甄别并自担风险。

您在使用上述独立第三方的任何产品和服务时，独立第三方会向您展示相应条款和规则，您应当注意了解并选择是否接受该等第三方的条款和规则。若无特别说明或约定，您选择使用X产品中包含独立第三方的服务，视为您选择接受相应独立第三方的条款和规则，您与独立第三方之间的权利义务将依照您与独立第三方的约定及您所接受的独立第三方的条款和规则规定，若有纠纷，由您与独立第三方直接沟通处理。

1.1.4 服务变更、中断或终止

（1）鉴于网络服务的特殊性（包括但不限于服务器的稳定性问题、恶意的网络攻击等行为及其他我们无法控制的情形），您同意我们有权随时变更、中断或终止部分或全部的网络服务（包括收费服务）。

（2）我们需要定期或不定期地对提供服务的平台（如应用程序等）或相关的设备进行检修或维护，若因此类情况而造成网络服务在合理时间内中断，我们无需为此承担任何责任，但我们会尽可能事先进行通告。

（3）若发生下列任何一种情况，我们有权随时中断或终止向您提供本协议项下的网络服务（包括收费服务）而无需对您或任何第三方承担任何责任。

- 您提供的主体资料不真实。
- 您违反法律法规、国家政策或本协议中规定的使用规则。
- 您在使用收费服务时未按规定向我们支付相应的费用。
- 我们有其他合理理由认为需要中断或终止向您提供服务。

1.1.5 知识产权和相关权利

（1）我们为提供服务而使用的任何软件（包括但不限于软件中所包含的文字、软件、视频、音频、照片、图片或其他信息、资料）的一切权利均属于该软件的著作权人，未经该软件的著作权人许可，您不得对该软件进行反向工程（reverse engineer）、反向编译（decompile）或反汇编（disassemble）。

（2）我们提供的服务中包含的任何文本、图片、图形、音频和/或视频资料均受版权、商标和/或其他财产所有权法律的保护，未经相关权利人（含公司及其他原始权利人）同意，就前述资料，您不得在任何媒体上直接或间接发布、播放，或者出于播放或发布目的而改写或再发行，或者用于其他任何商业目的。

1.1.6 个人信息保护

我们将依法保障您在使用X产品过程中提供或产生的个人信息的安全，就您使用本平台服务过

程中有关的个人信息收集、处理和利用的具体约定，请您查看《隐私政策》（请在此插入超链接，可以点击后跳转至隐私政策）。该隐私政策是本协议不可分割的一部分，请您详细阅读了解。

1.1.7 责任条款

（1）我们有权依据合理判断对您违反有关法律法规或本协议规定的行为采取适当的法律行动，并依据法律法规保存有关信息、向有关部门报告等，您应独自承担由此产生的一切法律责任。

（2）您明确同意您使用X产品所存在的风险和产生的一切后果由您自己承担，我们仅在法律规定的范围内承担相应责任。

（3）对于您在使用X产品过程中，因独立第三方提供相关服务而导致的损失和责任由该第三方承担，包括但不限于以下内容。

- 因银行、保理、担保公司等独立第三方服务提供商未按照您和/或平台指令进行操作或其他非平台的原因导致资金未能及时到账或未能到账引起的任何损失或责任。
- 因银行、保理、担保公司等独立第三方服务提供商对交易限额或次数等方面的限制而引起的任何损失或责任。
- 因其他服务提供方的行为或非平台的任何原因导致的任何损失或责任。

（4）对于您在使用X产品的过程中，您违反与独立第三方服务提供商约定或规定的行为，由您自行向独立第三方服务提供商承担相应责任，若因此给我们造成损失，您还应向我们承担相应损失赔偿责任。

1.1.8 通知与变更

（1）我们可通过页面公告、微信、短信或常规的信件传送方式向您发送通知，若采用信件传送方式，该等通知于您签收（包括视为签收）之日视为送达；采用其他通知方式的，该等通知于发送之日视为送达。您应及时查收我们的通知，以避免因错过更新、调整或其他原因导致影响您使用我们的服务。

（2）您应当通过我们对外正式公布的通信地址、传真号码、电子邮件地址等联系信息向我们发出及送达通知。

（3）根据国家法律法规变化及本平台运营需要，公司有权不时修改本协议条款及相关规则。未经您明确同意，我们不会削减您按照本协议及相关规则应享有的权利。您应不时关注公告、通知及协议、规则等相关内容的变动。若您不同意更新后的内容，应立即停止使用X产品；若您继续使用X产品，即视为知悉变动内容并同意接受。

1.1.9 其他条款

（1）本协议的订立、执行和解释及争议的解决均应适用中国法律。若双方就本协议内容或其执行发生任何争议，双方应尽力友好协商解决；协商不成时，应向互联网法院提起诉讼。

（2）如果本协议中任何一条被视为废止、无效或因任何理由不可执行，该条应视为可分的且并不影响任何其余条款的有效性和可执行性。

（3）您点击"确认"按钮即视为您完全接受本协议，在点击之前请您再次确认已知悉并完全理解本协议的全部内容。

1.2 用户隐私协议样本

Y公司（以下称"我们"）为尊重并保护您的个人隐私权，特制定并发布此隐私政策。我们会尽全力保护您的个人信息安全，我们致力于维持您对我们的信任，恪守以下原则，保护您的个人信息：权责一致原则、目的明确原则、选择同意原则、最小必要原则、确保安全原则、主体参与原则、公开透明原则等。

请您务必在注册X产品并使用我们的服务前仔细阅读本隐私政策。若您选择注册X产品并使用我们的服务，即视为您完全理解、同意并接受本隐私政策，请您务必认真阅读并充分理解本政策，特别是涉及免除或限制责任的条款、权利许可和信息使用的条款等。若您不同意本隐私政策或其中任何一部分，请不要注册或立即停止使用我们提供的相关服务。

本隐私政策将帮助您了解以下内容。

- 我们如何收集和使用您的个人信息。
- 我们如何共享、转让、公开披露您的个人信息。
- 我们如何保护您的个人信息。
- 您对您个人信息享有的权利。
- 您的个人信息如何在全球范围转移。
- 本隐私政策如何更新。
- 其他。

若您对本隐私政策有任何疑问，您可随时通过本隐私政策公布的联系方式与我们取得联系。

1.2.1 如何收集和使用您的个人信息

1. 个人信息范围

本隐私政策可能涉及的个人信息如下。

（1）用户基本信息：手机号、姓名……（具体待补充）

（2）设备相关信息：设备型号、操作系统版本……（具体待补充）

（3）网络日志信息：使用App/小程序的过程中产生的网络日志信息，如本人使用的语言、访问日期和时间及本人访问的网页记录等。

（4）支付信息：银行卡信息，包括开户行、账号……（具体待补充）

（5）业务记录信息：使用服务产生的订单信息，包括业务单号、下单时间……（具体待补充）；通过平台与第三方金融机构签订的协议相关信息，包括申请记录、成功贷款金额、放款时间、还款周期及逾期情况等信息。

我们仅会出于本隐私政策所述的以下目的向您或从您授权同意的第三方收集和使用您的如下个人信息。

2. 为您提供核心功能所需信息

（1）注册账号。

为完成账号创建，您需提供您的手机号并设置登录密码，我们将通过发送短信验证码的方式来验证您所提供的联系信息是否有效，并待您选择账号注册类型后通过查询您提供的身份证号/统一社会信用代码和姓名/企业名称是否已在Y公司的业务系统中留有记录，判断您是否为Y公司上下游产业链的参与主体，以正常使用X产品。

（2）实名认证。

您需开启"相册"或"摄像头"权限，选择上传身份证照片和人脸信息，确认姓名、身份证号、签发机关、有效期、民族、身份证住址，我们会将上述信息提交给合法持有您上述信息的第三方身份验证机构，以便对您所提供的信息的准确性进行核对。

此外，我们还需您打开"麦克风"权限以输入特定内容的语音，核实您的状态是否正常。

（3）风险评估。

为了降低您与金融机构的交易风险，进行风险管理及控制，您需要提供如下基本信息：婚姻状况、子女状况；同时为提高您申请产品的效率，我们根据银行的需求请您补充提供：……（具体待补充）我们将提供您的主体信息（包括身份证信息和企业信息）给我们的技术合作伙伴，进行主体风险评估，以确认是否能够向您提供服务和评估可能的贷款额度。此外，我们将在您申请金融产品时按金融机构要求同步给金融机构。

同时，在您享受X产品服务的过程中，我们会持续利用上述信息和业务记录信息检测、预防及/或修复欺诈或其他潜在的非法活动。

（4）金融产品信息介绍。

为了了解您在Y公司产业链中的角色和资金需求，精准介绍金融产品，我们将向Y公司获取您的关联合同信息，如合同编号、收款方、签订日期、应收和已收保证金等，并结合您的风险评估结果向您展示您可申请的产品。

（5）金融产品申请。

您在申请金融产品时，您的手机号、身份证号、用户姓名……（具体待补充）这些银行提出的申请贷款产品所需的必要信息将通过平台共享给合作的金融机构，来满足金融机构对金融产品申请的审核要求，以供金融机构对您的申请进行审批。

同时为了保证您有申请产品的权利，我们将通过收集您的人脸、声音信息以核实您的身份。

（6）在线签约。

为保障双方在线签订的电子协议的有效性，我们会采购第三方提供的电子签名服务。我们将提供您在注册登录时提供的姓名、身份证号及手机号信息给第三方用于签名记录。

此外，我们还可能通过向您或您的联系人的手机号发送带H5链接短信的方式执行在线签约流程。

（7）贷款信息管理。

为了帮助您管理金融产品的申请进程和还款信息，我们需要从您或您选择交易的金融机构处收集您的金融产品成交订单信息，包括收款方、放款时间、贷款产品、贷款金额、还款期限等。

（8）安全保障。

在您使用我们服务的过程中，为识别账号异常状态、了解平台适配性，我们可能会自动收集您的使用情况并存储为网络日志信息，包括如下信息。

- 设备信息。我们会根据您在软件安装及/或使用中的具体操作，接收并记录您所使用的设备相关信息，包括……（具体待补充）。
- 服务日志信息。当您使用我们的网站或客户端提供的平台或服务时，我们会自动收集您对我们服务的详细使用情况，作为服务日志保存，包括浏览、点击查看……（具体待补充）

请注意，单独的设备信息、服务日志信息是无法识别特定自然人身份的信息。如果我们将这类非个人信息与其他信息结合用于识别特定自然人身份，或者将其与个人信息结合使用，则在结合使用期间，这类非个人信息将被视为个人信息，除取得您授权或法律法规另有规定外，我们会将这类信息做匿名化、去标识化处理。

此外，我们也会为了不断改进和优化上述功能来使用您的上述信息。

3. 为您提供附加功能所需信息

（1）客服咨询。

为保证您的账号安全，我们的客服会使用您的手机号甚至身份证号核验您的身份。当您需要我们提供与您助贷服务相关的客户服务时，我们将会查询您的关联合同信息，当您需要我们提供与您贷款管理相关的客户服务时，我们将会查询您的贷款订单信息。

（2）个性化推荐、发送促销营销信息。

为了让您快速找到需要的金融产品，我们可能会收集您使用我们服务的设备信息（包括设备名称……（具体待补充））来为您提供产品信息展示的更优方式，并为了不断改进和优化上述功能而使用您的个人信息。

为向您提供更便捷、更符合您个性化需求的信息展示，我们可能会收集您的订单信息……（具体待补充）进行数据分析以形成用户画像（用户画像是指通过收集、汇聚、分析个人信息，对某特定自然人的个人特征，如个人喜好做出分析或预测，形成其个人特征模型）。我们会使用此类信息向您发送个性化商业信息，如果您不想接受个性化展示或我们发送的推送信息，可通过我们提供的方式进行退订或关闭。

4. 您个人信息使用的规则

（1）我们会根据本隐私政策的约定并为实现我们的平台与/或服务功能对所收集的个人信息进行使用。

（2）在收集您的个人信息后，我们将通过技术手段对数据进行处理，信息将无法识别主体。请您了解并同意，在此情况下我们有权使用已经技术处理的信息；在不透露您个人信息的前提下，我们有权对用户数据库进行分析并予以商业化的利用。

（3）请您注意，对于您在使用我们的平台与/或服务时所提供的所有个人信息，除非您进行删除或通过系统设置拒绝我们收集，否则将视为您在使用我们的平台与/或服务期间持续授权我们使用。在您注销账号时，我们将停止使用并删除您的个人信息。若我们停止运营X产品平台，我们将及时停止收集您个人信息的活动。

（4）我们会对我们的平台与/或服务使用情况进行统计，并可能会与公众或第三方共享这些统计信息，以展示我们的平台与/或服务的整体使用趋势。但这些统计信息不包含您的任何身份识别信息。

请注意，您提供和上传的信息中会涉及您或他人的个人信息甚至个人敏感信息。但拒绝提供上述信息或关闭上述权限将使您无法使用对应的功能。除非经您自主选择或遵从相关法律法规要求，我们不会对外提供上述信息，或者将其用于该功能以外的其他用途。但我们可能会对上述信息进行匿名化处理，用于平台的广告宣传。

请您理解，我们向您提供的服务是不断更新和发展的。若您选择使用了前述说明当中尚未涵盖的其他服务，基于该服务我们需要收集您的信息时，我们会通过页面提示、交互流程、协议约定的方式另行向您说明信息收集的范围与目的，并征得您的同意。我们会按照本政策及相应的用户协议约定使用、存储、对外提供及保护您的信息；若您选择不提供前述信息，您可能无法使用某项或某部分服务，但不影响您使用我们提供的其他服务。

当我们要将信息用于本政策未载明的其他用途时，会事先征求您的同意。

当我们要将基于特定目的收集而来的信息用于其他目的时，会事先征求您的同意。

5. 收集、使用个人信息时事先征得授权同意的例外

请您充分理解并同意，我们在以下情况下收集、使用您的个人信息无需您的授权同意，且我们

可能不会响应您提出的更正/修改、删除、注销、撤回同意、索取信息的请求。

（1）与国家安全、国防安全有关的信息。

（2）为履行法定职责或法定义务所必需的信息。

（3）为应对突发公共卫生事件，或者紧急情况下为保护自然人的生命健康和财产安全所必需的信息。

（4）为公共利益实施新闻报道、舆论监督等行为在合理的范围内处理个人信息。

（5）法律行政法规规定的其他情形。

请知悉，根据适用的法律，若我们对个人信息采取技术措施和其他必要措施进行处理，使得数据接收方无法重新识别特定个人且不能复原，或我们可能会对收集的信息进行去标识化的研究、统计分析和预测，用于改进我们的平台和服务（包括使用匿名数据进行机器学习或模型算法训练），则此类处理后数据的使用无需另行向您通知并征得您的同意。

1.2.2　我们如何共享、转让、公开披露您的个人信息

1. 共享

（1）除本政策另有列明外，一般情况下，我们不会与其他公司、组织和个人分享您的个人信息，但以下情况除外。

- 在获取明确同意的情况下共享：获得您的明确同意后，我们会与其他方共享您的个人信息。
- 我们可能会根据法律法规规定，或按政府主管部门的强制性要求，对外共享您的个人信息。
- 只有共享您的信息，才能实现我们的平台与/或服务的核心功能或提供您需要的服务。
- 在法律法规允许的范围内，为维护Y公司或我们的合作伙伴、您或其他用户、社会公众利益、财产或安全免遭损害而有必要提供。
- 应您需求为您处理您与他人的纠纷或争议。
- 符合与您签署的相关协议（包括在线签署的电子协议及相应的平台规则）或其他的法律文件约定所提供。
- 基于学术研究而使用。
- 基于符合法律法规的社会公共利益而使用。

（2）与我们的关联公司共享。

您的个人信息可能会在Y公司内共享。我们只会共享必要的个人信息，且受本隐私政策中所声明目的的约束。附属公司若要改变个人信息的处理目的，将再次征求您的授权同意。

（3）与授权合作伙伴共享。

仅为实现本政策中声明的目的，我们的某些服务将由授权合作伙伴提供。我们可能会与合作伙伴共享您的某些个人信息，以提供更好的客户服务和用户体验。我们仅会出于合法、正当、必要、

特定、明确的目的共享您的个人信息，并且只会共享提供服务所必要的个人信息。我们的合作伙伴无权将共享的个人信息用于任何其他用途。

目前，我们的授权合作伙伴包括以下几大类型。

（1）技术供应商、数据服务提供商和其他合作伙伴。

我们将您的个人信息发送给支持我们业务的其他类型的供应商、服务提供商和其他合作伙伴，这些支持包括提供技术基础设施服务、提供风控技术服务或支付技术支持。

对我们与之共享个人信息的公司、组织和个人，我们会要求他们按照我们的说明、本隐私政策及其他任何相关的保密和安全措施来处理个人信息。

（2）金融机构。

我们将按金融机构服务准入政策的要求，将您的信息（包括但不限于用户姓名、证件号码、贷款金额）传输给金融机构，供金融机构确认是否符合产品申请要求。

对我们与之共享个人信息的公司、组织和个人，我们会与其签署严格的保密协议，要求他们按照我们的说明、本隐私政策及其他任何相关的保密和安全措施来处理个人信息。

（3）为了遵守法律、执行或适用我们的用户协议和其他协议，或者为了保护您或其他用户的权利及财产或安全（如为防止欺诈等违法活动和减少信用风险），我们可能会与其他公司和组织交换您的个人信息。不过，我们不会违反本隐私政策中所作的承诺而为获利目的出售、出租、共享或以其他方式披露您的个人信息。

2. 转让

我们不会将您的个人信息转让给任何公司、组织和个人，但以下情况除外。

（1）在获取您明确同意的情况下转让：获得您的明确同意后，我们会向其他方转让您的个人信息。

（2）因涉及合并、收购或破产清算而转让：若此种情形下涉及个人信息转让，我们会要求受转让的持有您个人信息的公司、组织继续受此隐私政策约束，否则我们将要求该公司、组织重新向您征求授权同意。

3. 公开披露

我们仅会在以下情况下，公开披露您的个人信息。

（1）获得您明确同意后。

（2）基于法律的披露：在法律、法律程序、诉讼或政府主管部门强制性要求的情况下，我们可能会公开披露您的个人信息。

4. 委托处理

为了提高信息处理效率，降低信息处理成本，或提高信息处理准确性，我们可能会委托有能力的我们的关联公司或其他专业机构代表我们来处理信息。我们会通过书面协议、现场审查等方式要求受托公司遵守严格的保密义务及采取有效的保密措施，禁止其将这些信息用于未经您授权的用途。

5. 共享、转让、公开披露个人信息时事先征得授权同意的例外

以下情形中，共享、转让、公开披露您的个人信息无需事先征得您的授权同意。

（1）与国家安全、国防安全有关的。

（2）与公共安全、公共卫生、重大公共利益有关的。

（3）与犯罪侦查、起诉、审判和判决执行等司法或行政执法有关的。

（4）出于维护您或其他个人的生命、财产等重大合法权益但又很难得到本人同意的。

（5）从合法公开披露的信息中收集个人信息的，如合法的新闻报道、政府信息公开等渠道。

请知悉，根据适用的法律，若我们对个人信息采取技术措施和其他必要措施进行处理，使得数据接收方无法重新识别特定个人且不能复原，则此类处理后数据的共享、转让、公开披露无需另行向您通知并征得您的同意。

1.2.3 我们如何保护您的个人信息

（1）我们已使用符合业界标准的安全防护措施保护您提供的个人信息，防止数据遭到未经授权访问、公开披露、使用、修改、损坏或丢失。我们会采取一切合理可行的措施，保护您的个人信息。

（2）我们会采取一切合理可行的措施，确保未收集无关的个人信息。我们只会在达成本政策所述目的所需的期限内保留您的个人信息，除非需要延长保留期或受到法律的允许。

（3）互联网并非绝对安全的环境，而且电子邮件、即时通信及与其他用户的交流方式并未加密，我们强烈建议您不要通过此类方式发送个人信息。我们建议您使用此类工具时使用复杂密码，并注意保护您的个人信息安全。

（4）发生个人信息安全事件后，我们将按照法律法规的要求，及时向您告知。

1.2.4 您对您个人信息享有的权利

按照中国相关的法律、法规、标准，以及其他国家、地区的通行做法，我们保障您对自己的个人信息行使以下权利。

1. 访问和更正您的个人信息

您有权访问和更正您的个人信息，法律法规规定的例外情况除外。如果您希望访问或编辑您的账号的基本信息、更改您的密码，可以通过访问"我的"执行此类操作。

如果您希望查看访问可申请金融服务的订单信息，可以通过访问"贷款"执行此操作。

2. 删除您的个人信息

在以下情形中，您可以通过本隐私政策公布的联系方式向我们提出删除个人信息的请求。

（1）如果我们处理个人信息的行为违反法律法规。

（2）如果我们收集、使用您的个人信息，却未征得您的同意。

（3）如果我们处理个人信息的行为违反了与您的约定。

（4）如果您不再使用我们的服务，或您注销了账号。

（5）如果我们不再为您提供服务。

当您从我们的服务中删除信息后，我们可能不会立即备份系统删除相应的信息，但会在备份更新时删除这些信息。

3. 改变您授权同意的范围

每个业务功能需要一些基本的个人信息才能完成。对于额外收集的个人信息的收集和使用，您可以随时给予或收回您的授权同意。当您收回同意后，我们将不再处理相应的个人信息。但您收回同意的决定，不会影响此前基于您的授权而开展的个人信息处理。

4. 个人信息主体注销账号

您随时可以注销您注册的账号，您可以通过协议列明的联系方式与我们联系，我们将告知您注销账号的方式。

在注销账号之后，我们将停止为您提供平台或服务，并依据您的要求，删除您的个人信息，法律法规另有规定的除外。

5. 响应您的上述请求

为保障安全，您可能需要提供书面请求，或以其他方式证明您的身份。我们可能会先要求您验证自己的身份，然后再处理您的请求。

对于您合理的请求，我们原则上不收取费用，但对多次重复、超出合理限度的请求，我们将视情况收取一定的成本费用。对于那些无端重复、需要过多技术手段（如需要开发新系统或从根本上改变现行惯例）、给他人合法权益带来风险或非常不切实际（如由第三方存放的信息）的请求，我们可能会予以拒绝。

在以下情形中，我们将无法响应您的请求。

（1）与个人信息控制者履行法律法规规定的义务相关的。

（2）与国家安全、国防安全直接相关的。

（3）与公共安全、公共卫生、重大公共利益直接相关的。

（4）与犯罪侦查、起诉、审判和执行判决等直接相关的。

（5）个人信息控制者有充分证据表明个人信息主体存在主观恶意或滥用权利的。

（6）出于维护个人信息主体或其他个人的生命、财产等重大合法权益但又很难得到本人同意的。

(7)响应个人信息主体的请求将导致个人信息主体或其他个人、组织的合法权益受到严重损害的。

(8)涉及商业秘密的。

1.2.5 您的个人信息如何在全球范围转移

原则上,我们在中华人民共和国境内收集和产生的个人信息,将存储在中华人民共和国境内。如果未来我们有将个人信息转移出境的需求,我们将另行获得您的授权同意。

1.2.6 本隐私政策如何更新

我们的隐私政策可能变更。未经您明确同意,我们不会削减您按照本隐私政策所应享有的权利。我们会在本页面上发布对本政策所做的任何变更。

对于重大变更,我们还会提供更为显著的通知(包括对于某些服务,我们会通过短信发送通知,提供查看链接,说明隐私政策的具体变更内容)。

本政策所指的重大变更包括但不限于以下情形。

(1)我们的服务模式发生重大变化,如处理个人信息的目的、处理的个人信息类型、个人信息的使用方式等。

(2)我们在所有权结构、组织架构等方面发生重大变化,如业务调整、破产并购等引起的所有者变更等。

(3)个人信息共享、转让或公开披露的主要对象发生变化。

(4)您参与个人信息处理方面的权利及其行使方式发生重大变化。

(5)我们负责处理个人信息安全的责任部门、联系方式及投诉渠道发生变化。

(6)个人信息安全影响评估报告表明存在高风险。我们还会将本政策的旧版本存档,供您查阅。

1.2.7 其他

我们的联系方式:如果您有任何疑问、意见或建议,请通过以下联系方式与我们联系:(具体待补充)。

定义:本隐私政策中所出现的相关名词定义如下。

Y公司:(具体待补充)。

助贷服务:通过自有系统或渠道筛选目标客群,在完成自有风控流程后,为用户介绍符合需求的金融产品,同时也可以将较为优质的用户输送给持牌金融机构、类金融机构,经持牌金融机构、类金融机构风控终审后,完成发放贷款或提供其他金融支持。

贷款管理服务:通过平台为客户提供贷款相关的还款提醒、逾期提醒及还款记录服务。

1.3 个人生物信息查询及使用授权书样本

重要提示：

为了维护您（亦称"本人"）的合法权益，请在勾选/签署本授权书前，仔细阅读、充分理解本授权书的各条款内容，特别是免除或减轻Y公司责任或限制您权利的条款。您的勾选/签署行为即视为您已阅读并同意本授权书条款的约束，本授权书即生效。

本人：_____，

证件号码：_____，

向被授权人作以下不可撤销的授权。

1. 授权事项及用途

鉴于本人，或本人作为法人、其他组织、机构（以下合称"贷款申请人"）的法定代表人代表贷款申请人，使用被授权人的助贷服务获取信贷信息，本人做出以下授权。

（1）本人授权被授权人可在本人/贷款申请人或与本人/贷款申请人在注册X产品及使用平台有关的信贷/担保业务期间（含申请及存续），通过X产品委托活体检测技术服务提供商——Z公司对本人的面部个人生物信息（以下统称"个人生物信息"）进行分析、对比、核实、校验。

（2）为便于更好地向本人/贷款申请人提供助贷或贷款管理服务，本人同意并授权被授权人可以向活体检测技术服务提供商、审批贷款的银行等合作伙伴提供本人生物信息，用于与本人/贷款申请人业务有关的身份验证、反欺诈识别、信息比对校验等风险管理用途。同时本人允许上述机构在不违反法律法规的前提下使用本人生物信息。

上述个人生物信息可用于以下用途。

- 审核本人/贷款申请人在X产品上的操作系本人/贷款申请人亲自进行，对本人/贷款申请人身份通过人脸识别的方式进行实名认证，及对本人/贷款申请人使用被授权人的服务进行风险管理。
- 依法或经有权机关要求进行提供。
- 其他本人向被授权人申请或办理的业务。

（3）本人同意并授权被授权人及被授权人的合作伙伴在达成本授权书所述目的所需的期限内保留本人/贷款申请人的个人生物信息，除非出于防止欺诈及保护账号安全的合法权益等原因需要延长保留期或受到法律的允许。

2. 授权期限

本授权书的授权期限为自本人做出本授权承诺之日起至本人/贷款申请人与被授权人的助贷服务和贷款管理服务关系终止之日止。

3. 本人声明

（1）本授权书是本人向被授权人做出的单方承诺，效力具有独立性，不因与被授权人签订的用户注册协议、服务协议等合同条款无效而无效。若本授权书系在线勾选确认，本人同意本授权书以数据电文形式订立，本人将不会因此否认本授权书的法律效力。

（2）若本人/贷款申请人在被授权人处办理的业务未获批准，本人同意被授权人继续保留此授权书和相应身份及申请所留信息。

（3）本人已知悉本授权书所有内容，并已对本授权书条款的含义及相应的法律后果全部通晓并充分理解，自愿做出上述授权，本授权书一经勾选/签署即视为本人同意本授权书内容，本人同意承担由此带来的一切法律后果。

授权人：

日期：　　年　月　日

1.4　个人信息风控查询授权书

特别提示：

为了保障您的合法权益，请您务必完整阅读并充分理解本授权书；若您不接受本授权书的任何条款，请您立即终止授权。

本授权书一经出具即生效，本授权书是本人真实意愿表示，本人同意承担由此带来的一切法律后果。

******

本人_____拟向贵司申请_____业务（如融资租赁贷款、汽车消费融资、以租代购、消费分期、账号注册等），鉴于贵司在业务审查、审批或业务达成的过程中需要收集及使用本人信息，本人已充分知悉并明确授权。

（1）为保证贵司正常提供前述业务及本人的正常使用，贵司有权采集并使用本人以下个人信息。

个人基本信息/身份信息：本人使用贵司的网站或客户端提供的业务的过程中，为完成账号注册、身份核验及正常使用贵司提供的业务而提交的信息，如姓名、电话号码、性别、身份证、驾驶证等。

设备信息：根据本人授予的具体权限，采集并记录本人所使用的设备相关信息（包括设备型号、操作系统版本、国际移动用户识别码、SIM卡序列号、应用包名、应用版本号、国际移动设备识别码、设备环境等软硬件特征信息）、设备所在位置相关信息（包括GPS位置及WLAN接入点、蓝牙等传感器信息）。

日志信息：本人使用贵司的网站或客户端提供的业务的过程中，产生的网络日志信息，如本人的搜索查询内容、浏览器的类型、使用的语言、访问日期和时间及本人访问的网页记录等。

业务记录：本人使用贵司业务产生的其他信息。

（2）鉴于贵司为本人提供前述业务中风险管控（如反欺诈和信贷审核）的必要，本人同意贵司有权视业务开展的实际情况，向合作的第三方风控服务商共享本授权书第（1）条中所述的本人个人信息，以完成前述必要的风险管控流程。

（3）本人进一步同意，在协助贵司完成前述必要的风险管控流程时，第三方风控服务商有权在合理、必要范围内做出以下行为。

- 对贵司提供的本人个人信息进行保存、加工、处理、关联和使用。
- 向合法存有本人个人信息的机构（含第三方风控服务商）查询、核验本人个人信息。
- 通过SDK（Software Develop Kit）等方式收集本人的设备信息，并对该等信息进行保存、加工、处理、关联和使用。
- 对基于本授权书以上三条收集、查询到的本人的个人信息进行分析和处理，出具相关报告并向贵司提供，法律法规、监管政策禁止的除外。

（4）本人进一步明确授权，为持续向本人提供前述业务及业务相关服务，贵司与合作的第三方风控服务商有权保存、使用本人相关个人信息。

本人在此声明：

本人已充分理解上述授权条款的含义，明确知晓并自愿承担因上述信息处理活动可能对本人的业务评估结果所产生的不利影响，充分了解该等信息处理活动依赖互联网开展而互联网环境并非绝对安全，本人仍同意上述授权。

贵司已经对_____业务的相关事宜与风险向本人进行充分披露及说明，本人已知晓并同意。

本人承诺并保证，本人在本授权书项下所提供的所有信息真实、准确、完整、有效，且不会侵犯任何第三方的合法权利。

授权人（签字）：

身份证号：_____

出具日期：_____年_____月_____日

1.5 数据合规调查清单

序号	问题	反馈
1	**基本情况**	
1.1	请公司概述公司的基本业务情况，并做出相应补充说明	
1.2	请说明公司获得的与网络安全或数据合规相关的认证文件，如是否获得公安部信息系统安全等级评定。若有，请说明等级评定的级别并提供安全等级评定证书	
1.3	若公司有通用的业务协议模板，以及其他可能涉及客户数据安全保护的协议附件/文档，请提供相应材料	
2	**数据合规体系**	
	人员设置	
2.1	请描述公司在个人信息保护方面的架构与人员设置： 个人信息保护责任部门的负责人； 个人信息保护责任部门的其他参与人员及其在数据合规管理体系中的职责； 描述产品团队IT、系统运维部门的组织结构、人员构成及相应职责； 描述产品团队负责个人信息保护部门的组织结构、人员沟通及相应职责	
	风险评估机制	
2.2	请描述产品团队对数据合规风险的评估机制： 负责对数据合规问题的性质、风险做出评估的部门，及解决该等合规问题的决策流程； 产品团队对该风险评估机制的自我评价（哪些方面已给予重视，哪些方面还有待加强）； 公司是否聘请独立的外部机构对合规问题的风险及拟采取的措施做出评估	
2.3	请提供下列文件： 过去两年内产品团队对数据合规管理体系及内控制度的自我评估报告； 过去两年内外部审查机构对产品团队数据合规管理体系及内控制度的总体性的审查或评价报告； 过去两年内产品团队就专门的合规问题所做的内部调查、评估或分析报告； 过去两年内外部审计机构对产品团队有关合规问题的性质、风险、解决措施所给出的意见	
	合规培训	
2.4	请说明公司内部或产品团队是否开展过数据合规管理制度的培训。若是，请提供： 请描述任何与数据合规管理相关的培训，说明培训的主题、内容、频率（定期或不定期）、覆盖面（针对高层管理人员、中层管理人员或普通员工）； 是否对培训内容及其开展情况进行归档； 产品团队是否还邀请外部的独立机构对产品团队人员进行合规培训。若有，请提供该等培训的基本信息，如培训者、培训时间、培训基本内容、培训针对的对象、一套完整的培训材料及其归档记录等	
	其他	
2.5	请确认产品团队是否存在因数据合规问题受处分的情况。若有，请提供近三年来因数据合规问题受处分的产品团队人员的人数，并描述受处分的具体原因及处分的内容	

续表

序号	问题	反馈
3	数据的收集	
3.1	请描述数据收集的来源、类型、具体内容和收集的方式	
4	数据的存储	
4.1	请公司说明是否有专门的数据存储制度,包括对存储数据的分类、对存储数据的安全要求、存储数据的介质要求等。若有,请提供该制度的文件模板	
4.2	请公司说明获取个人信息后,是否会立即进行去标识化处理,并采取技术和管理方面的措施,将去标识化后的数据与可用于恢复识别个人的信息分开存储,并确保在后续的个人信息处理中不重新识别个人	
4.3	请公司说明目前对数据采取的存储形式,如是采用本地存储、云存储,还是根据不同的数据类型分别采用本地存储或云存储。若属第三种情况,请具体说明哪些数据存储在本地,哪些数据采用云存储	
4.4	请公司详细说明是否将不同客户、不同渠道、不同来源(如内部与外部)、不同功能模块或不同用途的数据进行隔离存储。若是,请详细说明隔离标准与隔离流程	
4.5	请公司说明是否有针对不同类型的个人信息,设定不同的保存期限要求。若有,在超出个人信息保存期限后,是否会采取措施对个人信息进行删除或匿名化处理	
4.6	请公司说明存储数据所使用的服务器是自有的服务器,还是租用第三方服务器。若租用了第三方服务器,说明产品团队是否会就数据存储与服务器提供商签订相关服务协议及保密协议。若是,请提供相应的协议文本	
4.7	若租用了第三方服务器,请公司确认是否在采购服务时要求服务器提供商对其产品的网络安全防护能力进行评估,包括但不限于: 服务器提供商的资质认证; 服务器产品的资质认证与评测结果; 服务器产品抵御网络攻击的能力; 服务器所在机房的物理安全性能	
4.8	请公司具体说明,针对个人信息的保护会采取哪些技术和管理措施,并提供相应证明文档(如内部制度文本)	
4.9	请公司具体介绍,针对内部个人信息的访问和处理所设置的权限控制体系,并提供相应证明文档(如内部制度文本)	
5	数据的使用	
	数据使用前处理	
5.1	请公司确认是否会在使用所收集到的数据前,对数据来源、数据格式、收集时间、数据主要内容等信息进行整理,并相应地在数据库中进行标记以便溯源管理	
5.2	请公司确认是否会在使用所收集到的数据前,对收集到的数据进行数据清洗。若是,请简要说明数据清洗的标准与方法	
5.3	请公司确认是否会在使用所收集到的数据前,对收集到的数据(尤其是其中的个人数据)进行数据脱敏。若是,请简要说明数据脱敏的标准与方法	

续表

序号	问题	反馈
5.4	请公司确认是否会在使用所收集到的数据前,对收集到的数据进行数据加密(或对数据库进行加密)。若是,请简要说明加密的标准与方法	
5.5	请公司确认是否支持个人信息主体要求更正、删除、撤回同意等要求,若是,请确认对个人主体的要求响应机制	
5.6	请公司确认收到个人主体的删除要求后,是否会为其进行删除个人信息或匿名化处理	
6	数据的委托处理与共享	
6.1	请公司确认是否会进一步委托第三方技术服务提供商,协助自身分析和处理产业链金融平台下的相关用户数据。若是,请列举前述第三方,具体说明其所进行的数据处理活动情况,并确认是否会在该等数据交换前对相关方进行数据安全方面的尽职调查;若针对该等委托处理存在业务合作协议,约定委托处理的场景、数据类型、主要内容、目的、范围与方式、保密义务与违约责任等,请提供协议文本	
7	数据的跨境传输	
7.1	请公司说明是否会将任何数据传输到境外。若是,请说明数据出境的场景、传输数据的类型、内容、数量、频率和接收国(接收方)等	
7.2	无论是境内数据流动还是跨境数据流动,请说明产品团队为保证数据传输的安全所采取的具体防护措施,包括但不限于专线加密传输、脱敏传输等	